TÓXICOS

DRA. STEPHANIE MOULTON SARKIS

TÓ
XI
COS

Identifica si estás en una relación abusiva,
aprende a sanar y recupera la confianza en ti

Diana

Título original: *Healing From Toxic Relationships: 10 Essential Steps to Recover from Gaslighting, Narcissism, and Emotional Abuse*

© 2022, Sarkis Media LLC

Esta edición es publicada por acuerdo con Hachette Go, un sello editorial de Perseus Books, LLC, una subsidiaria de Hachette Book Group, Inc., Nueva York, Nueva York, EE. UU.

Derechos reservados

Traducción: Tania Reséndiz

Diseño de portada: Planeta Arte & Diseño / Anilú Zavala
Ilustración de portada: iStock
Fotografía de la autora: Cortesía de la autora
Diseño de interiores: Alejandra Romero

© 2023, Editorial Planeta Mexicana, S.A. de C.V.
Bajo el sello editorial DIANA M.R.
Avenida Presidente Masarik núm. 111,
Piso 2, Polanco V Sección, Miguel Hidalgo
C.P. 11560, Ciudad de México
www.planetadelibros.com.mx

Primera edición en formato epub: mayo de 2023
ISBN: 978-607-39-0129-1

Primera edición impresa en México: mayo de 2023
ISBN: 978-607-39-0128-4

Impreso en los talleres de Impresora Tauro, S.A. de C.V.
Av. Año de Juárez 343, colonia Granjas San Antonio, Ciudad de México
Impreso y hecho en México – *Printed and made in Mexico*

A los sobrevivientes del trauma: que encuentren
esperanza en su viaje hacia la sanación.

Índice

Introducción

Cuando su madre bebía, Jane sentía que no podía hacer nada para hacerla feliz. A veces, la madre de Jane se enfurecía, y les decía a sus hijos que habían arruinado su vida y que deseaba que nunca hubieran nacido. La madre de Jane parecía despreciar en particular a Jane: la hacía tropezar o la golpeaba y luego la pateaba cuando estaba en el suelo. Incluso, ordenó a la hermana de Jane que la pateara. Mientras tanto, el padre de Jane salía de la casa o entraba en otra habitación y cerraba la puerta. «Solo trata de no molestar a tu madre». Le decía a Jane.

Ya como adulta, Jane encuentra en el caos algo de normalidad e, incluso, comodidad. Una relación sana le parece aburrida. Se sobresalta de manera exagerada y, cuando alguien alza la voz o grita, se echa para atrás y entra en un estado disociativo. Jane compensa su sensación de inadecuación dedicándose a su trabajo. Algunos de sus amigos la han llamado adicta al trabajo. Hace poco perdió su empleo, lo que la hizo entrar en una espiral descendente.

———◆———

Cuando contrataron a Hasim, su empleador le dijo que trabajaría con un equipo muy unido. «Somos como una familia», le aseguró su nuevo jefe. Hasim rápido descubrió que en verdad eran como una familia, pero una familia disfuncional. El compañero de trabajo de Hasim, Sal, se atribuía el mérito de su trabajo, incluido un proyecto que Hasim pasó seis meses desarrollando. Sal dice insultos raciales a Hasim, lo bastante alto para que él los escuche. Al fin, Hasim pregunta a sus otros compañeros de trabajo si alguna vez habían tenido problemas para llevarse bien con Sal. «Normalmente Sal encuentra un objetivo dentro del grupo», dijo su compañera de equipo Sarah, mientras los demás asentían. «Yo solo lo ignoro... pero supongo que es más fácil cuando no soy a la que eligió como víctima».

Un día, Sal se pone a criticar a Hasim frente a los demás durante una reunión con el equipo. Sal le dice: «Hasim, no ayudas en la oficina, pero no me sorprende. Eres tan flojo como esperábamos».

Hasim había tenido suficiente. «Me acosas, Sal», le dijo claro. «Y no solo a mí, también has acosado a otras personas aquí». Pero cuando Hasim miró a su alrededor en busca de refuerzos, sus compañeros de equipo guardaron silencio. Más tarde, un compañero de trabajo le dijo que no iba a decir nada porque no quería que Sal lo volviera a molestar. Hasim acudió a su jefe con pruebas del comportamiento de Sal, pero su jefe dijo que Sal era un «empleado ejemplar» y que nunca había conocido a nadie que tuviera problemas con él. Ahora Hasim despierta por la mañana con pavor. Sal ahora afirma que Hasim lo acosa a él. Hasim busca otros trabajos.

———◆———

Cuando Ken y Sabrina se conocieron en la preparatoria, una de las cosas que los unió fue que sus familias estaban «mal». Sus padres peleaban a gritos todas las noches. Sin saberlo, siguieron el ejemplo de sus padres y su propia relación era intensa y llena de conflictos. Algunas veces sus peleas se convertían en empujones. Pero siempre se reconciliaban y sentían su relación más fuerte que nunca, lo suficientemente fuerte como para continuar a larga distancia en la universidad. Ambos pensaban que eran muy «apasionados» porque estaban muy enamorados. Eso fue hasta que se fueron a la universidad y Sabrina se dio cuenta de cuánta paz sentía cuando Ken no estaba cerca. Ken sintió que Sabrina se alejaba, así que la llamaba y le enviaba mensajes de texto exigiendo saber dónde y con quién estaba. De igual modo, publicaba fotos en las redes sociales con otras chicas en fiestas para que pareciera que se la pasaba increíble. Sabrina empezó a sentir celos y no podía dormir. Revisaba de manera constante su perfil y sus notas comenzaron a bajar. Le mandó un mensaje, pues ya había decidido terminar con él: «No puedo seguir con esto», y bloqueó su número, su correo electrónico y sus cuentas de redes sociales. Esa noche Ken apareció afuera de su departamento. Al principio se sintió algo halagada, al pensar en lo mucho que debía amarla para hacer algo así, pero luego comenzó a gritar desde el estacionamiento, insultándola. Ella mantuvo las luces apagadas y no respondió. Ahora, de vez en cuando Ken envía mensajes de texto a Sabrina desde números desconocidos para «ver cómo está». Estos mensajes siempre incomodan a Sabrina y se pregunta si alguna vez podrá sentirse tranquila de nuevo.

Al leer este libro es muy probable que te identifiques con Jane, Hasim y Sabrina. Cualquier relación, ya sea con una pareja romántica, un miembro de la familia, un amigo o incluso un compañero de trabajo, requiere esfuerzo. Incluso las relaciones más cercanas tienen sus altibajos. Pero cuando existe la competencia, el conflicto, los celos, el resentimiento, la hostilidad, el abuso y el comportamiento controlador, es una señal de que una relación se ha vuelto tóxica.

Tal vez hace poco terminaste una relación tóxica, o tal vez estás considerando dejarla. La vida después de una relación tóxica puede ser difícil. Puede que salir de la relación haya lastimado tu corazón y tu autoestima. Puede que sientas rabia y traición. Es posible que te trates mal y te culpes por cosas que no fueron culpa tuya. Tal vez no sepas cómo seguir adelante y te sientas atascado o atascada. Es probable que estés explorando tus opciones, pero no estés listo o lista para terminar por completo una relación tóxica, o no puedas irte todavía por cuestiones de logística o finanzas.

Quizás no leas este libro para ti. Puedes ser un personal médico que trabaja con clientes que sobrevivieron a la violencia doméstica o de pareja, o que se encuentran en familias disfuncionales. Tal vez te importe o ames a alguien que experimentó una relación tóxica. Lo cierto es que no puedes arreglar la situación de otra persona, pero este libro te puede dar formas de proporcionar ayuda y apoyo.

Sea cual sea tu situación, quiero que sepas que lo que sientes es completamente normal y que está en tu poder liberarte. Puedes sanar y te sentirás mejor.

CÓMO LLEGUÉ A ESTE TEMA

Soy una médica en práctica privada que se especializa en el tratamiento del trastorno por déficit de atención e hiperactividad (TDAH), la ansiedad y el abuso narcisista. Tiendo a ver más sobrevivientes de relaciones tóxicas y abuso que otros terapeutas, debido a que las personas tóxicas suelen enfocarse en individuos con justo este tipo de vulnerabilidades. Soy mediadora familiar y de circuito certificado por la Corte Suprema de Florida, y he visto de primera mano cómo las relaciones tóxicas pueden desarrollarse en el sistema legal, en especial en disputas de custodia. Las personas tóxicas también suelen prolongar las batallas legales en lugar de intentar resolverlas. Los jueces y abogados experimentados suelen reconocer estos signos de inmediato. Sin embargo, algunas personas tóxicas son tan buenas manipuladoras que incluso algunos profesionales de la salud mental no se dan cuenta.

Por mucho que haya visto el daño que puede causar una situación tóxica, también he llegado a ver ciertos patrones en el comportamiento de las personas tóxicas, en particular el ciclo de «idealizar, desvalorizar y descartar», el abuso emocional y el *gaslighting* (todo lo cual lo describiré más a detalle en el capítulo 1). Mi último libro, *Recognize Manipulative and Emotionally Abusive People–and Break*

Free (Gaslighting: Reconoce a la gente manipuladora y emocionalmente abusiva, y libérate), explora el *gaslighting* en todas sus formas para que los lectores puedan identificar las relaciones dañinas y salir de ellas. En veinte años de práctica privada he visto un aumento en los clientes que informan sobre comportamientos de *gaslighting* en sus parejas, sus familiares, sus empleadores y sus compañeros de trabajo. Los patrones de comportamiento que han experimentado tienen una naturaleza de «tira y afloja», donde las personas tóxicas los atrapan, los enganchan y luego los alejan de manera abrupta. Muchos clientes asisten a su primera terapia pensando que ellos eran la persona tóxica en la relación, cuando el comportamiento de la otra persona claramente califica como inapropiado e incluso peligroso. Cuando el *gaslighting* se convirtió en un término de uso común, más clientes comenzaron a contar sus experiencias en terapia. En algunos casos, los clientes habían estado en una relación tóxica durante años, intentaban irse y luego volvían a ser absorbidos. Fue solo al limitar o bloquear el contacto con una persona tóxica que mis clientes pudieron reconstruir su vida por completo. Al tener un nombre para el comportamiento que habían soportado, pudieron reconocerlo y finalmente separarse de ello.

Mi libro *Gaslighting* trata principalmente de identificarse y de salirse por medios propios de las relaciones dañinas. Este libro continúa donde se quedó el anterior para explorar las consecuencias, así como lo que puedes hacer para protegerte, sanar y evitar relaciones tóxicas en el futuro.

EN ESTE LIBRO

Primero, una nota: a lo largo de este libro cambiaré los pronombres, usando «él» o «ella» o plurales para reflejar que esta información se aplica independientemente del género. Las personas de cualquier sexo pueden ser tóxicas, abusivas o manipuladoras. Aunque escuches más a menudo acerca de los hombres tóxicos, las mujeres pueden y llevan a cabo estos comportamientos (aunque el abuso de las mujeres a veces no se ve como abuso o no se toma tan en serio). Los hombres que experimentan toxicidad y abuso merecen apoyo y sanación, al igual que las mujeres. El abuso también puede ocurrir en las relaciones LGBTQ+. Uno de mis objetivos con este libro es corregir esos malentendidos. Asimismo, espero ampliar el reconocimiento del comportamiento tóxico más allá de las relaciones románticas.

También puede ocurrir en las amistades, las familias y las relaciones profesionales. A medida que leas este libro, es posible que digas: «Bueno, eso no se aplica a mí» o «Mi situación no era así». Es importante saber que, si bien las relaciones tóxicas comparten algunas características, cada una es única. Este no es un libro válido para todos. Dicho esto, te animo a que leas todo, incluso si crees que una sección en particular no se aplica a ti. Las relaciones y situaciones tóxicas pueden ser muy complejas y es posible que encuentres sabiduría que te ayude en un lugar inesperado.

Esto es lo que verás en los próximos capítulos. En el capítulo 1, «¿Cómo llegamos a esto?», aprenderás lo que define a una relación como tóxica. También descubrirás si las personas que te rodean son en realidad tóxicas. A veces es complicado saber quién está «bien» y quién no, en especial si creciste con personas emocionalmente enfermas. Saber qué es o no una relación tóxica puede ayudarte a tomar decisiones informadas sobre a quién permites entrar en tu vida.

La mejor manera de sanarse de las personas tóxicas es bloquearlas para que no se comuniquen contigo, lo que incluye bloquear sus mensajes de texto, sus llamadas telefónicas, sus correos electrónicos y sus cuentas de redes sociales. En el capítulo 2, «Bloquea el contacto si puedes», aprenderás por qué «volverse inaccesible» es la única forma de recuperar tu vida. También aprenderás a manejar el contacto con alguien con quien no puedes dejar de comunicarte por completo, como el padre de tus hijos o alguien en tu lugar de trabajo.

En el capítulo 3, «(Olvida) tener un cierre», aprenderás que quizás no recibas ningún tipo de cierre o finalidad después de terminar las interacciones con una persona enferma. Depende de *ti* crear un cierre, pero puede parecer desalentador e incluso imposible a veces.

Ten en cuenta que obtener un cierre en un sentido tradicional no es necesario para poder experimentar la sanación y una vida emocionalmente saludable.

Tal vez te enojaste contigo mismo o contigo misma por involucrarte con una persona o situación tóxica. En el capítulo 4, «Perdónate», descubrirás con qué frecuencia las personas no tienen forma de saber al principio que una persona es tóxica. Parte de sanar es abrirse al hecho de que no hiciste nada malo mientras estabas con una persona tóxica, incluso si la persona a cada momento te decía que todo era culpa tuya. Dejar ir y perdonarse es un paso esencial hacia la sanación.

En el capítulo 5, «Establece límites», aprenderás formas saludables de protegerte de manera emocional de las personas tóxicas. Los límites saludables incluyen que te hablen con respeto, que traten tus pertenencias con cuidado, que traten bien a tus mascotas, y que te sientas en un entorno seguro. Puede requerir práctica establecer límites, por ejemplo, cómo esperas que te traten. Las personas tóxicas intentan socavar e ignorar tus límites. En este capítulo aprenderás cómo hacerlos cumplir.

Nadie sana sin ayuda, y hablar con un profesional de la salud mental puede ayudarte a resolver tus sentimientos, al igual que puede guiarte a través de tu viaje de sanación. En el capítulo 6, «Habla con un profesional», aprenderás sobre los diferentes tipos de profesionales de la salud mental y los tipos de terapia que pueden proporcionar, incluida la terapia cognitivo-conductual y la terapia centrada en soluciones. Asimismo, descubrirás cómo saber si un profesional de la salud mental es adecuado para ti.

En el capítulo 7, «Practica el autocuidado», descubrirás por qué es esencial cuidar muy bien de ti y practicar la autocompasión durante tu sanación. Eso incluye dedicar tiempo a actividades que te agraden y practicar buenos hábitos de sueño. Cuando cuidas de ti, es más fácil lidiar con los altibajos mientras sanas de una relación tóxica. Cuando te tratas bien, muestras a los demás cómo deben tratarte.

Tal vez pienses que estás sobreviviendo a las secuelas de una relación tóxica por tu cuenta. Esa es una de las peores cosas de una relación tóxica: la sensación de aislamiento, producto del abuso. Los narcisistas, al igual que otras personas tóxicas, no quieren que mantengas relaciones y amistades con los demás, porque con un sistema de apoyo significa que tienen menos control sobre ti. Parte de la sanación es reconectarse con amigos y familiares sanos y también formar nuevas conexiones con otros. Descubre la mejor manera de «reintegrarte» con las personas que te importan en el capítulo 8, «Reconecta».

Es posible que experimentes un gran sentimiento de pérdida después de salir de una situación tóxica. Es una pérdida que quizás ya estuvieras sufriendo mientras estabas en la relación tóxica. En el capítulo 9, «El duelo», aprenderás cómo el duelo te ayuda a comprender lo que experimentaste y cómo el sentirse «fuera de control» es parte del proceso. También aprenderás cómo el dolor que experimentas por una relación tóxica puede ser complicado y puedes sentir varias emociones a la vez. Con el tiempo estarás del otro lado del duelo, y este capítulo te ayudará a superarlo.

Una de las cosas más importantes del proceso de sanación de una relación tóxica, pero de la que menos se habla, es dedicar parte de tu tiempo a ayudar a los demás. En el capítulo 10, «Haz un voluntariado», aprenderás cómo ser altruista o que ayudar a los demás también te ayuda. El voluntariado brinda la oportunidad de conectarse con otros y enfocarse en una meta positiva común. Aprenderás cómo determinar si una organización es saludable y, si sientes el llamado a hacerlo, cómo abogar por otras personas que han experimentado relaciones tóxicas.

En el capítulo 11, «Prevén», aprenderás cómo tomar la información que obtuviste de la relación tóxica y usarla para identificar personas y situaciones que no son saludables. Es posible que después de salir de una relación tóxica sintonices bien con los problemas de las personas. Aprende la diferencia entre el miedo y la intuición que puedes experimentar al interactuar con los demás. Descubre las señales de alerta que te permiten saber que una persona o situación no es saludable. Puedes seguir teniendo una vida plena y relaciones saludables.

Los capítulos de este libro comienzan con una visión más amplia de las relaciones tóxicas y continúan con formas más específicas en las que puedes sanar del abuso. Si bien recomiendo leer todos los capítulos, está bien si se leen en desorden. Cada capítulo proporciona información sobre una parte integral de la sanación. A lo largo de estos encontrarás historias de algunas personas sobre sus experiencias, «revisiones» y actividades que pueden ayudarte durante el proceso de sanación. Por ejemplo, aprenderás cómo llevar un diario puede ser una forma efectiva de procesar lo que has pasado y ver qué tan lejos has llegado en tu camino de sanación. Si aún no cuentas con un diario o una aplicación para tomar notas, ahora sería un buen momento para conseguirlos. También aprenderás cómo la actividad física puede ayudar con los síntomas de ansiedad, depresión y dolor, y cómo practicar buenos hábitos de sueño pueden ayudarte a pensar con mayor claridad y tomar decisiones más saludables.

Conforme leas este libro, deja que te guíe en la sanación y en la reconstrucción de una nueva vida. Ya has dado el primer paso. Pasemos al siguiente: dar un paso atrás para comprender mejor las relaciones tóxicas y por qué se forman.

1

¿Cómo llegamos a esto?

Cómo es una relación tóxica y
cómo identificar a las personas tóxicas

Nadie espera involucrarse en una relación tóxica. Estas dinámicas se pueden crear de manera rápida y sin signos de un peligro potencial. Por ejemplo, quizás te contrató alguien que parecía tener en mente lo mejor para ti, pero que luego resultó tener predilección por otros, o una pareja que te llenó de afecto al inicio de una relación, pero luego su comportamiento se volvió cada vez más abusivo. O a lo mejor creciste con una dinámica familiar poco saludable, por ejemplo, un padre que era afectuoso cuando no bebía o había favoritismo hacia un hermano cuando tú luchabas por la aceptación. Estas relaciones pueden presentarse de distintas maneras y en ocasiones no tan obvias, no te das cuenta de que son abusivas hasta que experimentas un comportamiento tóxico durante meses o incluso años.

¿EN REALIDAD ESTA RELACIÓN ES TÓXICA?

Puedes pensar: «Ya sé lo que es una relación tóxica; por eso leo este libro». Por otro lado, tal vez no tengas la certeza de si lo que experimentas en verdad es un problema. Así que pregúntate cuántas de estas afirmaciones se aplican a ti y a tu relación:

1. Desde que conozco a esta persona tengo más dolencias físicas, al menos algunas de las cuales pueden atribuirse al estrés o han sido exacerbadas por él.

2. Amigos y familiares de confianza me han dicho que esta persona no es saludable para mí.

3. Esta persona me menosprecia con sus palabras y acciones.

4. Mis interacciones con esta persona me ponen en un estado constante de confusión emocional.

5. Ya no confío en mi juicio.

6. Pongo las necesidades de los demás por encima de las mías.

7. Me culpo por cosas que no son mi culpa.

8. Siento que soy una sombra de lo que solía ser.

9. Siento que nunca soy lo suficientemente bueno o buena.

10. Esta persona me ha perjudicado en mi trabajo y se ha metido en mis dispositivos sin mi permiso.

11. Paso más tiempo buscando en internet acerca de la situación que tomando medidas para cambiarla.

12. Esta persona ha puesto a otros en mi contra, como a mis compañeros de trabajo, amigos y familiares.

13. Esta persona me dice que estoy loco o loca y que nunca encontraré a alguien que me ame.

14. Esta persona asegura que mi familia y mis amigos dicen cosas malas de mí.

15. Esta persona me dice que mucha gente sabe que estoy loco o loca.

16. Tengo miedo de alejarme de esta situación.

17. Esta persona me ha empujado/golpeado/abofeteado o me ha impedido irme.

18. Siento que no tengo derecho a existir o que no valgo la pena.

19. Me autolesiono.

20. He pensado en el suicidio por la forma en que me hace sentir esta persona.

Si estuviste de acuerdo con una sola de estas declaraciones, es probable que estés en una relación tóxica. Con cuantos más elementos hayas coincidido, mayores serán las posibilidades.

En pocas palabras, una relación tóxica es aquella en la que hay manipulación, *gaslighting* (véase la página 35) y abuso. Es una relación que daña mental, emocional o incluso físicamente y que parece convertirte en alguien a quien ya no reconoces. Te consideras una persona razonable o al menos así te sentías antes de comenzar esta relación. Es probable que ahora te sientas como un fragmento de tu antiguo yo. Las personas tóxicas son como vampiros energéticos. Tan solo estar cerca de ellas puede hacerte sentir como la carcasa de una persona.

Nota importante, podrías pensar: «Bueno, mi situación no es tan mala; he oído hablar de otras personas que viven cosas mucho peores». Ten en cuenta que hay muchas señales de relaciones tóxicas y abusivas, no es necesario que te identifiques con todos los elementos de la lista anterior. Y las situaciones tóxicas no parecen serlo al inicio; estas dinámicas pueden desarrollarse con el tiempo, a menudo tan despacio que puede ser difícil darse cuenta de lo que sucede. Ve a la página 31, «¿Es abuso?», para mayor información sobre esto.

También es común que las personas que muestran conductas tóxicas tengan tendencias narcisistas y en este libro, en ocasiones, me referiré a una persona tóxica como narcisista. Estas son personas que tienden a no asumir la responsabilidad de su comportamiento, sienten que se les deben otorgar excepciones o reglas especiales, se comportan como si los demás estuvieran por debajo de ellas y son egocéntricas. Suelen pensar en qué pueden obtener de las demás personas. Es probable que sientas que una persona narcisista te muestra empatía, pero

lo que tal vez sientes son muestras de *empatía cognitiva*, lo que significa que ella no tiene sentimientos reales detrás de esas palabras y solo
dice cosas para que pienses que le importas. Quizás hayas oído hablar
del trastorno narcisista de la personalidad (TNP). Las personas pueden
tener signos de *narcisismo*, pero no calificar de manera necesaria para
un diagnóstico del TNP. Piensa en el narcisismo como si existiera en un
espectro. Por un lado, los rasgos narcisistas pueden aparecer cuando
alguien está estresado. Por otro lado, un grupo de síntomas narcisistas
impacta el funcionamiento diario de una persona y su capacidad para
formar relaciones saludables. Para ser claros, puedes tener una relación tóxica con alguien que no tiene rasgos narcisistas.

Otros signos comunes de una relación o situación tóxica incluyen los siguientes:

- Mentira patológica.
- Quejarse de tu comportamiento o el de los demás, pero rechazar cualquier retroalimentación.
- Representarse a uno mismo como la víctima en todas las relaciones.
- Comportamientos de «tira y afloja», oscilando entre el «castigo» y la «recompensa».
- Ponerte en contra de otras personas, o poner a los niños en contra uno del otro.
- Negarse a respetar los límites.
- Periodos de ira intensa seguido de un comportamiento «agradable».
- Acoso y acecho.
- Amenazar con llevarte a la bancarrota a través del sistema legal.
- Abandonar o amenazar con abandonarte.

- Gritar o alzar la voz en un lugar donde no tienes salida, como un carro.

- Dejarte varado o varada lejos de casa.

- Animarte a que te hagas daño.

- Culparte por su comportamiento.

- Decir cosas crueles y luego decir que solo era una «broma».

- Menospreciarte.

- Cualquier tipo de abuso físico, incluido impedirte que te vayas.

- Abusar de los niños y las mascotas.

- Revisar u ocultar tus pertenencias.

- Entrar a tu casa sin tu permiso cuando estás fuera de la ciudad.

- Negarse a hablar sobre su comportamiento hacia ti.

- Husmear en tus dispositivos electrónicos.

- Decirte que la gente dice cosas malas u otras cosas desfavorables sobre ti.

- Negarse a asumir la responsabilidad de su comportamiento.

- Arruinar tu reputación con los demás.

- Firmar documentos con tu nombre, sin tu permiso.

- Robarte, incluso usar tu tarjeta de crédito sin tu permiso o abrir tarjetas de crédito y cuentas a tu nombre.

- Obligarte a renunciar a tu trabajo para que puedas quedarte en casa.

- Culparte por defenderte a ti mismo o a ti misma.

- Obligarte a trabajar.

- Amenazar con deportarte.
- Quitarte tu pasaporte u otros documentos legales.

En una relación de pareja

- Infidelidad crónica.
- Hablar mal de sus exparejas o hablar a menudo de ellas.
- Obligarte a tener relaciones sexuales.
- Violación, incluso tener relaciones sexuales contigo mientras duermes o sin poder dar tu consentimiento.

En las relaciones familiares

- Obligarte o hacerte sentir culpable de cuidar a un familiar que es adulto mayor o está enfermo.
- Amenazarte con desheredarte.
- Coquetear con tu pareja o cónyuge o intentar quitarte a tu pareja.
- Llegar de manera inadvertida si no es una práctica familiar aceptada.

En el lugar de trabajo

- Atribuirse el mérito de tu trabajo.
- Cambiar los plazos con frecuencia o de manera drástica y no notificarte.
- Darte una revisión de desempeño deficiente sin evidencia.
- Negarse a darte descansos durante la jornada laboral.
- Obligarte a revelar por qué te tomas un día por enfermedad.

- Informar a un compañero de trabajo sobre problemas de salud que solo dijiste a tu jefe en confidencialidad.

- Negarse a pagarte o a emitir documentos de impuestos correctos.

- Amenazar con despedirte por pequeños errores.

- Pedirte que falsifiques documentos.

Cualquiera de estos comportamientos es motivo de preocupación, y si aún no vas con un terapeuta u otro profesional de la salud mental, recomiendo que vayas con uno para hablar de tus preocupaciones. (En el capítulo 6 cubriremos en profundidad a los profesionales de la salud mental: quiénes son, cómo trabajan y cómo conectarse con uno).

LAS TRES ETAPAS DE UNA RELACIÓN TÓXICA

Además de los comportamientos que acabo de enumerar, hay otra manera de identificar una relación tóxica, por sus tres características: idealización, desvalorización y descarte. Las etapas progresan en ese orden específico. Miremos más de cerca.

Las personas tóxicas son muy persuasivas y tienden a verse bien, aunque solo en teoría. Cuando conociste a esa persona, tal vez pensaste que él tenía las cosas en orden. Por ejemplo, un nuevo novio te *bombardea de amor* al inicio diciéndote que nunca había conocido a nadie como tú, te pone en un pedestal y te llena de regalos. Tu jefe te dice que eres el empleado o la empleada más inteligente de la empresa. Tu hermano les dice a sus amigos, frente a ti, que estaría perdido por completo sin ti. Tu amiga te dice que eres el único amigo o la única amiga que necesita. Esta es la *idealización* de una relación tóxica. La persona tóxica finge verte como una persona perfecta. Sin embargo, no es así como en verdad se siente.

Una persona narcisista necesita un «suministro» o una forma de alimentar su ego: alguien que le diga lo maravillosa que es, que la

adore y le preste atención de forma constante para que pueda enmascarar sentimientos de inseguridad profundamente arraigados.
El bombardearte de amor es una estrategia para mantenerte cerca. Es
más probable que entables una relación o continúes el contacto debido a que esta persona te dice todo lo que quieres escuchar. Esto es
diferente a los primeros días de una nueva relación cuando las cosas
son emocionantes y frescas. El bombardeo de amor durante la etapa
de idealización es intenso y parece demasiado bueno para ser cierto.
Ten mucho cuidado si alguien va demasiado rápido e intenta aislarte
o reclamarte como «suyo o suya». A lo mejor descubres que tienes
mucho en común con esta persona, tanto que es inquietante. Sin embargo, solo refleja tu comportamiento para hacerte sentir que en verdad te escucha y te ve. Tal vez te pregunte si ya estás comprometido
o comprometida en la relación. Una vez que obtienen esa declaración
de compromiso, comienza la desvalorización.

La *desvalorización* es una lenta pendiente resbaladiza. Primero,
la persona tóxica empieza haciendo comentarios en voz baja, sobre
tu apariencia o comportamiento. Luego, sigue con comentarios descarados, incluso criticándote frente a otras personas. La persona tóxica se mete con cosas que no puedes cambiar, como tu altura o las
características de tu cuerpo. Cuando antes no hacías nada malo,
ahora no haces nada bien. Sientes vergüenza y empiezas a culparte.
¿Cómo esta persona que te trató como a la realeza ahora piensa que
eres terrible?

Te das cuenta de que usa una «máscara» en público. Todos los
que conoces la adoran, o al menos piensan que es una buena persona. Sin embargo, cuando se enoja, es como si su rostro cambiara por
completo. Cuando descubren su engaño, en lugar de mostrar remordimiento, te culpa o lo niega. Te dice que lo que viste o escuchaste
no es real y que te estás volviendo loco.

La persona tóxica de vez en cuando es amable contigo. Algunas
veces lo es después de una pelea (aunque nunca se disculpa por su
comportamiento); otras veces se comporta así sin motivo alguno.
Este tipo de comportamiento de ida y vuelta se llama *refuerzo intermitente.* Cuando no sabes cuándo va a aparecer la versión «buena»

de la persona tóxica, tiendes a quedarte más tiempo. Las rachas bajas son muy bajas, pero las altas son superaltas. Nuestro cerebro se vuelve adicto a esta imprevisibilidad, lo que hace que sea muy difícil dejar la relación. Es posible que te culpes por este cambio, como persona empática. Es normal sentirse responsable, pero quiero que sepas que este cambio no es culpa tuya. La persona tóxica tal vez te diga que se portó mal por algo que tú hiciste. Este «tira y afloja» de una relación tóxica da como resultado un vínculo traumático, sobre el que podrás leer más adelante en este capítulo.

El *descarte* de una relación tóxica ocurre cuando te dejan rápidamente. El *descarte* es tan repentino e intenso como la idealización al inicio de la relación. Sufres dos pérdidas: la persona que creías conocer no existe y la persona en la que se convirtió es totalmente desconcertante para ti.

El *descarte* es rápido y brutal, y a menudo no tiene sentido. La rabia a veces precede al descarte. De alguna manera le causaste a la persona una *herida narcisista*, o amenazaste su ego. Puede ser que no la «obedeciste», la atrapaste en un comportamiento engañoso, sabe que te estás dando cuenta de quién es en realidad, o mencionaste que su comportamiento te preocupaba. Lo que sucedió podría ser tan insignificante que puede tomarte mucho tiempo tratar de averiguar qué hiciste para provocarlo. Recuerda que no hiciste nada malo.

Las personas tóxicas a menudo tienen problemas con *la constancia del objeto*, que es el término formal para nuestra capacidad de creer que una relación es estable incluso durante conflictos o dificultades. Una persona sana ama a alguien y también acepta que su pareja o una amistad haga cosas que a veces van a molestarle. Una persona saludable también comprende que su responsabilidad es abordar de forma respetuosa esos problemas. Una persona narcisista tiene una política de «destrucción total para debilitar al enemigo» en la que termina una relación de una manera impactante y cruel.

«Apenas supo que estaba comprometida con él, comenzó la desvalorización rápidamente. El descarte fue frío y cruel. Él actuaba como si nunca hubiera tenido sentimientos por mí. Era como si se hubiera convertido en una persona diferente. Sus ojos parecían fríos e insensibles».

AISHA, 32

ATRACCIÓN

Después de descartarte, una persona tóxica podría «mandarte a la banca» y darte migajas de atención para mantenerte cerca. Cuando una persona tóxica siente que te pierde, te *atraerá* o tratará de arrastrarte de nuevo a la relación. Una vez que una persona tóxica siente que ya te «castigó» lo suficiente, que no recibe suficiente atención o que puedes serle útil, es posible que te busque. En ciertas ocasiones ella dejará un mensaje de texto críptico para tentarte a responder, o dejará un mensaje de voz como si ustedes dos todavía estuvieran en buenos términos.

Es normal pensar que la persona tóxica cambió. Solemos esperar algún cambio cuando las personas se comportan mal. Sin embargo, en la mayoría de los casos una persona tóxica sigue los mismos patrones que antes. Es probable que solo quiera asegurarse de que estás dispuesto a responder su mensaje. Las personas tienden a salir y regresar de relaciones tóxicas varias veces antes de irse para siempre.

Al igual que las tres etapas, esta parte que le llamamos «atracción» puede ser fácil de identificar cuando conoces los signos. Pueden decirte que te extrañan, pero rara vez se disculpan por su comportamiento. Si pides una disculpa, tal vez veas que su actitud pasa de ser amistosa a ser agresiva de manera inmediata. También la persona tóxica te dirá cualquier cosa para recuperarte. Ella te prometerá que las cosas serán diferentes u ofrecerá justo lo que cree que se necesita para que vuelvas a estar a su lado. Por ejemplo, un ex te dice que por fin está listo para casarse y tener hijos; tu madre te dice que comenzará a asistir a un programa de 12 pasos para la adicción al alcohol; o tu jefe te ofrece un aumento si te quedas. Sin embargo, cuando vuelves a la relación, esos planes desaparecen. Cuando lo mencionas, la persona evita la pregunta o dice que está reconsiderando esas promesas por algo que hiciste. Este comportamiento de prometer el futuro que querías y luego quitártelo se llama *futuro fingido*. La toxicidad empeora. E incluso puedes encontrarte en peligro físico; explicaremos esto más a fondo en el capítulo 11.

Ahora bien, las relaciones tóxicas no todo el tiempo son enfermizas, y eso puede ser una de las cosas más confusas sobre ellas. Cuando las cosas van bien, te preguntas por qué no puede ser así siempre. Y luego, la parte tóxica de la relación entra en acción. Este patrón es típico del ciclo de abuso. **Si tu relación es buena el 90% del tiempo, pero el 10% no es saludable, aún sigue siendo una relación tóxica.** Solo porque alguien es bueno o buena contigo a veces, eso no borra el comportamiento abusivo.

> «Cuando estaba con él, nada podría haber sido mejor. Excepto por la vez que me empujó por un tramo de escaleras. Y me abofeteó. Y me acosó».
>
> PAM, 29

¿ES ABUSO?

En ocasiones, cuando me reúno con clientes y me refiero al «abuso» que soportaron, al inicio se resisten. Tal vez dudes en usar la palabra abuso para describir tu relación. Podrás pensar: «Él tenía un problema de ira, pero yo no lo llamaría abuso», o «simplemente chocábamos mucho sobre las cosas». Es importante reconocer que el comportamiento abusivo toma muchas formas. A menudo pensamos en el abuso en términos de violencia física, por ejemplo, golpes, patadas y bofetadas. La relación aun puede haber sido abusiva, incluso si la otra persona nunca actuó físicamente violenta hacia ti. El abuso puede ser físico, sexual, financiero/económico, verbal o emocional/psicológico. El abuso emocional y psicológico, también conocido como *control coercitivo*, puede ser tan dañino como el abuso físico.

El objetivo de la persona abusiva, en todos estos tipos de abuso, es ganar control y poder. Cuanto más dependas del abusador y más tiempo te quedes, es menos probable que te vayas. Los abusadores saben esto, y también tienen un interés personal en asegurarse de que no hables con otras personas sobre el abuso.

Pregúntate si la otra persona alguna vez ha hecho algo de lo siguiente:

Abuso físico

- Pellizcarte.
- Hacerte cosquillas de manera excesiva.
- Impedirte que te vayas o escapes.
- Morderte o escupirte.
- Pegarte, patearte, golpearte, abofetearte.
- Abandonarte en medio de la nada, bajarte del coche o negarse a llevarte de regreso a tu casa.

Abuso sexual

- Burlarse de tu cuerpo o desempeño sexual.
- Hacer que te ganes el «tener sexo».
- «Castigándote» al negarte tener sexo.
- Tener sexo contigo mientras duermes o estás inconsciente.
- Obligarte a tener sexo (violación).

Abuso financiero/económico

- Imponiéndote una manutención.
- Negarse a incluir o eliminar tu nombre de cualquier documento financiero.
- Negarse a comprar comida o ropa.
- Retenerte dinero como «castigo».
- Obligarte a entregarle tus ingresos.
- Forzarte a prostituirte.
- Obligarte a renunciar a tu trabajo.

- Amenazar con decirle a tu empleador que eres una persona inestable.

- Negarse a darte acceso al transporte.

Abuso verbal

- Ponerte nombres despectivos.

- Gritarte.

- Decirte que tu ropa es demasiado provocativa.

- Criticarte delante de otras personas.

- Degradarte delante de tus hijos.

Abuso emocional/psicológico

- Aislarte de tu familia y amigos.

- Ponerte en contra de otras personas diciéndote que dicen cosas malas de ti (*triangulación*).

- Hacerte sentir culpable y avergonzado cuando muestras ser independiente.

- Cuestionar tus habilidades como padre.

- Amenazar con llevarse a tus hijos.

- Avergonzarte para que no reveles el abuso.

- Compararte desfavorablemente con otras personas.

- Hacer que te cuestiones la realidad (véase «¿Qué es el *gaslighting*?» en la página 35).

Es posible que intentes luchar contra una persona tóxica al utilizar algunas de las estrategias que esta usa, incluidos los gritos, la violencia física o la *evasiva*. Es probable que te molestes contigo por participar en estos comportamientos cuando sabes que están mal. Sin embargo, luchar contra alguien narcisista con conductas abusivas no te convierte en una mala persona. Intentas sobrevivir en una situación imposible. Puede que te haya amenazado física o emocionalmente. Tal vez haya impedido que te fueras. En ocasiones, las víctimas de violencia doméstica, incluido el abuso emocional, recurren a los comportamientos que la persona tóxica suele usar, *porque a veces hace que el abusador se detenga*, y es solo para soportar el día.

Cuando utilizas los mismos comportamientos que una persona abusiva utilizó contigo se llama *abuso reactivo*. No significa que seas abusivo. La persona abusadora, sin embargo, puede decirte que tú eres realmente el abusador, no ella. Quizás te diga que en realidad ella es la víctima. No lo creas. Una buena manera para comprobarlo es ver tu patrón de comportamiento a lo largo de tu vida. Si en general no actuaste de forma abusiva con anterioridad en la vida, lo más probable es que estabas reaccionando al abuso. Ahora, puedes sentir que la persona tóxica está sujeta a un estándar más alto que tú y que está omitiendo tu propio comportamiento problemático. Es un sentimiento normal. Ese comportamiento es una forma de defensa, y una respuesta a una amenaza real no significa que seas abusivo.

Una vez que termines una relación con una persona abusiva es importante que vayas con un profesional para que superes cualquier sentimiento de vergüenza y culpa que puedas tener por usar comportamientos abusivos en contra de la persona abusadora. Revisa el capítulo 6 para más información sobre terapias.

«Me dijo que mi trabajo me quitaba demasiado tiempo y que me necesitaba en casa. Renuncié. Ahora me doy cuenta de que solo intentaba aislarme».

GINGER, 50

«Le dije que no me gustaba la forma en que me trataba. Me sacó del auto en medio de la nada y se fue a toda velocidad».

MELISSA, 43

¿QUÉ ES EL *GASLIGHTING*?

El *gaslighting* es una forma de abuso psicológico y emocional. Se trata de una serie de técnicas de manipulación donde la persona abusiva hace que la víctima cuestione su realidad. Con el tiempo, la víctima siente que está perdiendo la cabeza y que no puede confiar en su propia percepción del mundo. Luego confía más en la persona que hace el *gaslighting* para determinar la versión «correcta» de la realidad.

El objetivo final de la persona que hace el *gaslighting* es obtener control y poder sobre la otra persona, en un intento por obtener toda su atención. Puedes ver comportamientos de *gaslighting* en personas con rasgos narcisistas o *sociópatas* y en personas diagnosticadas con trastorno narcisista de personalidad, entre otros trastornos de salud mental.

El *gaslighting* incluye lo siguiente:

- Decirte que no viste o escuchaste algo.

- Engañarte con frecuencia, pero siempre acusarte de ser infiel.

- Decirte que otras personas piensan que estás loco o loca.

- Arruinarte tu trabajo.

- Presionarte para sentir culpa o vergüenza.

- Esconderte objetos valiosos y luego culparte.

- Decirte que otros la trataban mejor que tú.

- Decirte que nadie más ha tenido problemas con ella más que tú.

- Conocer tus debilidades psicológicas y explotarlas.

El *gaslighting* es un proceso lento y engañoso y se forma con el tiempo. Ya que el propósito del *gaslighting* es hacer que una persona cuestione su cordura, si lo has experimentado, es muy importante que acudas con un profesional de la salud mental para hablarlo. Recomiendo mucho la terapia individual en lugar de la terapia de pareja, ya que alguien que hace *gaslighting* puede tratar de manipular al terapeuta y, por lo general, te culpará por cualquier problema. Consulta el capítulo 6 para obtener más información sobre los profesionales de la salud mental.

SI TE TRATAN MAL EN EL TRABAJO

Cuando el comportamiento de una persona afecta tu capacidad para hacer tu trabajo o para permanecer en tu trabajo, se considera acoso. Esa persona podría ser tu jefe, un compañero de trabajo o incluso alguien que no sea un empleado (como un cliente). El comportamiento inapropiado o dañino no necesariamente tiene que estar dirigido hacia ti; si sientes inseguridad en un ambiente de trabajo que tolera la intimidación y otros comportamientos abusivos, o si has sido testigo de que alguien es intimidado, también califica. En Estados Unidos, el acoso en el lugar de trabajo, incluido el acoso sexual, es una forma de discriminación laboral que viola varias leyes federales. Para obtener más información, consulta «Trabajar con una persona muy conflictiva» en la página 64.

¿CÓMO ME PASÓ ESTO A MÍ?

Para descubrir cómo escapar de una relación tóxica o sanar de una de la que hayas salido, a menudo es útil investigar cómo y por qué te metiste en una. Hay varios factores que hacen que cualquiera sea más vulnerable ante una persona tóxica y también hacen que sea más difícil irse, y no tienes control sobre muchos de ellos. Estos factores incluyen crecer en una familia disfuncional, problemas de autoestima, vinculación traumática, presión social, falta de recursos, la teoría del costo irrecuperable y experimentar disonancia cognitiva.

PROBLEMAS DE LA FAMILIA DE ORIGEN

Aprendemos a comportarnos en una relación al observar a nuestras familias. Piensa en la relación de tus padres mientras crecías. ¿Hablaban de los problemas con calma o tenían grandes peleas? ¿Trataste de volverte casi invisible para que no descargaran su ira contigo? Solemos repetir patrones en nuestra vida. Si creciste en un hogar donde reinaba el caos, es posible que, como adulto, te parezca normal tener grandes altibajos en tus relaciones. Si tienes una relación o amistad sanas, la sensación de calma puede parecerte aburrida. También puedes sentir que una relación saludable es demasiado buena para ser real, y solo estás esperando a que «algo malo pase». Tienes la sensación de que algo malo va a pasar porque las cosas van relativamente bien. Quizás debas seguir en contacto con un familiar tóxico que hizo que tuvieras una visión poco saludable de las relaciones. Tal vez te culpaste por el comportamiento de la persona tóxica, ya que te dijeron que era tu culpa.

La dinámica en tu familia de origen tiene una gran influencia en tu estilo de apego como adulto. Tu estilo de apego es la forma particular en la que te relacionas y vinculas con otras personas. Exploraremos este concepto más a detalle en el capítulo 5.

EJERCICIO DE REFLEXIÓN: ¿DÓNDE HE VISTO ESTOS COMPORTAMIENTOS ANTES?

¿Es la primera vez que te encuentras con una persona tóxica? ¿O has tenido encuentros con varios narcisistas o sociópatas en tu vida? Toma tu tiempo para anotar los momentos de tu infancia en los que te encontraste con alguien que no tenía en mente las mejores intenciones. Pudo ser un familiar, un amigo, una maestra, un entrenador u otra persona que tuvo un impacto en tu vida. Describe sus comportamientos nocivos utilizando la lista de comportamientos tóxicos que se encuentra anteriormente en este capítulo. Agrega cómo es tu relación con ellos ahora. ¿Los ves todavía o hablas a menudo con ellos? ¿Te distanciaste de ellos? ¿O ya no viven?

EJERCICIO DE REFLEXIÓN: ¿CÓMO CAMBIARON MI INFANCIA
LAS PERSONAS TÓXICAS?

Usando la lista de personas que creaste en el ejercicio de reflexión anterior, escribe cómo cada una de esas personas tóxicas impactó en cómo
te veías y cómo veías al mundo que te rodea. Es probable que un padre
o una madre te haya dicho que no eras lo suficientemente bueno o buena;
que una maestra te haya enseñado que los límites son permeables; que
hayas aprendido de un entrenador que es normal que te griten de manera
regular. Lo que haces al crear esta lista es identificar las áreas en las que
puedes trabajar para protegerte de personas tóxicas. Si vas a terapia,
considera compartir esta actividad con tu profesional de la salud mental.

PROBLEMAS DE AUTOESTIMA

La autoestima es el sentido subjetivo de tu propio valor o habilidades; la baja autoestima puede hacerte vulnerable a una persona o
situación tóxica porque puede ser más difícil establecer o mantener
límites. Los problemas de baja autoestima pueden surgir por crecer
en una familia disfuncional, pero es posible que también hayas experimentado uno de los siguientes puntos:

- Acoso en la escuela o en el lugar de trabajo.
- Dificultad con el desempeño académico y laboral.
- Dificultad para lograr metas.
- Ansiedad, depresión, trastorno bipolar o trastorno por
  déficit de atención con hiperactividad (TDAH).
- Aislamiento o marginación social.
- Relaciones no saludables.
- Abuso.

📌 Problemas médicos.

📌 Estrés crónico.

📌 Dificultad para satisfacer las necesidades básicas de la vida: vivienda y comida.

Cuando tienes baja autoestima, puedes sentirte responsable de problemas que no son tu culpa o que «causaste» para que una persona tóxica te tratara mal. Puedes sentir que nadie más te va a soportar si cortas los lazos con la persona tóxica. Puede que nunca te sientas lo bastante bien. Pero tienes derecho a estar aquí. También tienes el derecho a que te traten con dignidad y con respeto. Uno de los sentimientos más poderosos es saber que puedes alejarte de una relación o situación que no es lo mejor para ti.

REVISA: ¿CÓMO ESTÁ TU AUTOESTIMA?

Tu autoestima es un determinante significativo de la facilidad con la que puedes perdonarte. Revisa si estás de acuerdo o en desacuerdo con las siguientes afirmaciones:

1. En general, me siento bastante bien con mi vida.
2. Practico un buen cuidado personal.
3. Busco apoyo en los demás.
4. Veo los contratiempos como temporales.
5. Creo que hay lecciones valiosas que aprender en tiempos difíciles.
6. A veces la vida puede ser caótica, pero me siento bastante estable.
7. Si alguien me molesta, me es fácil volver a encarrilarme.
8. Me doy cuenta de que los sentimientos de otra persona son suyos y no puedo «arreglarlos» o cambiarlos.
9. Puedo establecer buenos límites que me ayuden a vivir mejor mi vida.
10. Mis emociones son temporales, así que no dejo que saquen lo mejor de mí.

Con cuantas más afirmaciones estés de acuerdo, más probabilidades tendrás de tener una buena autoestima. Esto significa que puedes sortear las tormentas de la vida y aun así sentirte bastante bien contigo.

Si no estás de acuerdo con la mayoría de las afirmaciones, no hay problema; desarrollar la autoestima requiere práctica, pero es absolutamente algo que se puede cultivar. Veremos cómo en los capítulos 5, 6, 8 y 10.

VINCULACIÓN TRAUMÁTICA

Otra razón por la que puede ser difícil terminar o dejar una relación tóxica se debe a algo llamado *vinculación traumática*, que surge de un ciclo de abuso y aislamiento, intercalado con un comportamiento, en apariencia, amable y generoso por parte de la persona abusiva.[1] Es cuando un sobreviviente de abuso desarrolla un apego o simpatía hacia su abusador. El vínculo traumático puede ocurrir en cualquier interacción en la que se abusa de una persona, incluida la violencia doméstica, el abuso infantil, la trata de personas, las sectas y las situaciones de rehenes (de hecho, el vínculo traumático también se conoce a veces como *síndrome de Estocolmo*, un término que quizás reconozcas; lleva el nombre de una situación de secuestro en la que los rehenes desarrollaron un vínculo con sus captores).

Las siguientes características de una relación ayudan a crear un vínculo traumático:

- Diferencia de poder entre el abusador y el sobreviviente.
- Un trato abusivo y no abusivo de manera intermitente durante la relación.
- El sobreviviente experimenta un miedo intenso y tiene una fuerte voluntad de sobrevivir.
- El abusador justifica su comportamiento abusivo poniendo como excusa que su infancia lo volvió así.

⚑ El comportamiento del abusador se intensifica al descubrir que el sobreviviente tiene la intención de irse o ya dejó la relación.

Un vínculo traumático puede tomar días o meses en desarrollarse. No se sabe por completo por qué se produce un vínculo traumático en las relaciones abusivas, pero puede deberse, al menos en parte, a las hormonas. Para ver por qué, tomemos un momento para una breve lección de biología. Tu sistema nervioso autónomo, o la parte de tu sistema nervioso que controla tus movimientos involuntarios, está compuesto por el sistema nervioso *simpático* (SNS) y el sistema nervioso *parasimpático* (SNP). En términos más simples, el SNS prepara a tu cuerpo para enfrentar eventos estresantes y el SNP devuelve a tu cuerpo a su estado normal después de eso. Cuando tienes una pelea o experimentas un conflicto, tu SNS se activa. Tus glándulas suprarrenales envían la hormona de la adrenalina a tu cuerpo, con lo que desencadena una cascada de otras hormonas para poner a tu cuerpo en alerta máxima: tu frecuencia cardiaca y presión arterial aumentan, tu respiración se vuelve más rápida y tus sentidos se agudizan. Esta es la respuesta de «luchar, huir o paralizarse». Cuando estás en una relación abusiva, es más probable que te paralices en lugar de pelear o huir porque estás en modo de supervivencia. Esto puede resultar en un sentimiento de impotencia, depresión, baja autoestima y un mayor vínculo con tu abusador.[2] Cuando te reconcilias después de un conflicto, tu SNP se hace cargo. Tu glándula pituitaria libera una hormona llamada oxitocina en tu sistema (esto también sucede cuando tienes una cercanía física o emocional general con una persona). La oxitocina ayuda a promover la unión. Entonces, el monstruo con el que estás ahora se convierte en una persona no tan mala, y el proceso continúa.

Cuando pasas por un trauma con tu pareja (incluso si tu pareja fue la perpetradora), tiendes a apoyarte en ella para encontrarle sentido a lo que sucedió. Puede ser difícil de entender para un observador externo, pero tu cerebro busca dar sentido al abuso, y la persona más cercana a él es la persona que lo perpetró. Esto crea un ciclo de apego a través del trauma.

Los signos de vinculación traumática incluyen:

- ⚑ Culparse a sí mismo por el abuso.
- ⚑ Culpar a otros por el comportamiento abusivo de la persona.
- ⚑ Evitar cualquier comportamiento que pueda provocar a la persona abusiva.
- ⚑ Preocuparse y anticipar las necesidades y deseos de la persona abusiva.
- ⚑ Tener un registro detallado del horario de la persona abusiva y sus hábitos.

«Me dijo que yo era la persona más increíble que él había conocido. Casi al día siguiente de que me preguntó si estaba 'cien por ciento' en la relación, comencé a ver quién era él en realidad».

JAMEELA, 26

La vinculación es un proceso biológico. El estrés que sientes cuando te separas de una persona tóxica se basa en químicos cerebrales. Mira el proceso de una relación tóxica como una de adicción y como si actualmente experimentaras síntomas de abstinencia. Los síntomas de abstinencia mejorarán con el tiempo. Por eso es tan importante cortar el contacto con una persona tóxica tanto como sea posible: necesitas tiempo para sanar de los altibajos. (Hablaremos más de esto en el próximo capítulo).

PRESIÓN SOCIAL

Mientras piensas en lo que pudo haberte mantenido en una relación tóxica, reflexiona sobre los mensajes que puedes encontrar en las redes sociales o de las personas que te rodean. Nuestra sociedad quiere que estemos y permanezcamos en relaciones. Es posible que hayas escuchado frases como «ama y respeta a tu familia, pase lo que pase; son a los únicos que tienes» o «la sangre es más espesa que el agua». La sociedad también enfatiza que estar en una relación es mejor que estar en la soltería, incluso si la dinámica no es saludable.

También hay una positividad tóxica que impregna las redes sociales y la psicología popular. Las ideas de que «siempre debes mirar el lado positivo» y «siempre debes esforzarte más» ejercen presión sobre las personas que solo tratan de pasar el día. Estas presiones pueden hacerte cuestionar si vale la pena cortar lazos con personas tóxicas, y la envidia y la autoculpabilidad aparecen.

FALTA DE ACCESO A LOS RECURSOS

El dinero no compra la felicidad, pero puede hacerte la vida mucho más fácil. Si tienes acceso a una vivienda, a servicios de consejería y a un transporte, es más probable que dejes una relación tóxica. Esta es exactamente la razón por la que una persona tóxica puede tratar de limitar tu capacidad de ganar tu propio ingreso o restringirte el acceso a un vehículo. Esta forma de abuso, conocida como *abuso económico*, limita tu independencia y te mantiene donde una persona tóxica te quiere: bajo su control.

> «Habría sido mucho más fácil irme si no me hubiera convencido de que era ˈmaloˈ con el dineroˈ y necesitaba cederle todo a él».
>
> ALEJANDRO, 32

EFECTO DEL COSTO IRRECUPERABLE

Cuando estás en una relación tóxica, puede ser un desafío dejarla cuando invertiste tiempo y esfuerzo para que funcionara. Parte de la razón de esto es que la gente tiende a experimentar el *efecto del costo irrecuperable*. Quieres sentir que todo lo que entregaste para que la relación funcionara valió la pena, por lo que le dedicas más tiempo, incluso si no es lo mejor para ti.[3] No querrás sentir que «perdiste» ese tiempo, por lo que es menos probable que abandones o termines la relación. Sin embargo, considera que si hubieras mantenido una relación con esta persona te habría costado aún más tiempo y esfuerzo.

DISONANCIA COGNITIVA

«Primero me dije que ya llevaba trabajando allí durante tres meses, entonces, ¿por qué no aguantar a ver si las cosas mejoran? Después fueron seis meses... luego un año. Me preocupaba no poder encontrar otro trabajo. Luego me preocupaba tener un gran vacío en mi currículum, ya que ahora había estado trabajando allí durante dos años. Más adelante me di cuenta de que había pasado mucho tiempo tratando de adaptarme a un entorno disfuncional».

DONNA, 52

Cuando conociste a la persona tóxica, probablemente no parecía ser tóxica, pero cuando estabas en la relación comenzaste a ver comportamientos poco saludables. Esos comportamientos no encajaban con lo que sabías sobre esa persona y desafiaban tus ideas sobre las personas buenas. Cuando te enseñan a evitar las relaciones con personas poco saludables y te encuentras con alguien que te trata mal, puede ser una experiencia muy confusa. Esta persona te trata de la manera opuesta a como te enseñaron que debían de tratarte. Entonces ¿por qué es tan difícil irse y reconstruir?

Cuando alguien que te importa te trata de una manera que no tiene sentido, tu cerebro se siente un poco revuelto. A esto se le llama *disonancia cognitiva*. La disonancia cognitiva ocurre cuando recibes información que contradice tus creencias y no tiene sentido con lo que sabes sobre las personas y el mundo que te rodea. Cuando recibimos información que es contraria de lo que sabemos que es preciso, hacemos una de las siguientes cosas:

- Ignoramos información nueva.

- Nos comprometemos aún más con nuestras creencias.

- Evitamos la exposición a información contradictoria.

- Proyectamos en los demás nuestros sentimientos de estar abrumados.

⚑ Absorbemos la información contradictoria y cambiamos nuestras creencias.

⚑ Aceptamos la información contradictoria tal como es y aceptamos tener dos creencias distintas.

La disonancia cognitiva es la sensación de que algo no está bien y contradice tu sistema de creencias existente. Puedes intentar ocultar esos sentimientos desagradables, pero siguen apareciendo. Puedes utilizar drogas y alcohol para adormecer el sentimiento de creencias contrapuestas. Te sientes atrapado o atrapada en una situación tóxica.

Para detener la disonancia cognitiva y reconstruir tu vida, primero debes aprender más al respecto. Considera consultar a un profesional de la salud mental para que te ayude a desenredar los mensajes contrapuestos a tus creencias actuales que recibiste durante la relación. (Una vez más, hablaremos más a detalle del trabajo con profesionales de la salud mental en el capítulo 6).

EJERCICIO DE REFLEXIÓN: ¿QUÉ FACTORES TE HAN INFLUENCIADO?

De los factores sobre los que leíste, ¿cuáles influyeron en tu capacidad para dejar una relación o situación tóxica?

- Problemas con la familia de origen.
- Problemas de autoestima.
- Vinculación traumática.
- Presión social.
- Falta de acceso a los recursos.
- Efecto del costo irrecuperable.
- Disonancia cognitiva.

¿Cuál de estos factores te causó más problemas? ¿Qué puedes hacer en el futuro para tomar conciencia si uno o más de estos factores están influyendo en tus relaciones?

———•◆•———

Hasta ahora, aprendiste a identificar los signos de una relación no saludable, que el abuso no es solo físico, también puede tomar la forma de abuso emocional, verbal, sexual y financiero/económico. Aprendiste por qué podrías haberte metido a una situación tóxica, incluidos los problemas de origen familiar, la vinculación traumática, la disonancia cognitiva y otros factores. En el próximo capítulo hablaremos de un primer paso esencial en el proceso de sanación: bloquear el contacto, si es posible.

2

Bloquea el contacto
si puedes

*Cómo prevenir el contacto no deseado con una
persona tóxica y qué hacer cuando no se puede*

Anteriormente, Aya había intentado dejar a su esposo, Lou, tantas veces que casi podía ver cómo iba a pasar. Cuando había intentado irse cuando él estaba en casa, él la agarraba, le bloqueaba las puertas o se paraba frente a su auto, y se negaba a moverse hasta que ella se rindiera. Cuando lograba salir de casa, Lou mantenía un perfil bajo por unos días y luego le hablaba por teléfono y le mandaba mensajes de modo insistente prometiéndole que las cosas cambiarían si regresaba. Sabía que la única forma de escapar era cuando él no estaba en casa, y esta vez decidió que no se iba a involucrar cuando inevitablemente él la llamara o le enviara un mensaje.

Aya se sentía culpable de irse de este modo, pero sintió que su esposo no le había dado otra opción. Al principio ella no bloqueó su número de teléfono o correo electrónico porque estaba preocupada por él. En sus primeros mensajes le pedía y le suplicaba que le hiciera saber que estaba bien. Cuando ella no respondió, los mensajes se volvieron agresivos, diciéndole que era una perra y una traidora. Cuando no obtuvo respuesta con eso, cambió de táctica nuevamente: «Te amo. Te extraño. Eres la mujer más maravillosa que he conocido». Lo único que su esposo nunca puso en sus mensajes era que lo sentía. Aunque lo extrañaba, eso le dio la determinación que necesitaba para una ruptura definitiva esta vez.

Aya se sentía orgullosa de mantenerse firme y negarse a participar, pero cada vez que su teléfono vibraba o sonaba, ella sentía una ráfaga de adrenalina. Luego de algunas semanas, se dio cuenta del costo físico que le representaba: se sentía nerviosa casi todo el tiempo, y tenía problemas para dormir por la noche. Después bloqueó su número y su correo electrónico pensando que había cubierto cualquier forma en que él pudiera contactarla. Esa noche finalmente consiguió el descanso que tanto necesitaba.

Días después, su teléfono vibró con un nuevo mensaje del mejor amigo de Lou, Enzo, en el que le preguntaba si estaba bien. Ella pensó que era correcto responder; no quería preocupar a nadie. «Sí, estoy bien», respondió.

Su respuesta llegó casi de inmediato. «Lou está realmente preocupado y quiere que vuelvas a casa», decía el mensaje.

Mientras miraba el teléfono con incredulidad, Aya pensó: «En serio, Enzo, ¿tú también? ¿De qué otro modo va a encontrar maneras de llegar a mí?».

———•◆•———

Al fin te diste cuenta de que es hora de dejar atrás una relación tóxica; tal vez dejaste a una pareja, estás decidiendo terminar una amistad o te estás distanciando de familiares tóxicos. Bloquear todos los contactos puede ser muy difícil para ti. Quizás te preguntes por qué es tan difícil imaginar la vida sin esa persona, a pesar de que te trató mal. Es totalmente comprensible que puede ser una decisión desgarradora cortar el contacto con alguien que alguna vez fue importante en tu vida.

Aun así, este es un paso crucial hacia la sanación. Así que si tienes la opción de bloquear todo contacto con una persona tóxica, hazlo. En este capítulo veremos por qué es tan importante bloquear el contacto y cómo hacerlo de manera efectiva. Si realmente no puedes cortar el contacto con esa persona por cualquier motivo, por ejemplo, si son familiares o crían juntos a un hijo, también abordaremos cómo manejar esa situación, más adelante, en este capítulo.

¿POR QUÉ ES TAN IMPORTANTE BLOQUEAR EL CONTACTO?

Una persona tóxica tiende a no cambiar su comportamiento, incluso cuando se mete en problemas por ello. Ella subirá la apuesta al volverse más escandalosa con su comportamiento y con sus demandas. Una persona tóxica intentará poner a prueba tus límites al continuar en contacto contigo después de que te haya descartado o hayas terminado la relación. Puede que tenga una *ira narcisista* y luego te contacte al día siguiente como si nada hubiera pasado. Puede que no sea con un mensaje o una llamada de teléfono; ella podría usar otros métodos, como que un ex de repente te devuelva tus pertenencias por correo.

Algunas personas tóxicas esperan meses o incluso años antes de volver a contactarte. El silencio no es una señal de que la persona ya avanzó y no debe tomarse como tal. Las personas tóxicas «reciclan» a sus ex y a sus amigos, y se comunicarán contigo cuando necesiten una dosis de atención.

Quizás no sea la primera vez que intentas terminar esta relación. Como ya vimos en el capítulo 1, las personas tóxicas a menudo intentan atraerte de nuevo a una relación. Lo que sea que te prometan por lo general resulta no ser cierto, y la relación se vuelve tan problemática como lo era antes. Dejar las líneas de comunicación abiertas con esta persona te pone en riesgo. Cuando respondes a la atracción de una persona tóxica, en especial después de su comportamiento escandaloso hacia ti, le das a entender que aceptas ese nivel de abuso de su parte.

Como leíste en el capítulo 1, una relación con una persona tóxica puede ser como una droga potente: este tipo de relaciones están llenas de altibajos. Es posible que hayas desarrollado un vínculo traumático con la persona tóxica, en el que tuviste periodos de abuso seguidos de calma. Incluso puede que experimentes abstinencia ahora que tienes un contacto limitado con la persona tóxica. Puedes tener una profunda sensación de pérdida, hasta el punto de sentir un dolor físico. Puedes tener insomnio y experimentar confusión mental. Tus extremidades pueden sentirse pesadas y puedes sentir que te mueves más lento de lo normal. También puedes experimentar temblores y pensamientos obsesivos. Puedes pensar que el solo hecho de contactar a la persona tóxica te hará sentir mejor. Pero todo lo que hace es comenzar el ciclo de abstinencia nuevamente. Debes dejar la sustancia o persona adictiva para recuperarte de una adicción.

PASOS PARA BLOQUEAR EL CONTACTO

Algunas de estas cosas pueden parecer obvias, pero en nuestro mundo tan conectado puede haber algunas vías de contacto en las que no habías pensado antes. Así que revisa la siguiente lista y asegúrate de tener todo cubierto. Bloquea lo siguiente:

⊗ Números de celular.

⊗ Números de trabajo.

⊗ Correo electrónico personal.

⊗ Correo electrónico de trabajo.

⊗ Todas las cuentas de redes sociales: Facebook, Instagram, Snapchat, TikTok, LinkedIn, etcétera.

⊗ Cuentas y números de teléfono de su familia.

⊗ De ser necesario, cuentas y números telefónicos de amigos en común (consulta la siguiente sección).

Luego cambia tus contraseñas en

☑ Todos los servicios de *streaming*.

☑ Dispositivos electrónicos: computadora, celular, tablet, etcétera.

☑ Cuentas de correos electrónicos.

☑ Servicio de datos (celular, internet).

☑ Cuentas de redes sociales.

☑ Cuentas bancarias y financieras.

☑ Cuentas de la escuela y del trabajo.

Añadido a esto, elimina a la persona de cualquier aplicación de geo-localización. Es posible que incluso tengas que eliminar tus propias cuentas de redes sociales si ves que revisas las cuentas de la persona tóxica o las cuentas de amigos en común. A veces las personas descubren que la única manera de tener algo de paz es obteniendo un nuevo número de teléfono, por mucho tiempo y energía que esto consuma.

Si es necesario tener contacto con la persona por un tiempo limitado, por ejemplo un divorcio u otros procesos legales, la persona que te representa legalmente puede servir como intermediaria. Es comprensible que no puedas bloquear por completo a algunas personas, como cuando tienen hijos de por medio, pero puedes tener un contacto mínimo; llegaremos a eso más adelante en este capítulo.

EJERCICIO DE REFLEXIÓN: PENSAR EN CORTAR EL CONTACTO

Puede ser una decisión muy difícil bloquear o limitar el contacto con una persona tóxica. Piensa en esa persona de la que deseas distanciarte emocional y físicamente. Anota los comportamientos que tuvo que te llevan a creer que bloquear o limitar el contacto es la mejor opción. También anota las veces que intentaste alejarte de esta persona y cómo te fue. Cuando no tuviste contacto con ella, ¿tuviste una sensación de alivio? ¿Tuviste menos estrés en tu vida? Si la persona tóxica todavía intentó contactarte incluso después de que estableciste límites sobre la comunicación, escribe los detalles de lo que sucedió. Ahora escribe lo que podrías ganar al distanciarte de esta persona y también enumera los inconvenientes. ¿Los aspectos positivos superan a los negativos?

SIN MONOS VOLADORES

Bloquear a los miembros de la familia de una persona tóxica y amigos en común puede sonar extremo. Sin embargo, una persona tóxica a menudo utiliza a miembros de la familia, a amigos en común o a compañeros de trabajo para enviarte mensajes, incluso si has cortado el contacto con él, como el amigo de Lou, Enzo, en la historia de Aya al comienzo del capítulo. Estos portadores de mensajes se llaman *monos voladores*.

Que te digan que una persona tóxica te quiere de vuelta en su vida, incluso si es un mensaje de una fuente secundaria, puede llevarte de vuelta a una dinámica tóxica. A veces los monos voladores no saben la verdad sobre lo que pasaste con esta persona. Recuerda que algunas personas tóxicas se esfuerzan por verse bien ante los demás mientras ocultan su comportamiento en una relación.

También bloquea a los monos voladores si puedes. Eso es lo que Aya tuvo que hacer después de que Enzo la contactara, ella lo bloqueó. Otros amigos en común publicaban en sus redes sociales muchas fotos con Lou, lo que le causaba mucha angustia a Aya, por lo que decidió bloquearlos también al final. Si ves un número desconocido en tu identificador de llamadas, no respondas.

Hazles saber a sus amigos y familiares que no vas a aceptar ningún mensaje que la persona tóxica envíe a través de ellos. Si un amigo o familiar trata de hablarte sobre él, establece un límite y di: «Eso está prohibido» o «Estás pasando el límite». Aléjate si continúa compartiendo información sobre la persona tóxica.

Ahora, muchas veces, las personas que son «reclutadas» para llevar mensajes de la persona tóxica no lo hacen con malas intenciones y no se dan cuenta de que te hacen daño. Cuando estableces un límite, cualquiera que

«Mi tía actuaba como "mensajera" de mi madre. Comenzaba una conversación que no tenía relación con ella y luego abordaba el tema, "Sabes, tu madre de verdad intenta conectar contigo", y comentarios similares. Al final le dije que hablar de mi madre quedaba prohibido y que si insistía en mencionarla tendría que limitar mi contacto con ella. Desde entonces no ha mencionado a mi madre».

AMARA, 48

realmente se preocupe por ti lo reconocerá y se disculpará por cruzarlo. Los límites son innegociables. Es posible que debas actuar sobre un límite que estableciste si este se violó. Si un mono volador continúa enviándote mensajes de una persona tóxica o te ofrece consejos no solicitados después de que le pediste que no lo hiciera, es hora de distanciarte o cortar el contacto con esa persona. (Revisaremos cómo poner y mantener límites en el capítulo 5).

RECONOCE EL CHANTAJE EMOCIONAL

Probablemente tengas familiares o amigos que amenazan con lastimarse o suicidarse cuando les dices que necesitas limitar el contacto. Una pareja tóxica podría haber amenazado con autolesionarse cuando le dijiste que te ibas. Es posible que incluso una persona haya amenazado con hacerse daño cuando le dijiste que no estabas de acuerdo con su comportamiento. Amenazas como esta se conocen como *chantaje emocional*. Su propósito es mantenerte en contacto con la persona al hacerte sentir culpable.

Una persona que te hace esto no es muy saludable y puede haber usado el chantaje emocional de otras maneras en el pasado. Por ejemplo, negarse a ir a un viaje planeado o a una reunión familiar que es importante para ti, o amenazar con no invitarte a un evento que él sabía que te entusiasmaba. Tal vez te diga que tratas mejor a tu ex, a familiares y a amigos que a él. Todas estas son formas en que una persona induce miedo, culpa o vergüenza en ti para que pueda mantener el control.

Reconoce que esto es tan solo una táctica de control; sé que es difícil escuchar, pero no cedas. Veremos cómo lidiar con los sentimientos de culpa en el capítulo 4. Si estás

«Mi novio amenazaba con suicidarse cuando le decía que quería terminar la relación. Después de que rompí con él, volví a reconectar con mi madre. Y adivina qué dijo cuando le comenté que necesitaba distanciarme de ella por mi salud mental. Sí, lo mismo».

BRYCE, 45

con alguien que amenaza con autolesionarse o amenaza con lastimarte, llama al 911.

PROTÉGETE DEL ACOSO

Si dejas de estar en contacto con una persona tóxica, es probable que ella comience a seguirte o a contactarte con insistencia. Puede que se presente en tu casa sin avisar. La mejor opción suele ser no prestar atención a la persona tóxica y esperar que siga adelante. Es posible que obtenga un número nuevo con el fin de acosarte, así que no respondas llamadas desconocidas. No publiques en las redes sociales en tiempo real. Si publicas fotos de un lugar al que fuiste, hazlo después de haber cambiado de ubicación. O tal vez no quieras publicar ubicaciones en las redes sociales, ya que la persona que te acosa puede comenzar a frecuentar esos lugares para ver si se topa contigo. Hazles saber a tus vecinos y a la administración de la propiedad que esta persona te acosa y que te avisen si la ven cerca de tu casa. Si recibes alguna amenaza, comunícate con la policía. En caso de que tu bienestar se vea amenazado, podrías solicitar una orden de restricción emitida por un tribunal. Si bien una orden de restricción no impide que alguien vaya a tu trabajo o a tu casa, en caso de que eso suceda, cuentas con apoyo legal.

QUÉ HACER CUANDO NO PUEDES CORTAR EL CONTACTO

Puede haber momentos en los que no puedas cortar por completo el contacto con alguien, como cuando tienen hijos juntos o todavía trabajan en la misma compañía. Quizás tengas un miembro de la familia que no puedas bloquear por completo, en especial si planeas pasar tiempo con otros familiares durante las vacaciones y otras celebraciones. Tal vez te encuentres en un clima de trabajo en el que conseguir otro sea poco probable. Aun así necesitas proteger tus propios intereses incluso cuando no puedes cortar por completo el contacto con una persona o situación tóxicas. Veremos cómo hacerlo en las siguientes páginas.

CRIANZA COMPARTIDA CON UNA PERSONA DE ALTO CONFLICTO

Es clave establecer límites saludables si compartes la paternidad con una persona tóxica altamente conflictiva. Detallaremos más este tema en el capítulo 5, «Establece límites». Por ahora me gustaría mencionar algunos pasos iniciales importantes para que puedas minimizar el contacto con una persona tóxica en la crianza compartida.

ENCUENTRA UN BUEN ABOGADO DE DERECHO FAMILIAR

Ahora es el momento de convertirte en un defensor para ti y para tus hijos. Reúnete con diferentes abogados para encontrar el que mejor se adapte a tus necesidades. Obtén referencias de amigos y familiares de confianza o de personas que conozcas que hayan tenido la experiencia de ser padres compartidos con una persona tóxica. Pregúntale a la abogada si tiene experiencia trabajando con personas que comparten la paternidad con narcisistas y otras personas altamente conflictivas.

Hazle saber a tu representante legal sobre tu experiencia con la persona tóxica. Aunque sea un tema muy delicado conversar de los problemas que tienes con la persona con la que compartes la paternidad, anota detalles e incidentes específicos, no solo cómo te sientes. Si bien es correcto hacer especulaciones como «Creo que él podría enojarse si queremos cambiar los horarios del tiempo compartido», menciona por qué es ese el caso. Hazle saber a tu representante legal si la persona con la que compartes la paternidad tiene una personalidad conflictiva o te ha amenazado física o financieramente.

También puede que necesites los servicios de un coordinador parental que pueda trabajar contigo y con el otro padre, en lugar de dejar que los dos discutan los problemas por teléfono. Un coordinador parental es un tercero neutral, generalmente un profesional de la salud mental, que ayuda a los padres compartidos a crear y cumplir un plan de crianza. Además puede ayudarlos a organizar cambios en los horarios, decisiones importantes (por ejemplo, un cambio de escuela), o cualquier decisión en la que exista un desacuerdo. Un coordinador parental recibe capacitación especializada para trabajar con personas que comparten la paternidad que son altamente conflictivas. Puedes contratar uno por cuenta propia o utilizar uno designado por el tribunal. Por lo general, tú y el padre compartido primero se reúnen de manera individual con el coordinador parental y luego ya se juntan, no solo para hablar de sus inquietudes y documentar cambios, sino también para que cada uno rinda cuentas por sus acciones. (Consulta la bibliografía para obtener ayuda, encontrar un abogado y recursos *pro bono*).

> «Encontré un abogado con el que 'conecté' de verdad. Entendía muy bien a lo que me enfrentaba y me explicó las posibles opciones de manera clara».
>
> ANOUSH, 36

CREA UN PLAN DE CRIANZA SÓLIDO

Es probable que necesites un plan de crianza detallado en el que se aborden todos los problemas de copaternidad, lo que significa que necesitas establecer reglas en torno a lo siguiente:

✱ ¿Dónde y cuándo se llevarán a cabo los intercambios y quién estará presente? (En situaciones de copaternidad de alto conflicto, a veces los padres consideran elegir un lugar neutral y pedir que los miembros de la familia hagan el intercambio).

* ¿Cuánto tiempo debes esperar con tus hijos en el lugar de intercambio antes de que el periodo que comparten te corresponda a ti (si el padre compartido no te notifica que llegará tarde)?

* ¿Quién tendrá a los niños en cada día festivo, y cuándo los llevarán y recogerán en esos días?

* ¿Quién tiene el poder de decisión final (o será una decisión conjunta) con respecto a la escuela, los problemas médicos y los proveedores, las actividades después de la escuela y demás asuntos?

* ¿Quién pagará qué por los costos relacionados con la escuela, las actividades después de la escuela, las visitas médicas? ¿Cómo se presentarán esos gastos para su reembolso?

* ¿A quién le das permiso para que cuide de tus hijos y a quién no quieres cerca de ellos por la razón que sea?

* ¿Con cuánta anticipación se debe notificar si quieren hacer un viaje fuera del estado con el menor? ¿Qué tal fuera del país? (Los padres compartidos agregan que cualquier viaje fuera del país debe ser aprobado por ellos, y los países deben ser parte de la Convención de La Haya, que ayuda a devolver a los niños a sus padres con custodia en caso de que el padre o la madre sin custodia los secuestre y los saque de su país de origen).

* ¿Necesitas un itinerario para los viajes realizados fuera del área local? ¿Cuántos días o semanas antes del viaje deseas recibir el itinerario?

* ¿A qué escuelas asistirán los niños en el futuro? También puedes agregar que cuando tu hijo esté en cierto

grado escolar, los padres compartidos revisen el tema concerniente a la escuela.

✳ ¿Quién reclamará a los niños como dependientes en su declaración de impuestos? (Algunos padres compartidos alternan años si el tiempo que comparten es 50-50).

✳ ¿Cómo se comunicarán los padres compartidos entre sí? ¿Se llevará a cabo la comunicación únicamente a través de una aplicación de copaternidad para disminuir el conflicto?

Además de estas preguntas, las cuales debes responder de acuerdo con lo que tiene sentido para tu situación particular, recomiendo establecer las siguientes reglas estrictas:

✳ El padre o la madre tendrá acceso ininterrumpido para hablar con el niño durante los horarios de llamadas designados.

✳ Ninguno de los padres hará comentarios despectivos sobre el otro frente al niño o cuando el niño esté presente en el hogar. Ninguno de los padres dejará documentos de custodia o divorcio a la vista del niño. Ninguno de los padres discutirá las finanzas de la crianza compartida frente al niño.

✳ Si uno de los padres compartidos se va a ausentar de la casa durante una cierta cantidad de tiempo en el tiempo que le toca compartir, primero debe comunicarse contigo para ver si te gustaría quedarte con los niños en lugar de hablarle a una niñera o a un miembro de la familia. Tienes derecho a ser la primera opción.

Tener parámetros estrictos en tu plan de crianza puede ser una molestia para ti porque limita tu propia flexibilidad, pero también ayuda a mantener a raya a un padre compartido tóxico. Si tienen un desacuerdo sobre un tema relacionado con el niño, siempre puedes acudir al plan de crianza como respuesta final. Puedes crear un plan de crianza con tu abogado o con un coordinador parental.

REÚNETE EN TERRITORIO NEUTRAL (O NO LO HAGAS)

Cuando sea el momento de realizar el intercambio, en lugar de hacerlo en la casa del otro, considera hacerlo en un lugar neutral, como en un lugar público. O pídele a un miembro confiable de la familia que realice el intercambio de tu hijo. Los planes de crianza pueden indicar cuánto tiempo debes esperar para que la otra parte se presente sin tener que saber de ella antes y hasta que el tiempo compartido te corresponda a ti.

«Solíamos hacer el intercambio en nuestras casas, pero la mayoría de las veces eso causaba algún tipo de problema. Yo no quería que mi hijo viera eso. Así que ahora solo hacemos el intercambio en la escuela. Rara vez nos vemos».

EIKO, 32

UTILIZA UNA APLICACIÓN ESPECÍFICA PARA COMUNICARTE

También puedes considerar limitar tu contacto con la otra persona a una aplicación para padres, en lugar de permitir que tu ex te llame o te envíe mensajes. Para obtener más información sobre las aplicaciones de copaternidad, consulta la bibliografía al final de este libro. Puedes agregar a tu plan de crianza que la comunicación solo será con la aplicación. Las aplicaciones de copaternidad marcan la hora de leído cuando los padres reciben y leen un mensaje, por lo que evita que intenten dar la excusa de que no lo vieron.

Además de ayudar a mantener un límite, algunas aplicaciones tienen características adicionales que te pueden gustar. Por ejemplo, algunas aplicaciones tienen una configuración que te notifica si utilizas una redacción en tu mensaje que podría ser inapropiada o provocativa. Algunas aplicaciones también permiten enviar recibos para un reembolso.

CONSIDERA LA CRIANZA EN PARALELO

En la copaternidad estándar, los padres son amables entre sí y tienen expectativas razonables de que pueden resolver los problemas juntos. Los padres compartidos pueden tener pautas y reglas similares en cada hogar para que los niños tengan una mayor sensación de estabilidad. Los padres asisten a los eventos de sus hijos y a las citas con el médico, con un desacuerdo mínimo. Sin embargo, si compartes la paternidad con una persona tóxica, es posible no tener conversaciones respetuosas y no verse en los eventos de sus hijos. Esto puede ser especialmente cierto si la relación involucró violencia doméstica. Estar presente en el mismo evento puede presentar una oportunidad para que el padre compartido tóxico te controle o te intimide.

En estas situaciones, la crianza en paralelo podría ser una opción. La crianza en paralelo es un estilo de crianza compartida en el que mantienes todo por separado. No asistes a nada con el padre compartido, incluidos los eventos después de la escuela o las citas con el médico. Solo se comunican por escrito o se hablan a través de la aplicación de copaternidad. Únicamente te comunicas con el padre compartido si es absolutamente necesario. En lugar de que el padre compartido te diga cómo les fue con el médico, te comunicas de manera directa con el médico para obtener esa información.

En un modelo de crianza en paralelo, a veces se nombra a uno de los padres como «padre principal» en un plan de crianza. Esto significa que uno de los padres tiene la autoridad para tomar la decisión final sobre el niño. Se establece un padre principal para que así los padres no tengan que comunicarse tanto entre sí. Ten preparada una copia del acuerdo de crianza para cualquier médico o terapeuta que ayude a tu hijo. Es posible que deseen un documento firmado por un juez que establezca quién tiene derecho a tomar decisiones médicas.

La crianza compartida en paralelo puede ayudarte de varias maneras. Limita el contacto. Es posible que experimentes menos conflictos con el padre compartido cuando sus vidas se mantienen separadas casi por completo. También puedes tener más tiempo para concentrarte en el bienestar de tu hijo en lugar de defenderte de los ataques verbales y el abuso emocional del otro padre. Tus hijos también se verán beneficiados: los hijos de padres divorciados tienen menos problemas de comportamiento cuando hay menos conflictos de crianza compartida.[1] Al tener un plan de crianza detallado, los límites ya están establecidos. Siempre puedes consultar el plan de crianza si el padre compartido trata de violar los límites. Lo más importante es la calidad de la relación con tu hijo, pues esto ayudará para determinar su calidad de vida y relaciones en el futuro.[2]

La copaternidad estándar

* Ambos padres se consultan entre sí sobre las decisiones y trabajan juntos por el bienestar del niño.

* Ambos padres asisten a eventos, días festivos y cumpleaños de los niños.

* Los padres compartidos se comunican por teléfono, mensaje o correo electrónico.

* Pueden ocurrir desacuerdos, pero al final los padres compartidos llegan a una resolución.

* Se hace el intercambio del niño en cualquiera de las casas de los padres.

* Los cambios en los horarios generalmente son acomodados por los padres si se les avisa con suficiente tiempo.

* Los padres compartidos trabajan juntos para tener pautas y estructuras similares en cada hogar.

La copaternidad paralela

* La comunicación solo se realiza a través de una aplicación de copaternidad, como *Our Family Wizard* o *Talking Parents*.

* Los padres compartidos se alternan para asistir a los juegos de los niños u otras actividades, o uno de los padres no asiste a esas actividades.

* Las vacaciones y los cumpleaños los pasan con el niño por separado.

* Cada padre sigue su propio horario y logística, y establece sus propias reglas.

* Uno de los padres tiene autoridad para tomar decisiones sobre la atención médica, la educación y las actividades extracurriculares del niño, o los padres compartidos tienen autoridad para tomar decisiones en diferentes dominios.

* El horario del niño se mantiene en un calendario en línea compartido o en una aplicación de copaternidad, sin otra comunicación entre los padres.

«El padre de mi hijo aprovechaba cualquier oportunidad para acosarme, incluso me arrinconó en los partidos de futbol y beisbol de nuestros hijos. Hablé con mi abogado al respecto, y ahora en el plan de crianza está escrito que nos vamos a alternar para asistir a los partidos».

REMI, 40

* El intercambio del niño se realiza en un lugar público, por otros miembros de la familia o sin que los padres compartidos tengan contacto.

* Los cambios en los horarios se manejan a través de una aplicación de copaternidad y no se asume que el otro padre se adaptará al cambio.

LIMITAR EL CONTACTO CON UN MIEMBRO DE LA FAMILIA

Es posible que no puedas cortar por completo el contacto con un pariente porque los miembros de tu familia con los que te llevas bien todavía incluyen a la persona tóxica en las reuniones familiares o las vacaciones. Incluso tal vez trabajes con un familiar tóxico. Si no puedes evitar el contacto, intenta limitarlo lo más posible. Puedes excusarte de asistir a las reuniones familiares, sin embargo, es posible que no elijas esa opción debido a que podrías perderte la oportunidad de ver al resto de tu familia.

Si asistes a una reunión familiar, limita la cantidad de tiempo que pasas ahí. Y si tienes un familiar de confianza, pídele que esté alerta a posibles conflictos mientras estés ahí. Asimismo, un familiar puede distraer y desviar a la persona tóxica si esta parece dirigirse hacia ti. También puedes organizar reuniones familiares por separado en las que no invites a la persona tóxica; pero debes estar consciente de que seguramente alguien de la familia se lo hará saber.

Podrías pensar que sería algo bueno decirle a tu familiar tóxico que te está molestando, pero eso puede ser todo el combustible que necesita una persona tóxica. Estas obtienen energía de las personas a las que molestan. Es mejor evitar a la persona que interactuar con ella. Si no puedes evitarla, trata de separarte emocionalmente tanto como sea posible. Puede ser útil imaginarse como un observador, una observadora, externos de la situación. Por ejemplo, piensa que eres un sociólogo o una socióloga que recopila datos. O usa la técnica de la «piedra gris», en la que respondes a una persona tóxica de la manera menos receptiva posible. Responde a las preguntas con monosílabos. Mantén tu tono de voz calmado y uniforme. Muestra tu aburrimiento lo más posible. Cuando una persona tóxica se da cuenta de que su «cebo» no está funcionando, a veces disminuye el comportamiento de acoso. También considera reunirte con un profesional de la salud mental (lo cual veremos en el capítulo 6) para descubrir maneras saludables de desapegarse.

«Con mi hermana hago la técnica de la 'piedra gris', ya que no puedo cortar el contacto por completo. Me atengo a los hechos y no muestro ninguna emoción. Puede ser muy difícil de hacer pero cada vez lo es menos».

JOAN, 65

Si tienes un padre tóxico que está envejeciendo, es posible que te pidan que lo cuides. Tal vez seas hijo único, por lo que la carga recae directo sobre ti. No tienes la obligación de cuidar a un padre abusivo. Aunque los amigos y la familia pueden decirte que «se lo debes» a tu padre o a tu madre, no saben qué daño y estrés te causó. Del mismo modo, tus amigos y familiares pueden estar intentando zafarse de cuidar a tus padres ellos mismos.

TRABAJAR CON UNA PERSONA MUY CONFLICTIVA

Shira llevaba seis años trabajando para la misma empresa. Se llevaba bien con su antigua jefa, Cindy, la cual había renunciado hacía varios meses. El nuevo jefe, Devon, parecía tener en la mira a Shira y ella no sabía por qué. Siempre la llamaba durante las reuniones y le hacía preguntas que sabía que ella no podría responder. Llevaba comida preparada al trabajo y Devon preguntaba en voz alta quién había traído la «comida rara», sabiendo que era el almuerzo de Shira. Le decía a Shira que tenía que entregar un trabajo al final de la semana, pero los miércoles o jueves le gritaba que no lo había terminado a tiempo. Shira sintió que su jefe intentaba avergonzarla frente a sus compañeros de trabajo.

Shira se acercó a Devon y le dijo que sentía que la trataba de manera injusta. Esto era todo lo que necesitaba Devon. Cuando puso a Shira en evidencia en las reuniones, se aseguró de preguntarle si sentía que estaba siendo «tratada injustamente» al hacerle preguntas. Devon convocó una reunión con Shira y dos de sus compañeros de trabajo. Cuando Shira se presentó en la oficina de Devon, él le dijo que los compañeros de trabajo no podían asistir a la reunión. Shira tuvo una sensación de malestar en la boca del estómago. Esto no se sentía bien para ella en absoluto. Le dijo a Devon que no podría reunirse con él y salió rápidamente de su oficina.

Si tú, como Shira, trabajas con una persona tóxica, aquí hay algunos pasos que puedes seguir para mantener el mínimo de contacto posible.

CONOCE LAS REGLAS Y BUSCA OTRAS OPCIONES

En muchos casos el camino a seguir es informar el comportamiento al departamento de recursos humanos (RR. HH.). Antes de hacerlo revisa las pautas de tu empleador para denunciar la intimidación y el acoso. Luego, si tienes los recursos, consulta con un abogado que se especialice en asuntos laborales y pueda ayudarte a explorar tus opciones. En especial, recomiendo obtener asesoramiento profesional si la empresa para la que trabajas no tiene pautas para presentar denuncias; además, algunos lugares de trabajo no tienen que seguir las pautas de acoso de la Comisión para la Igualdad de Oportunidades en el Empleo (EEOC, por sus siglas en inglés). Si decides denunciar, el profesional de recursos humanos puede ayudarte a manejar el trato con la persona y brindarte respaldo para protegerte. Pero ten en cuenta que recursos humanos no puede hacer mucho, y si tienes un conflicto con un gerente o alguien con poder en tu empresa, es posible que la resolución que puedan ofrecerte no te sea satisfactoria.

PIDE ESPACIO

Si puedes, acércate a tu gerente para que te ayude a crear un poco de distancia entre el compañero de trabajo de alto conflicto y tú. Pregunta si te pueden reasignar de proyectos en los que pueden estar trabajando juntos. Si sus áreas de trabajo están cerca, pregunta si te pueden mover. Es posible que puedan transferirte a otro departamento o piso si tu lugar de trabajo es lo suficientemente grande. Si trabajan en el mismo turno, considera cambiar el tuyo. Todavía puedes trabajar para la misma empresa, pero así limitas tus interacciones con la persona tóxica.

EVITA QUEDARTE A SOLAS CON ESA PERSONA

«Mi jefe me pedía a cada rato trabajar hasta tarde ciertos días. No por casualidad, él era la única persona en la oficina. Él tiene un historial de ser inapropiado. La siguiente vez que me pidió quedarme hasta tarde, le contesté con un firme "no". Consulté a un abogado y al departamento de recursos humanos en mi oficina».

JESSE, 28

Si trabajas con una persona tóxica, es posible que intente aislarte. Quizás te pida reunirte a solas con ella. Lleva a algún compañero de trabajo de confianza a la reunión o rechaza reunirte con ella. Evita ser la única persona en la oficina además de la persona tóxica. No tienes testigos si no hay nadie más ahí.

ANÓTALO

Documenta todos los problemas por escrito, incluidas la fecha, la hora y las citas directas. Mantenlo objetivo. No utilices un dispositivo propiedad del empleador para conservar la documentación. Tu empleador tiene acceso completo a tus dispositivos en su red. Si te despiden o dejas tu trabajo, es posible que debas entregar el dispositivo de inmediato.

MINIMÍZALOS EN LA VIDEOCONFERENCIA

Si trabajas desde casa y tienes que asistir a videoconferencias con esta persona, y ver su rostro puede causarte ansiedad, minimiza la pantalla o coloca una cara sonriente en una nota adhesiva y pégala en la pantalla sobre su rostro. Puede sonar tonto, pero evitar mirar a la persona que te ha causado dolor puede ser un alivio.

SOLICITA TRABAJAR DE FORMA HÍBRIDA

Si trabajas en la oficina y estás cerca de un compañero tóxico de trabajo, pregunta a tu empleador si puedes trabajar desde casa o hacerlo de forma híbrida, donde pasas tres días en casa y dos días en la oficina. Puedes pedir este tipo de modelo de trabajo sin decir que quieres alejarte de alguien de la oficina. Es posible que debas enfatizar que tu productividad será la misma o que incluso puede aumentar si trabajas desde casa. Se ha vuelto más cómodo para los empleadores este estilo de trabajo. Si te pueden cambiar para trabajar solamente desde casa, a lo mejor es posible que vayas a la oficina para reuniones de proyectos nada más.

BUSCA OTRO TRABAJO

Aunque parezca injusto que tengas que buscar otro trabajo cuando alguien más está siendo tóxico, a veces eso es lo que necesitas para cuidarte. Tal vez tu compañero de trabajo o jefe puede tener un comportamiento que no llega a ser acoso o intimidación, y por ello tu empleador no tomará medidas para remediar la situación. Puede que sea hora de que busques otro empleo. Quizás descubras que trabajar en un entorno más saludable hace que te sientas mejor, tanto emocional como físicamente. El abuso en el lugar de trabajo se ha asociado con depresión, ansiedad, dificultades para dormir, lesiones y una peor calidad de vida.[3]

———— •◆• ————

La mejor forma de sacar a una persona tóxica de tu vida es bloquear todo contacto si es posible. Pero si no puedes eliminar por completo a la persona tóxica de tu vida, aún tienes cosas que puedes hacer: establecer reglas con un padre tóxico con el que compartes la crianza, limitar el contacto y separarse de un miembro de la familia, obtener espacio y consultar con un abogado sobre el acoso en el trabajo.

Todas estas medidas son pasos importantes para protegerte de más abuso y manipulación: un paso esencial en tu camino hacia la sanación. ¿El siguiente paso? Veremos lo que puedes hacer si no obtienes un cierre después de dejar una situación tóxica.

3

(Olvida) tener un cierre

*Por qué es difícil encontrar una resolución después de
una relación tóxica y cómo seguir adelante sin ella*

Después de 25 años de matrimonio y dos hijos, finalmente Tammy tuvo suficiente. Durante años, la familia y los amigos de Tammy le dijeron que su matrimonio no era abusivo porque no había violencia física. Sin embargo, cuando comenzó la terapia, su terapeuta le dijo que había diferentes formas de abuso. Y por lo que Tammy le había dicho sobre los insultos de Isaac, su negativa a asumir la responsabilidad de su comportamiento y culpar a Tammy por «hacer que él» le gritara, y decirles a sus hijos que no necesitaban escucharla, parecía que Tammy experimentaba una forma de violencia doméstica.

Dos años después de comenzar la terapia, y mientras los niños estaban en la universidad, Tammy contrató a una empresa de mudanzas para un fin de semana mientras Isaac estaba de viaje de negocios. Ella tomó artículos y muebles que eran suyos mucho antes del matrimonio, artículos que su familia les había dado y que ella solo utilizaba en el hogar. Bloqueó los números de teléfono y las direcciones de correo electrónico de Isaac, siguiendo los pasos descritos en el capítulo 2; limitó su contacto con su esposo y se comunicó solo a través de sus abogados. También les hizo saber a sus hijos que Isaac no debía enviarle mensajes a través de ellos. Sin embargo, debido a que ella e Isaac eran copropietarios de un negocio, Tammy tenía todavía contacto diario con él. Entonces tomó una decisión difícil; como parte del proceso de divorcio, Tammy vendería su parte del negocio a Isaac. Después de consultar con su abogado y expresarle que estaba preocupada por su seguridad, Tammy ya no iría a su negocio compartido hasta que se completara la venta.

Tammy quería el cierre que vendría con el divorcio. Quería que Isaac validara sus experiencias y se disculpara por su comportamiento escandaloso. Ella se conformaría con que él asumiera incluso una parte de responsabilidad. Quería que él admitiera que había salido con otras mujeres. Ella creía que cuando los procedimientos legales terminaran, por fin podría seguir adelante. Sin embargo, parecía que Isaac y su abogado solo hacían tiempo. Mientras las negociaciones aún estaban en curso, Tammy reanudó el contacto con Isaac. Sospechaba que él solo inventaba razones para contactarla; por lo general, se trataba de su negocio y siempre decía que era una «emergencia». Tammy sentía como si estuviera en el limbo: no podía finalizar su divorcio y el comunicarse con Isaac obstaculizaba su sanación. Sentía que no iba a lograr el cierre que necesitaba para sanar hasta que llegara el divorcio.

ALGUNAS VECES NO TIENES UN CIERRE

A menudo dicen que para sanar es «imprescindible» tener un cierre o una sensación de finalización de tu relación u otra pérdida. Sin embargo, algunas pérdidas son tan significativas que simplemente no obtienes esa resolución. Un dolor tan profundo y devastador puede que nunca tenga un sentido de finalidad. Y es probable que, en relaciones o situaciones tóxicas, no obtengas el cierre que solemos pensar, como una disculpa o que la persona acepte que te hizo daño. Buscas que validen que lo que te pasó en verdad sucedió. Probablemente busques algún sentido de justicia o restitución, ya que la persona tóxica tal vez te haya robado dinero o tiempo.

Puede ser difícil de aceptar, pero una persona tóxica que nunca se disculpó mientras estuvo en la relación ciertamente no se disculpará después. La excepción es si ella trata de convencerte para que vuelvas a tener contacto con ella. Pero incluso entonces las disculpas son escasas. ¿Por qué? Bueno, las personas tóxicas no se disculpan porque suelen tener una personalidad *egosintónica*. Esto significa que piensan que están bien y que todos los demás tienen un problema. Las personas sanas suelen tener una personalidad *egodistónica*. Se dan cuenta de que algo no les está funcionando bien con respecto a su comportamiento, y pueden buscar ayuda para corregirlo. Es poco probable que las personas con una personalidad *egosintónica* vayan a terapia o busquen cualquier otro tipo de ayuda. No creen tener un problema. Las probabilidades de que «vean la luz» y admitan sus errores son mínimas o nulas. Si tuviste que distanciarte de miembros de tu familia debido a su comportamiento tóxico, no esperes que se den cuenta de que su comportamiento y la forma en que te trataron fue inaceptable. Muy rara vez una persona tóxica se hace responsable de sus acciones. E incluso si admitiera la culpa, aún no sería lo suficientemente bueno para sanar la cantidad de daño que te causó.

Si algo malo le sucede a un miembro tóxico de la familia, pensarías que esto le haría considerar sus acciones. Quizás escuchaste una historia o viste una película en la que un miembro abusivo se enferma, está a punto de morir y se da cuenta de que lastimó a las personas, incluso pide perdón a otros. Desafortunadamente, eso es raro. Si deseas un cierre con esta persona, deberás obtenerlo de ti mismo, de ti misma. Una forma de trabajar en eso es a través de la terapia. Ve al capítulo 6, «Habla con un profesional», para obtener más información.

Si trabajas en un ambiente tóxico, a menos que tus experiencias cumplan con la definición legal de acoso (e incluso eso no garantiza que obtendrás justicia), es posible que debas renunciar a tu trabajo para poder sentirte en paz. No es justo que tengas que dejar tu trabajo, pero el costo emocional y físico que causa permanecer en un lugar de trabajo tóxico no vale la pena. Tal vez no sientas un cierre solo por haber tomado la difícil decisión de irte, y puedes sentir que no se hizo justicia. Pensabas que al dejar tu trabajo tóxico sentirías alivio. En cambio, sientes tristeza y una sensación de pérdida.

Las expectativas de los comportamientos de los demás son engañosas. Cuando esperamos que las personas se comporten de cierta manera, a menudo nos decepcionamos. Lo único sobre lo que tenemos control es de cómo nos sentimos y cómo interactuamos con los demás. Si esperas que una persona tóxica se disculpe o sienta algún tipo de remordimiento por sus acciones, es posible que pases mucho tiempo esperando algo que quizás no suceda. Esperar para obtener un cierre de otra persona y luego no recibirlo puede conducir a la decepción, a la frustración y a la ira. El no tener un cierre puede hacerte sentir un duelo prolongado (lo cual veremos más a detalle en el capítulo 9).

¿Qué nos hace desear esas respuestas hasta el punto de causarnos angustia y noches de insomnio? A nuestro cerebro le gusta poder dar sentido a las cosas. Pero cuando se trata de relaciones y situaciones tóxicas, a veces simplemente no tienen sentido, sin importar cuántas veces intentes separarlas.

Puede ser que siempre haya una parte de ti que quiera respuestas sobre cómo resultó ser tu ex, cómo un trabajo que comenzó bien terminó en una pesadilla o por qué un miembro de tu familia parece estar empeñado en arruinarte la vida. Pero incluso si una persona tóxica te dijera por qué se comportó de esa manera, lo más probable es que no sea una respuesta lo suficientemente buena. Parte de la razón por la que el cierre es tan difícil de lograr después de una relación tóxica es que algo de lo que experimentaste no era real. Lo más probable es que al principio tu expareja, amiga o familiar creara una versión de sí misma, la cual parecía más atractiva y menos patológica. Ella podría haber hecho esto para atraerte a su vida. Luego, la relación cambió repentinamente, en particular cuando dijiste que no a algo y estableciste límites.

«Cuando le envié un mensaje de texto a mi ex para decirle que necesitaba que se disculpara por lo que hizo, me respondió que yo fui la que se fue y que debería disculparme con él. Renuncié a que él asumiera cualquier responsabilidad».

JANINE, 44

A VECES LA GENTE *NO QUIERE* QUE TENGAS UN CIERRE

Las exparejas tóxicas tienen un interés personal en no dar un cierre. Quieren permanecer en la mente para que cuando decidan que su nuevo *suministro narcisista* no satisface sus necesidades, pueden volver y atraer de nuevo a las personas. Buscar una respuesta de por qué tu ex hizo algo, hace que vuelvas a tener contacto con él y, como vimos en el último capítulo, eso es justo lo que no necesitas. Cuanto más tiempo pases con una persona tóxica, es más probable que vuelvas a esa dinámica poco saludable.

Incluso puedes tener amigos que se alimentan del drama. Tal vez intenten mantenerte «sin poder salir» de tu trauma o situación nada saludable animándote a regresar a esa situación. Estos «amigos» no buscan lo mejor para ti. Tratan de que mantengas un perfil bajo para satisfacer la necesidad de «rescatarte» o para obtener algo de poder sobre ti. Al continuar en una relación poco saludable, estos amigos se alimentan de tu estrés y disfrutan el hecho de que, para tener tranquilidad, te vuelvas más dependiente de ellos.

Los amigos saludables te animan a ser la mejor versión de ti. Levantan tus ánimos y no intentan mantenerte en una mentalidad o situación poco saludable. Parte de tener un cierre en una relación o situación tóxica es también observar si las personas que te rodean son sanas. Si bien es posible que te aferres a las respuestas o explicaciones que recibes de tus amigos, ten en cuenta que esta «ayuda» puede estar lastimándote. Quizás sea momento de cortar el contacto con estos amigos tóxicos, incluso si sientes como si perdieras tu sistema de apoyo. En realidad no es apoyo y solo te hace daño.

«Mis 'amigos' me decían que mi trabajo no era tan malo, que debería aguantar a mi jefe porque otras personas ni siquiera tienen trabajo. Me di cuenta de que mis amigos eran tan tóxicos como lo era mi entorno laboral».

JAKE, 28

EL CIERRE ESTÁ SOBREVALORADO

Es natural que anhelemos un cierre debido a nuestro profundo deseo de darle sentido a nuestra propia vida y nuestra creencia en la justicia, y si no lo conseguimos puede hacer nuestro duelo más doloroso. Pero diré algo contraintuitivo: el cierre está sobrevalorado. Está bien tan solo dejar que «sea» una pérdida y no presionar para que se resuelva. Es posible que todavía tengamos preguntas sobre por qué las cosas sucedieron de la manera en que lo hicieron, pero con el tiempo esas preguntas parecerán estar en una fuente más pequeña en el fondo de nuestra mente, en lugar de gritar en letras mayúsculas.

Para evitar prolongar tu dolor esperando el cierre, da un paso atrás y reflexiona. No es necesario finalizar con una disculpa formal o una resolución para seguir adelante con tu vida y aceptar que alguien te trató mal. Con el tiempo, la pérdida puede resolverse por sí sola. El cierre no es necesario para construir una vida feliz y saludable, libre de personas y situaciones tóxicas. Pero si obtener cierto tipo de cierre es importante para tu proceso de sanación, hay pasos que puedes seguir para lograr esa resolución por tu cuenta.

EJERCICIO DE REFLEXIÓN: DEFINICIÓN DE CIERRE

¿Qué significa para ti tener un cierre? ¿Necesitas que la persona que te hizo daño haga las paces? ¿Necesitas un sentido de validación o justicia? Se ha demostrado una y otra vez que las personas tóxicas no admiten la culpa ni hacen las paces. ¿Cómo te hubiera gustado que la persona tóxica te diera un cierre? ¿Cómo te sentirías si tu experiencia fuera validada? ¿Si la persona tóxica no puede validar tu experiencia, de qué otras formas podrías hacerlo?

SEGUIR ADELANTE SIN UN CIERRE

¿Qué nos hace sentir satisfechos para que ya no nos veamos impulsados a buscar respuestas? Autointrospección; construir nuevos recuerdos; pasar tiempo con personas sanas; y mucho más. Por encima de todo esto, puedes encontrar la paz al llegar a tu propio sentido de resolución. Puede que no sea el tipo de cierre que deseabas, pero será suficiente.

Como ejemplo, volvamos a la historia de Tammy. Aunque Tammy quería que su esposo se disculpara por años de abuso emocional y verbal, sabía que eso nunca sucedería. En la terapia descubrió que había pasos que podía tomar para lograr sus propias resoluciones y comenzar a sanar ya. Así que, en lugar de esperar a que él dijera «lo siento», escribió la carta de disculpa que deseaba que su esposo le hubiera dado con la guía de su terapeuta. Tomar medidas para lograr su propio sentido de paz y resolución al menos ayudó a Tammy a sentir que estaba progresando en la reconstrucción de su vida.

ESCRIBE UNA CARTA NO ENVIADA

Todos tenemos cosas que nos gustaría decirle a alguien, pero no podemos hacerlo por varios motivos, entre ellos, que la persona ya murió o que no es saludable que te comuniques con él o con ella. En la escritura de una «carta no enviada» escribe lo que te gustaría decirle a la persona. Puedes decir todo lo que quieras, ya que de todos modos no la vas a enviar. Por ejemplo, puedes decirle a alguien cuánto lo aprecias, cuánto enojo te hizo sentir o si quieres o no perdonar a esa persona. También puedes usar el diario de cartas no enviadas como lo hizo Tammy, donde escribía lo que deseaba que su esposo le hubiera dicho.

Escribir una carta a alguien, incluso si no la envías, puede ser una experiencia catártica. Cuando escribes una carta no enviada, esta te ayuda a sacar pensamientos, a veces obsesivos, de tu cerebro. Te ayuda a liberar algo de «espacio cerebral» que estaba lleno de pensamientos sobre la persona tóxica, y te brinda al menos una disminución temporal de sentimientos de ansiedad, depresión, vergüenza, culpa y dolor. Escribir tus experiencias y sentimientos también te ayuda a obtener una validación que de otro modo no recibirías de la persona tóxica. Mientras escribes, ten cuidado de no criticarte o juzgar lo que escribes; cualquier cosa que escribas está bien y es la verdad. No hay nadie que te juzgue o te diga que lo que experimentaste no sucedió. Cualquier cosa que escribas se acepta de manera automática como lo que realmente ocurrió.

Tal vez mientras escribes descubras que te quitas un peso de encima. Puedes obtener una sensación de claridad o un momento en donde dices «¡ajá!», mientras escribes una carta no enviada. Cosas a las que les habías intentado encontrar sentido en tu relación tóxica o en tus pensamientos de repente ahora lo pueden tener. Otras veces, revisar lo que has escrito trae una sensación de comprensión. Por esta razón, tu carta también es algo que debes considerar compartir con tu terapeuta.

Una vez que hayas escrito algunas cartas no enviadas, es posible que te des cuenta de que necesitas hacerlo cada vez menos para sentirte mejor. Cuando avances más en tu proceso de sanación, lee lo que has escrito y date cuenta de lo lejos que has llegado con tu progreso.

EJERCICIO DE REFLEXIÓN: ESCRIBE UNA CARTA NO ENVIADA

Esta es tu oportunidad de decirle a la persona tóxica exactamente lo que piensas de ella y cómo te hizo sentir. Desahógate. Antes de comenzar este ejercicio, acomódate y respira profundamente. ¿Qué te gustaría decirle a la persona tóxica si estuviera justo frente a ti? O, en un mundo perfecto, ¿qué te dirían para darte una sensación de resolución?

Sácalo todo. Es posible que prefieras decirlo en voz alta en lugar de escribirlo, y eso también está bien. Trata de no criticar, censurar o editar mientras escribes. Este proceso de escribir de manera libre se llama escritura de flujo de conciencia.

ACOMÓDATE CON LA AMBIGÜEDAD

El problema con no obtener un cierre es que no se le da la finalidad que el cerebro anhela. Nos gusta dar sentido a las cosas. Si encontramos la razón de por qué sucedió algo, es más fácil para nosotros digerir y aceptar. Pero no vamos a obtener siempre respuestas de todas nuestras preguntas en la vida; nunca sabremos por completo por qué las cosas sucedieron de la forma en que lo hicieron. Podríamos pasar horas meditando, gritando, orando, buscando en Google y aun así no tendríamos una respuesta. Nunca vamos a obtener una respuesta que nos satisfaga. Una vez que te separas de una relación tóxica, tal vez experimentes la urgencia de no sentir lo que sientes y también de querer comprender por qué la persona era tóxica. En ese momento de tu vida puedes sentirte impaciente. Sin embargo, a veces obtenemos respuestas, pero no en nuestro propio tiempo.

REVISA: ¿TE INCOMODA LO DESCONOCIDO?

Cuando no obtienes el cierre que deseas o crees que necesitas, puedes sentirte «atascado o atascada». Si te preguntas por qué no puedes avanzar, quizás tengas dificultades para aceptar que tal vez no recibas la respuesta que deseas. Responde sí o no a las siguientes afirmaciones sobre la aceptación de la ambigüedad.

1. Necesito tener las respuestas a las cosas.
2. Tiendo a obsesionarme con algo si no lo entiendo.
3. Me hace sentir ansiedad el no tener respuestas.
4. Me enojo y descontrolo cuando no sé por qué algo sucedió.
5. Pregunto varias veces hasta obtener una respuesta que me funcione.
6. Cuando obtengo una respuesta a algo que me ha estado molestando, por lo general, no es lo suficientemente buena.
7. Mis amigos y mi familia me han dicho que tengo problemas para dejar que las cosas fluyan.

8. No puedo concentrarme en el trabajo cuando alguien no actúa como creo que debería hacerlo.
9. Pienso en razones por las que alguien actúa de cierta manera, aunque no sé por qué.
10. Pido a otros que me aseguren que no están molestos conmigo.

Si respondiste que sí a una o más de estas afirmaciones, es posible que tengas problemas para dejar que las cosas sean como son. Es probable que busques de manera continua formas de «arreglar» las cosas. También puedes tener dificultades para calmarte cuando sientes ansiedad.

Considera ver a un profesional de la salud mental, como veremos en el capítulo 6. El capítulo 7, que trata sobre las formas de practicar el autocuidado, puede ayudarte a adoptar estrategias para calmarte y sobrellevar la incomodidad.

ENFÓCATE EN LO QUE APRENDISTE

En lugar de preguntarte: «¿Por qué hizo esto?», piensa: «¿Qué puedo hacer para mejorar mi vida como resultado de esta experiencia?». Observa lo que has logrado y aprendido de esta situación tóxica. A lo mejor te convertiste en una persona más empática, desarrollaste una mayor capacidad de recuperación para sortear las tormentas de la vida y formaste una mejor conexión con las personas saludables en tu vida.

Por ejemplo, a través de la terapia y al hablar con sus amigos, Tammy se dio cuenta de que no iba a obtener la validación o el cierre de su futuro exesposo. También se dio cuenta de que finalizar el divorcio aún no la haría sentir escuchada. Decidió que necesitaba obtener esa validación y cierre de sí misma. Tammy comprendió que la forma en que su marido se comportó durante el matrimonio era una forma de cierre. Mirar hacia atrás y ver el abuso verbal y emocional que sufrió por parte de su esposo fue su señal de que irse era lo correcto. La ayudó a sanar saber que había tomado la decisión correcta para ella y para su familia.

EJERCICIO DE REFLEXIÓN: ¿QUÉ APRENDISTE DE ESTA EXPERIENCIA?

Puede ser difícil ver los cambios positivos producidos a partir de tu experiencia mientras sanas de una persona tóxica. Creciste a partir de esta experiencia incluso si ahora te sientes con ansiedad y depresión. Anota lo que ha sucedido en tu vida desde que la persona tóxica salió de ella. Es posible que hayas vuelto a conectar con familiares y amigos de confianza; quizás te mudaste y encontraste un mejor trabajo. Toma nota incluso si crees que el cambio es pequeño. A veces los pequeños cambios son bastante significativos.

EN LUGAR DE FELICIDAD, BUSCA UN SIGNIFICADO Y UN PROPÓSITO

Puede ser que persigas un objetivo difícil de alcanzar si buscas un cierre para tener un sentido de felicidad en tu vida. En su lugar, busca el cierre para así tener un significado y un propósito en tu vida. Cuando hacemos de la felicidad el objetivo final de cualquier proceso, tendemos a sentirnos defraudados. Sin embargo, cuando buscas una comprensión del mundo que te rodea y de tu persona, el viaje y el destino valen la pena. Tener sentido en la vida disminuye de manera significativa las posibilidades de tener pensamientos suicidas y síntomas depresivos a medida que envejecemos.[1] Así que cuando busques una solución después de una relación tóxica concéntrate en lo bueno que traerá a tu vida en lugar de concentrarte en perseguir la felicidad. Eso fue lo que le funcionó a Erica, cuyas hermanas la maltrataron verbal y emocionalmente durante toda su vida.

Cuando Erica bloqueó el contacto con sus hermanas, se sintió perdida. Quería que sus hermanas se disculparan por su comportamiento y se acercó a ellas para que reconocieran lo que habían hecho. Sin embargo, sus hermanas le dijeron que ella «siempre había sido difícil» y que Erica «se lo estaba inventando para llamar la atención, como de costumbre». En ese momento supo que necesitaba distanciarse permanentemente de sus hermanas para poder tener algo de paz en su vida. No obstante, cuando cortó el contacto con ellas no sintió alivio como esperaba. Erica se dio cuenta de que necesitaría encontrar nuevas actividades e intereses para ayudarla a desarrollar su confianza y, a su vez, ayudarla a sanar.

Erica era una maestra de escuela primaria jubilada y realmente extrañaba estar rodeada de niños. Decidió que comenzaría con una hora de cuentos semanal en la que iría a cada salón de clases para leer en voz alta a los estudiantes. Le encantaba ver cómo se iluminaban las caras de los niños cuando entraba al salón y cuando usaba una de sus graciosas voces para los personajes del libro. Volvió a encontrar un sentido de propósito y supo que si iluminaba el día de tan siquiera un niño, sería suficiente. Poco a poco, con el tiempo, la forma horrible en que sus hermanas la trataron se desvaneció en el fondo.

EJERCICIO DE REFLEXIÓN: ¿QUÉ LE DA SENTIDO A TU VIDA?

Puede ayudarnos a reconstruirnos el escribir nuestros valores fundamentales y lo que le da sentido a nuestra vida, después de soportar el abuso. Al pensar en esos valores fundamentales, considera cuáles de los siguientes son más importantes para ti. Puedes identificarte con uno o más de los valores en esta lista, o algo completamente diferente.

• Amabilidad	• Dignidad	• Justicia
• Aprendizaje	• Equidad	• Logro
• Armonía	• Esperanza	• Optimismo
• Autonomía	• Espiritualidad	• Paciencia
• Balance	• Familia	• Responsabilidad
• Compañerismo	• Fe	• Sabiduría
• Compasión	• Fiabilidad	• Servicio
• Comunidad	• Honestidad	• Transparencia
• Confianza	• Independencia	• Valentía
• Creatividad	• Integridad	

Al contemplar lo que le da sentido a tu vida, piensa en los momentos en que realmente sentiste conexión con el propósito de tu vida. Es posible que te hayas sentido «en tu zona» mientras realizabas esa actividad: el tiempo pasó volando. ¿Qué estabas haciendo cuando sentiste esperanza en tu vida? ¿Qué estabas haciendo cuando sentiste paz y satisfacción? No hay respuestas incorrectas: escribe lo que te hace sentir bien. Trata de centrar parte de tu energía en esas actividades o reinícialas si ya pasó un tiempo sin que las lleves a cabo.

ACEPTA TU FUERTE SENTIDO DE LA JUSTICIA

Si tienes un fuerte sentido de la justicia, puede ser aún más difícil comprender cómo alguien tóxico no «paga» por su comportamiento. Puedes sentir que te defraudó el sistema judicial. A lo mejor es un desafío lograr un cierre si sientes que no te escuchan y que no consideran los mejores intereses para tus hijos. El hecho de que tengas un fuerte sentido de la justicia es algo bueno, te ayuda a luchar por tus derechos y los de tus hijos.

Si quieres ayudar a mejorar el sistema, para que otros no tengan que experimentar lo que tú experimentaste, considera el trabajo de defensa o el voluntariado. Consulta el capítulo 10 para obtener más información. Algunas personas han vuelto a la escuela y han recibido títulos en derecho o en consejería como resultado de lo que pasaron en los tribunales de familia. Mejorar tu vida y la de los demás como resultado de tus experiencias puede ayudarte a tener un cierre.

EL PERDÓN

Algunos creen que para tener un cierre necesitas perdonar a las personas que te han hecho daño. La sociedad nos ha enseñado que para ser dignos del perdón la persona que nos hizo daño necesita hacer algún tipo de confesión y arrepentimiento, lo que se supone que produce un sentido de resolución y finalidad. Sin embargo, eso requeriría que una persona primero admitiera que hizo daño a alguien y luego tomara medidas para reparar su comportamiento. Ninguna de esas cosas es probable que suceda con una persona tóxica. (Sé que he dicho esto antes, ¡pero vale la pena repetirlo porque es muy fácil de olvidar!).

He aquí un pensamiento radical: no necesitas perdonar para seguir adelante. No es un requisito para lograr la paz en tu vida. Algunas personas han hecho cosas tan atroces y crueles que es casi imposible perdonarlas. Algunas guías de autoayuda se vuelven casi obsesivas con la necesidad de perdonar. Es más importante centrarte primero en cómo te sientes y en tu proceso de recuperación, en lugar de centrarte en la persona que te hizo daño. Es más importante sentirte bien contigo mismo y con tu lugar en la comunidad que experimentar una sensación de presión para perdonar.[2] Es posible que en este momento solo estés tratando de pasar el día como muchas personas experimentan después de escapar de una relación tóxica. El que te presionen para perdonar a alguien es algo inconcebible. Dejaste una relación tóxica, en parte, para escapar de sentir culpa y vergüenza. Puedes perdonar solo si estás listo y cuando estés listo. No existe un calendario para el proceso del perdón. Y si eliges no perdonar en este momento o en el futuro, está muy bien. Tienes derecho a tomar tus propias decisiones.

Pero primero vale la pena dar un paso atrás para considerar qué significa realmente el perdón. El perdón no se trata de condonar o decir que lo que alguien hizo estuvo bien. Puedes perdonar y aun así responsabilizar a esa persona por sus acciones. Puedes perdonar y aun así saber que lo que hizo esa persona fue terrible y que crees que debe afrontar las consecuencias. Practicar el perdón, de la manera que creas conveniente, puede ayudarte a sentir más conexión con la humanidad y lograr una mayor comprensión de tus propios valores, y también puedes experimentar menos comportamientos autodestructivos.[3]

Si te culpas por entrar o permanecer en una relación o situación tóxica, puede ser muy difícil concentrarte en el significado y aceptar tu sentido de la justicia. Dejar ir la culpa y perdonarte por esto es un paso crítico hacia la sanación, de la cual hablaremos en el próximo capítulo.

LIDIAR CON EL ENOJO

Es normal sentir enojo tras el final de una relación tóxica. Puedes sentir enojo por el comportamiento de tu expareja; puedes sentir enojo con la familia y los amigos que intentaron que volvieras con tu ex; puedes sentir enojo contigo por quedarte tanto tiempo. Es posible que desees que tu expareja, amigo o amiga, o compañero o compañera de trabajo sufra o tenga una mala vida. Te lastimaron y por ello quieres que alguien sienta el mismo nivel de sufrimiento.

Querer vengarse es una parte normal de las emociones humanas, en especial cuando te han lastimado profundamente. Esperas que «vengarte» de una persona tóxica finalmente te haga sentir que se hizo justicia. Pero tratar de vengarte de tu ex generalmente no le afecta en nada y puede causarte consecuencias de por vida. En realidad es probable que las personas tóxicas se alimenten del hecho de que pienses en ellas, incluso meses después de terminar la relación. No les des la satisfacción o ese poder. Vengarse es un sentimiento temporal con posibles consecuencias permanentes.

Puedes enojarte con Dios o con otro poder superior y puedes sentirte culpable por esos sentimientos. Es totalmente normal y aceptable enojarte con Dios. Puede ser útil hablar con tu clero o con un profesional de la salud mental si te sientes en conflicto por sentir enojo con tu poder superior. Algunos consejeros se especializan en temas espirituales y religiosos.

Después de finalizar una relación se espera que sintamos enojo, en especial si la relación era tóxica. Incluso puedes sentir ataques de ira. Sentir enojo puede parecerte una emoción extraña, pero lo diré de nuevo: *estos sentimientos son normales*. Lo que importa es lo que al final haces con ellos. Si lidias con depresión, a veces esta es en realidad enojo interno. El dolor es inevitable después de una relación tóxica, pero el sufrimiento no lo es.

REVISA: ¿TIENES PROBLEMAS PARA CONTROLAR LA IRA?

Responde sí o no a las siguientes afirmaciones:

1. Exploto con mi familia y amigos.
2. Es difícil controlarme cuando siento enojo.
3. He atacado a otros a través de mis palabras y acciones.
4. Me enojo tanto que tengo síntomas físicos, como dolor de cabeza o de estómago.
5. Familiares y amigos me han dicho que tengo problemas para manejar la ira.
6. Me invaden pensamientos de venganza.
7. Mi ira está fuera de proporción con los acontecimientos.
8. Me he metido en problemas en el trabajo o en la escuela debido a mi ira.
9. Pienso que siempre sentiré enojo.
10. He recurrido a formas poco saludables para detener mi ira. (Los ejemplos incluyen beber, comer demasiado o poco, hacer demasiado ejercicio u otros mecanismos de afrontamiento poco saludables que se enumeran en la página 99).

Si respondiste que sí a más de una de estas afirmaciones, recomiendo que te reúnas con un profesional de la salud mental para hablar sobre tu enojo. Los altos niveles de ira no solo afectan tus relaciones, sino también tu salud física. Por ejemplo, sentir mucho enojo desencadena la liberación de hormonas del estrés en todo el cuerpo, lo que aumenta la frecuencia cardiaca y la presión arterial. Si el enojo se vuelve crónico, los niveles elevados de esas hormonas aumentan el riesgo de enfermedad cardiaca y accidente cerebrovascular.[4] Para obtener más información sobre los profesionales de la salud mental, consulta el capítulo 6.

——•◆•——

Buscar tener un cierre con una persona tóxica significa que das entrada a reconectar con ella. La buena noticia es que no necesitas forzosamente un «cierre» para tener una vida feliz y plena, y puedes lograr la resolución por tu cuenta.

No sientas la presión de perdonar a alguien por lo que te hizo, puede que no estés listo o lista. Es normal sentir enojo con una persona o situación tóxica. Quizás sientas enojo hacia ti. Si no resuelves esto, ese enojo autodirigido podría causar sentimientos de ansiedad y depresión, por lo que es importante que tomes medidas para perdonarte. ¡Sé que a veces es más fácil decirlo que hacerlo! Veremos por qué y cómo hacerlo en el próximo capítulo.

4

Perdónate

Cómo dejar ir la ira y la culpa

Después de dejar una relación o una situación tóxica, es posible que sientas enojo hacia ti. Probablemente sientas ese enojo porque no te separaste antes de la situación o porque piensas que «deberías haberlo sabido mejor».

Cuando albergamos resentimiento e ira hacia nosotros mismos, eso puede afectar nuestras relaciones con otras personas y nuestra calidad de vida. Puede ser que tengas un odio tan profundo hacia ti que hayas pensado en lastimarte o suicidarte. Tal vez hayas reanudado o aumentado las autolesiones. Aunque es normal sentir cierto nivel de decepción hacia uno mismo de vez en cuando si comienzan a verse afectados tu sueño, tu apetito y tu bienestar general, es hora de buscar ayuda y hacer un poco de introspección. Cuando sientes enojo hacia ti, puede ser un desafío participar en dos partes críticas de la sanación: primero, aprender cómo creciste a partir de esta experiencia y, segundo, crear y sentir cierto sentido de justicia. Cuando trabajas para curar esa ira hacia tu propia persona, puedes llegar a las partes más profundas de la sanación.

Mientras lees este capítulo, hay un par de cosas que me gustaría que tengas en cuenta. Primero, parafraseando al médico y autor Gerald G. Jampolsky, recuerda que el perdón es la práctica de renunciar a la esperanza de que el pasado pueda ser diferente.

En segundo lugar, ten en cuenta que a veces puede ser más difícil perdonarse a sí mismo o a sí misma que perdonar a otra persona. Tendemos a ser más críticos con nosotros mismos que con los demás. Si has estado en una relación tóxica, esto puede ser especialmente cierto. La persona tóxica tal vez te culpó por tu comportamiento y te dijo que necesitabas cambiar. Puede tomar algún tiempo darte cuenta de que eres una persona digna de respeto, amor y autocompasión.

Practicar la autocompasión, o tratarte como si fueras tu mejor amigo o amiga, es un paso hacia la sanación. ¿Le dirías de manera continua a tu mejor amigo o amiga que no es lo suficientemente bueno o buena, o que no merece ser feliz? Por supuesto que no. Mostrarías cariño y solidaridad con ellos. Lo más probable es que la persona tóxica en tu vida no te haya mostrado compasión, pero aún puedes extenderla hacia ti.

> «Terminé tratándome como mi madre me trató. Y eso necesitaba cambiar».
>
> ALIZEH, 25

REVISA: ¿TE ES DIFÍCIL PERDONARTE?

Perdonarte puede ser un proceso de varios pasos. Tal vez seas consciente de que diriges o sientes enojo hacia ti y, al mismo tiempo, no te das cuenta. Comprobemos. ¿Estás de acuerdo o en desacuerdo con las siguientes afirmaciones?

1. Siento que dañé irremediablemente mis relaciones con familiares y amigos.
2. Siento una enorme cantidad de vergüenza y culpa.
3. Siento que podría haber hecho las cosas de otra manera, y eso me carcome por dentro.
4. Lidio con la ira que me tengo.
5. Siento que no tengo derecho a ser feliz.
6. No culpo a los demás por estar enojados conmigo.
7. Siento que merezco pagar por quedarme en esta relación demasiado tiempo.

8. Me quedo sin poder dormir, preguntándome qué hice mal.
9. Me saboteo porque no siento que merezca algo mejor.
10. Tengo pensamientos negativos sobre mí constantemente.

Si estuviste de acuerdo con una o más de estas afirmaciones, es posible que tengas dificultades para perdonarte. Este capítulo explora algunas creencias comunes que pueden ser barreras para la autocompasión, así como los pasos prácticos que puedes tomar para seguir adelante.

NADIE ES INMUNE A LAS SITUACIONES TÓXICAS

Parte del enojo que sientes hacia ti puede deberse a que no puedes creer cómo tú, una persona adulta razonable y ordenada, te enamoraste de una persona tóxica. Es posible que te tortures por no haber visto las señales de un lugar de trabajo tóxico cuando comenzaste a trabajar ahí, o porque toleraste el maltrato de tu familia durante tanto tiempo.

Ten en cuenta que cualquiera puede ser vulnerable a una persona o un entorno tóxicos. No importa cuán inteligente o educado, o educada, seas. No importa que tus relaciones pasadas fueran saludables. Las personas tóxicas pueden influir en cualquiera con un bombardeo de amor. Puede ser casi imposible detectar las señales de un lugar de trabajo tóxico durante una entrevista de trabajo, mientras te concentras en tratar de impresionar. Las relaciones o situaciones poco saludables no suelen comenzar de esa manera: la toxicidad se acumula con el tiempo, como le sucedió a Sarah en su lugar de trabajo.

Sarah esperaba trabajar para una empresa en particular desde que se graduó de la universidad. Era una de las empresas mejor consideradas en su campo. Sarah investigó antes de su entrevista y no notó señales de alerta. Parecía que las personas que conocían la empresa los tenían en alta estima. Después de arrasar en su entrevista, a Sarah le ofrecieron un salario razonable y un paquete de beneficios, así que aceptó con entusiasmo. Pero en su primer día uno de sus nuevos compañeros de trabajo, Sam, se detuvo junto a su escritorio y se inclinó demasiado a ella. «Pensé que debías saber esto, Sarah», le dijo, «Tu jefe tiene un historial de acoso a mujeres en la empresa». Él la instó a que le hiciera saber si había alguna forma en que pudiera ayudarla.

Sara estaba confundida. Esta era una empresa con una gran reputación, y hasta el momento sus interacciones con su nuevo jefe no habían sido más que profesionales. Si este fuera un problema conocido, ¿por qué nadie informaba su comportamiento a recursos humanos? Toda la interacción le pareció muy extraña. No obstante, Sarah no quería ser vista como una «quejumbrosa», en especial en su primer día. Entonces, se sumergió en su entrenamiento y se mantuvo ocupada, evitando a Sam tanto como fue posible.

Un día llegó a su cubículo y vio que todas las cosas de su escritorio las habían movido unos centímetros. Semanas más tarde, Sarah recibió una notificación de que alguien había intentado iniciar sesión en una de sus cuentas de trabajo. Se lo informó a su jefe y se abrió una investigación. Como parte del proceso, Sarah comenzó a documentar por escrito lo que le sucedía en el trabajo: su almuerzo desaparecía seguido, Sam se atribuía el mérito de su trabajo y se quedaba fuera de la programación de reuniones del equipo, incluso después de notificar el error al equipo.

Unos meses más tarde, mientras estaba en el baño de los empleados, una compañera de trabajo la miró a la cara y la llamó mentirosa. Sarah había visto a aquella compañera de trabajo en su piso, pero no había interactuado con ella hasta ese momento. Conmocionada, Sarah decidió no contárselo a nadie porque le preocupaba que la situación empeorara. Al día siguiente, el jefe de Sarah la llamó a su oficina y le dijo que había una denuncia de robo en su contra y que iba a ser investigada. Cuando entró en la sala de descanso, sus compañeros de trabajo, que alguna vez fueron amigables, le dieron la espalda. Sam pasó por su cubículo y dijo: «Sabes lo que hiciste», y se rio. Decidió que presentaría una denuncia de acoso ante recursos humanos y se puso en contacto con un abogado especializado en cuestiones laborales. Aun así, Sarah no podía dejar de fijarse en los pasos en falso que había cometido en el camino. Debería haber informado lo que sucedió en el baño o acudir a su jefe con los comentarios de Sam en su primer día. Se enojó consigo misma por no ver las señales de alerta e incluso por haber aceptado el trabajo en primer lugar. El rendimiento laboral de Sarah disminuyó y comenzó a tener ataques de ansiedad e insomnio.

LA IRA COMO FORMA DE ANSIEDAD Y MIEDO

Cuando te enojas contigo, tal vez sea porque cubres otros sentimientos. A veces la ira en realidad enmascara la ansiedad o el miedo. Esos pueden ser sentimientos similares, pero hay diferencias clave entre ellos.

La ansiedad es una sensación de que algo malo va a pasar, pero no sabes exactamente qué será. Hay una vaga, pero fuerte sensación de aprensión. En ocasiones sentimos ansiedad cuando reprimimos otras emociones o para evitar sentirlas. Cuando estamos ansiosos puede ser muy difícil saber qué otras emociones hay debajo. El miedo, en cambio, es una emoción en sí misma. El miedo es el resultado de ver, escuchar o sentir el peligro a tu alrededor, de un evento, persona, animal o cosa.

Otra diferencia entre la ansiedad y el miedo es si el sentimiento te motiva a actuar. La ansiedad puede hacer que te paralices, mientras que el miedo suele motivar a una persona a alejarse de una amenaza. ¿Experimentas ansiedad, miedo o ambos?

Hablar con un profesional de la salud mental (PSM) puede ayudarte a superar tus emociones, en particular después de haber salido de una relación tóxica. La ansiedad también se puede controlar o al menos reducir mediante el ejercicio, la práctica de la atención plena, la terapia y la medicación. Aprenderás más sobre cómo trabajar con un PSM en el capítulo 6 y sobre la atención plena en el capítulo 7.

EJERCICIO DE REFLEXIÓN: ETIQUETA TUS REACCIONES FÍSICAS

Cuando te recuperas de una relación con una persona tóxica, puede ser que tengas sensaciones físicas: latidos acelerados, manos sudorosas o una sensación de pavor. Es normal sentirse así cuando cortas lazos con alguien que no es saludable para ti. Hay un periodo de adaptación a tu nueva normalidad. A veces, cuando percibes esas sensaciones, puede ser difícil saber si es ansiedad o miedo. Dibuja una persona de palitos en tu diario y etiqueta la parte del cuerpo con la sensación que sientes. Incluso puedes enumerarlas en el orden en que las sientes. Tal vez tiendes a tener las manos sudorosas primero, luego sientes que no puedes respirar y luego tu corazón se acelera. Reconocer que esas sensaciones están llegando es la mitad de la batalla. Cuando sientas que ahí viene la ansiedad o el miedo, de inmediato realiza algún ejercicio para calmarte, como respirar profundamente o salir a caminar. Revisa la figura de palitos en una semana o dos para ver si esas sensaciones han cambiado para ti.

EJERCICIO DE REFLEXIÓN: ¿ES ENOJO, MIEDO O ANSIEDAD?

Cuando sientes enojo, ¿es una reacción a la ansiedad o al miedo? A lo mejor te enojas con la persona tóxica por cómo te trató. Ese enojo también puede ser el resultado de la ansiedad de continuar tu vida sin esa persona. Puedes tener miedo de no poder reconstruirte o de sentirte fuera de control. Escribe lo que piensas y sientes cuando te enojas. Luego, profundiza y escribe con qué podrían estar relacionados esa ansiedad y ese miedo con tu ira.

EL DOMINIO GENERALIZADO DE LA CULPA Y LA VERGÜENZA

La culpa y la vergüenza son dos de las emociones más poderosas que podemos tener. Pueden desgarrarnos y dejarnos vacíos. No añaden muchos aspectos positivos a nuestra vida. La culpa ocurre cuando percibes que violaste tus normas morales e hiciste algo que no deberías haber hecho. La vergüenza es una emoción que ocurre cuando te evalúas de forma negativa. Te hace querer esconderte o negar las cosas que hiciste o te pasaron. Los sentimientos de culpa y vergüenza se correlacionan con los síntomas depresivos, mientras que la vergüenza se asocia fuertemente con la ansiedad.[1]

La culpa y la vergüenza pueden ser difíciles de soltar, en especial si una persona tóxica usó esos sentimientos para manipularte. Quizás escuchaste algo como esto de una persona tóxica:

- «Si tan solo actuaras normal, no tendríamos ningún problema».

- «Eres una vergüenza para mí y para toda la familia».

- «¿Qué te pasa?».

- «¿Cómo te atreves a molestarte conmigo después de todo lo que has hecho?».

- «Vuelve a mí cuando seas un ser perfecto y entonces podemos hablar de mi comportamiento».

- «No tienes derecho a molestarte conmigo».

Todas estas son tácticas para distraerte de mencionar sus comportamientos inapropiados. Le dices a una persona tóxica que su comportamiento te molesta y ella responde: «¡Siempre quieres demasiado! ¿Qué hay de mí? ¿Y todo lo que he sufrido? ¡No sabes por lo que he pasado!». Luego, la conversación cambia para que parezcas el malo. Es posible que una persona tóxica te dijera que si no hubieras hecho o dicho algo, él no hubiera reaccionado de esa manera. No obligaste a nadie a hacer nada, solo tienes control sobre tus acciones y percepciones. La persona tóxica es completamente responsable de su comportamiento. El propósito de culpar y avergonzar en una relación tóxica es «mantenerte a raya» y ejercer control sobre ti.

Si comienzas a sentir que mereces que te castiguen o que te traten mal, la persona tóxica lo aprovechará y aumentará la culpa y la vergüenza. Tal vez utilices las palabras «podría» y «debería» cuando sientas culpabilidad o vergüenza. Los ejemplos son

- ⚑ «Debería haberlo sabido mejor».

- ⚑ «Debería llamar a mis padres».

- ⚑ «Podría haber hecho más».

- ⚑ «Podría ser mejor si realmente lo intentara».

- ⚑ «Podría irme, pero no sé cómo».

- ⚑ «La podría haber ayudado, pero no sabía que lo necesitaba».

Todas estas declaraciones son cosas que he escuchado de mis clientes durante o después de una situación tóxica. Si estás pensando *debería haberlo sabido mejor*, por favor, perdónate por no darte cuenta de las señales antes. Recuerda que las personas que hacen *gaslighting* o que tienen un comportamiento narcisista son muy, pero muy buenas para encubrir sus comportamientos destructivos y tienden a verse bien al inicio, en especial durante la fase de idealización de la relación. También son muy buenas para culpar a los demás por su comportamiento.

Si piensas: «Podría haberme ido antes» o «Nunca debí haber regresado», te animo a que revises el capítulo 1 y recuerdes que hay razones por las que las personas buenas, inteligentes y razonables terminan en relaciones tóxicas. La persona tóxica puede haber usado chantaje emocional o amenazas para mantenerte en la relación. Puede ser que el ciclo de escalada, abuso, remordimiento y reconstrucción

«Me sentía muy culpable por dejar a mis hermanos menores en casa con mi madre cuando me fui a la universidad. Mi terapeuta me dijo que tenía derecho a empezar una vida por mi cuenta».

BONNIE, 64

«Pasé años castigándome por no haberme ido antes. Ahora me doy cuenta de que me manipulaba para que yo pensara que nunca podría sobrevivir por mi cuenta».

INGRID, 40

haya resultado en un vínculo traumático, lo que hace que sea más difícil dejar o cortar el contacto con una persona abusiva. Lo más probable es que hayas experimentado disonancia cognitiva durante la relación tóxica. La disonancia cognitiva puede hacerte perder la cabeza y puede ser un desafío tomar decisiones mientras la experimentas, minando tu energía emocional o mental para salir de la situación. Puede ser útil examinar cómo la culpa y la vergüenza contribuyen a cómo te sientes, como con el ejercicio de reflexión «Dejar ir la culpa y la vergüenza» en la página 95 y con la ayuda de su PSM de confianza (más sobre eso en el capítulo 6).

La conclusión es que es difícil salir de una situación tóxica por razones fuera de tu control. Lo importante es que ya saliste y eso es algo que requiere valentía.

DEJA DE HACERTE *GASLIGHTING*

Es posible que hayas pensado: «Pero yo también tuve comportamientos abusivos» hacia una pareja o un miembro de tu familia.

«En algún momento comencé a gritarle. Ni siquiera soy gritón. Ella me convirtió en alguien que no reconocía. Luego ella me decía que yo era irracional y que estaba fuera de control».

AYDIN, 35

Recuerda que existe una cosa llamada abuso reactivo (ve a la página 34). Sucede cuando te arrinconan o se burlan de ti sin descanso, y luchas como una forma de supervivencia. No significa que seas abusivo o abusiva.

Pensar que también tuviste comportamientos abusivos es como hacerte *gaslighting*. Puedes evitarlo si no miras el patrón de abuso de la otra persona, pero también es una forma de negación. Puede ser útil hablar con un profesional de la salud mental acerca de lo que has experimentado y tus sentimientos conflictivos sobre tu comportamiento en la relación. Eres una persona digna de autoperdón.

EJERCICIO DE REFLEXIÓN: DEJAR IR LA CULPA Y LA VERGÜENZA

En tu diario, escribe el diálogo interno que se relacione con los sentimientos de culpa y vergüenza. Identifica de dónde viene ese diálogo interno. ¿Es algo que escuchaste de tus padres, un maestro, un jefe o un compañero? Luego escribe una oración que invierta esa culpa y vergüenza. Por ejemplo, «No puedes hacer nada bien» se puede cambiar por «Siempre hago lo mejor que puedo y eso es suficiente» o «He tenido éxito en muchas áreas de mi vida». Cada vez que te sorprendas con un diálogo interno negativo sobre la culpa y la vergüenza, recurre a tu diario y reescribe esa narrativa. Después de un tiempo te encontrarás convirtiendo de manera automática el diálogo interno negativo en positivo.

ABANDONAR LAS MASCOTAS

Es probable que tu expareja haya tenido una mascota con la que te encariñaste, o que tu expareja y tú hayan adoptado una mascota juntos. Por lo que debiste experimentar todavía más angustia al dejar la relación. Muchas veces los animales pueden distinguir entre una persona tóxica y una sana, y es posible que te hayas convertido en la persona favorita de esa mascota. Aunque por lo general lo mejor para la mascota es ir con la persona más saludable, eso no siempre se puede. Quizás te mudaste a un lugar donde no se permiten mascotas. Tu ex te prometió que podías ver a la mascota compartida con regularidad, pero no cumplió. O sencillamente decidiste que por tu salud mental no valía la pena volver a tener contacto con ella para ver a la mascota.

«Dejar a Lulu con mi ex fue una de las cosas más difíciles que he hecho. Ella era su perrita, pero nos encariñamos mucho. Quería volver a verla, pero sabía que eso significaría volver a tener contacto con él y eso me haría caer en una espiral».

JANE, 28

Dejar a tu mascota puede ser una de las experiencias más estresantes de terminar una relación tóxica. Puedes enojarte contigo por «abandonar» a tu mascota. A veces la vida nos hace tomar decisiones difíciles. Es hora de perdonarte. Haces lo mejor que puedes y tu mascota recordará los buenos momentos que compartieron.

CULTIVA UN LOCUS DE CONTROL INTERNO

Lauren decidió que había llegado el momento de mudarse de casa de sus padres. Años de abuso emocional y verbal la habían afectado: sus padres siempre la habían culpado por cualquier cosa que saliera mal en la casa, y ella sentía que no podía hacer nada bien. Lauren se mudó con su pareja de algunos años. Si bien tenían una relación en su mayoría saludable, no se sentía cómoda sacando a relucir los problemas porque quería evitar la confrontación tanto como fuera posible. Ya había experimentado suficientes gritos y peleas en casa; no quería provocarlo potencialmente, a pesar de que él nunca había mostrado ningún problema con la ira. También le daba miedo que si sacaba a relucir algún problema, su pareja la dejaría y ella tendría que regresar a casa de sus padres. Si su pareja o sus amigos hacían algo que la molestara, o alguien la criticaba, su estado de ánimo cambiaba por completo. Un día, su pareja sugirió, con amabilidad, que ir a una sesión de consejería podría ayudarla.

Cuando Lauren se reunió con el consejero, este le preguntó cuál era su estado de ánimo en una escala del 1 al 10, 1 muy mal humor y 10 muy buen humor. «Estoy en un 7 en este momento», respondió Lauren, «pero podría ir de un 2 a un 9, dependiendo de lo que suceda hoy».

«¿Qué es lo que cambia tu estado de ánimo?», preguntó el consejero de Lauren. Cuando ella describió los eventos que normalmente la desanimaban, su consejero le preguntó si su estado de ánimo tendía a depender de lo que sucedía a su alrededor.

«Por supuesto, ¿cómo podría no hacerlo?», respondió Lauren. Entonces, su consejero le presentó el concepto de tener un *locus de control externo*.

Cuando tienes un locus de control externo te suceden cosas y tu estado de ánimo cambia según la situación. Si estás de mal humor, es difícil que te saques de ahí. Por el contrario, cuando tienes un *locus de control interno* sientes solidez y te sientes con los pies en la tierra. Te suceden cosas y pueden afectar un poco tu estado de ánimo, pero puedes dejar que reboten en ti. Sientes que puedes manejar la mayoría de las cosas porque miras hacia adentro para encontrar fuerza y resiliencia.

Lauren y su consejero hablaron sobre algunas experiencias con sus padres y cómo cambiaron la forma en la que interactuaba con su pareja y amigos. El estado de ánimo de Lauren tendía a depender mucho del comportamiento de otras personas. En el transcurso de varias semanas, el consejero de Lauren la ayudó a cambiar a un locus de control interno, donde Lauren se sentía bastante tranquila y sabía que el comportamiento de otras personas hacia ella no era personal; en otras palabras, podía perdonarse a sí misma y no sentirse responsable de los demás a su alrededor. Lauren pudo escuchar realmente lo que decían su pareja y sus amigos, sin ponerse a la defensiva ni ponerse de mal humor. Lauren comenzó a ser más abierta con lo que necesitaba de su relación y de sus amistades sin temor al abandono o las discusiones, y cambió su vida para algo mejor.

Cuando no te has perdonado, tiendes a dejar que las fuerzas externas den forma a cómo te sientes y te comportas. Cuando te perdonas, te acercas más hacia tener un locus de control interno. Amarte significa avanzar más hacia la confianza en ti y saber que estarás bien.

Por supuesto, confiar en uno mismo y tratarse bien es un tanto más fácil de decir que hacer. Pero a través de las siguientes prácticas de autocompasión puedes avanzar activamente hacia esta meta.

PRÁCTICAS DE AUTOCOMPASIÓN

Dejar ir lo que te está reteniendo puede ser un proceso muy liberador. Mereces ser feliz y libre de culpa y vergüenza. Estas prácticas de autocompasión son fundamentales a la hora de trabajar en perdonarse a sí mismo y dejar ir las emociones que no nos sirven.

AFIRMACIONES

Aunque las afirmaciones puedan parecer tontas o falsas, muchas veces, si nos repetimos algo lo suficiente, se vuelve cierto. Eso puede ser verdad ya sea que te hables de forma negativa o positiva. Puede que tengas «grabaciones» negativas en tu diálogo interno. Por ejemplo, quizás escuches la voz de tu expareja o de un familiar que te dice que no eres lo suficientemente bueno o buena, o incluso algo peor. Intenta usar una afirmación para contrarrestar el diálogo interno negativo. Puedes crear tus propias afirmaciones o usar una de las proporcionadas aquí.

> «Estoy tranquilo, relajado y sereno». / «Estoy tranquila, relajada y serena».

> «Estoy sano y bien». / «Estoy sana y bien».

> «Hoy está lleno de milagros».

Un consejo a la hora de crear afirmaciones: mantenlas positivas. Elimina el *no debo, no puedo* o expresiones similares. Tus afirmaciones pueden ser cualquier cosa que te haga sentir esperanza y felicidad. Pon tu afirmación como pantalla de bloqueo en tu teléfono y pégala en los lugares que visitas con frecuencia en tu hogar, como en el refrigerador o en el espejo del baño. Incluso puedes tener ventanas emergentes cronometradas en tu teléfono con tu afirmación. Observa cómo pareces tener una perspectiva más positiva durante el día cuando usas afirmaciones. Recuerda que ni siquiera necesitas creer la afirmación para que funcione.

RECURRE A ESTRATEGIAS DE AFRONTAMIENTO POSITIVAS

Después de salir de tu situación tóxica quizás te diste cuenta de que adquiriste algunos malos hábitos. Parte de eso podría ser el resultado de que por fin puedes hacer lo que quieras sin que te ridiculicen o manipulen. Sin embargo, es posible que participes en comportamientos de alto riesgo para sentir algo más que enojo o tristeza, lo que los terapeutas denominan *afrontamiento desadaptativo*. Examina si notas si has llevado a cabo algunos de estos ejemplos para sobrellevar la situación:

- Aumento del consumo de alcohol o drogas.

- Participar en comportamientos sexuales de alto riesgo, como tener relaciones sexuales sin protección con múltiples parejas.

- Uso indebido de medicamentos recetados.

- Evitar amigos y familiares saludables.

- Comer mucho o muy poco.

- Hacer demasiado ejercicio.

- Autolesionarse.

- Aumento en la toma de riesgos.

- Aumento significativo del tiempo en internet.

Quizás no estés cien por ciento consciente de cómo te afectan estos mecanismos de afrontamiento poco saludables. Pero con el tiempo descubrirás que el aumento de tus niveles de estrés y el desgaste son perjudiciales para tu salud y bienestar mental. Estas estrategias de afrontamiento poco saludables no te ayudan a trabajar de manera activa hacia

«Descubrí que a pesar de haber luchado para no convertirme en una alcohólica como mi padre, comencé a no poder controlar mi forma de beber. Me di cuenta de que utilizaba la bebida para esconder sentimientos de enojo hacia mí misma. Con la ayuda de un terapeuta y un programa de recuperación, he estado sobria durante dos años. Ahora, cuando me frustro, escribo en un diario o hablo con mi esposo o un amigo».

CATALINA, 32

la sanación; de hecho, sucede todo lo contrario, lo que las convierte en una forma de autosabotaje. Si tienes estos comportamientos, puede deberse a problemas profundamente arraigados con la autoestima.

Por otro lado, las estrategias de afrontamiento positivas te mantienen con la mente en el presente y pueden ayudarte a encontrar soluciones a tus sentimientos de ira, tristeza y baja autoestima. No todas las estrategias funcionan para todos; elige una o las que te atraigan y prueba nuevas hasta que encuentres la que te ayude. Aquí hay algunas ideas:

- ☑ Hacer tiempo para ver a un amigo o una amiga.
- ☑ Darse un baño relajante.
- ☑ Hacer algo creativo, como dibujar, escribir o tocar un instrumento musical.
- ☑ Jugar con tus hijos.
- ☑ Pasar el tiempo jugando con tus mascotas.
- ☑ Salir al aire libre para pasar un rato en la naturaleza.
- ☑ Cualquiera de las prácticas de cuidado personal descritas en el capítulo 7, por ejemplo, dormir bien, practicar la meditación, escribir un diario, hacer ejercicio moderado y/o limitar el uso de las redes sociales.

Si tienes dificultades, hablar con un profesional de la salud mental puede ayudarte a ordenar tus sentimientos, a disminuir el afrontamiento desadaptativo y a aumentar las formas saludables de cuidarse. (Para obtener más información sobre los profesionales de la salud mental, consulta el capítulo 6).

REFORMULA LOS PENSAMIENTOS NEGATIVOS Y SUELTA EL *DEBERÍA*

Tal vez pienses: «debí haberme ido antes», «no debí haber tomado ese trabajo» o «debí prevenir esto». Cuando usas la palabra *debería* te presionas mucho. No podemos cambiar el pasado, por lo que usar *debería* te pone en una situación sin salida. La misma idea se aplica cuando se usa *podría* o *tendría*. Estas frases no te impulsan hacia adelante, pueden hacer que te estanques. Como leíste anteriormente en este capítulo, usar *podría, tendría y debería* puede relacionarse con sentimientos de culpa y vergüenza.

Date cuenta cuando usas *debería, tendría y podría*, y reformúlalo en positivo. Por ejemplo, en lugar de «Debería haberme ido antes» se puede cambiar por «Me fui cuando lo hice, y está bien». Reformular los pensamientos negativos puede ayudarte a tener esperanza para el futuro y simplemente hacerte sentir mejor. Cuanto más practiques cancelar los pensamientos negativos y reformularlos como positivos, más fácil se vuelve. Incluso puedes notar que tu cantidad total de pensamientos negativos disminuye drásticamente con el tiempo. Aquí hay algunos ejemplos de pensamientos negativos y cómo puedes reformularlos:

> «Solía decirme a mí mismo que debería haberme ido antes y que debería haber visto las señales de que mi jefe era tóxico. Me di cuenta de que al principio pudo actuar de forma 'normal' y no había manera de saber cómo era en realidad».
>
> EDUARDO, 45

PENSAMIENTO	REFORMULADO
«No sé cómo voy a superar esto».	«Estoy pasando por un momento difícil en este momento, pero mejorará. Tengo maneras en las que puedo buscar ayuda».
«No puedo creer que fuera tan estúpido y no viera antes que ella era una narcisista».	«Los narcisistas pueden ser difíciles de detectar, y tuve la valentía de irme».
«No sé si pueda volver a confiar en alguien».	«Puede que sea difícil para mí confiar en los demás al principio, pero lo lograré».
«Haría cualquier cosa para tenerlo de vuelta en mi vida».	«Es bueno que ya no esté con él, duermo mejor y estoy cada día más saludable».
«Debí haber hecho algo para que mi jefe me acosara».	«El acoso es totalmente culpa del acosador; no hice nada que justificara ese comportamiento».
«No tengo a quién contactar».	«Tengo más apoyo del que puedo darme cuenta en este momento».

COMPARTE TUS EXPERIENCIAS

Mucha gente no habla de sus experiencias con personas tóxicas, por culpa y vergüenza, pero no estás solo ni sola. En la actualidad más personas son abiertas al hablar sobre ser sobrevivientes de abuso y acoso, en parte debido al movimiento #MeToo. A veces nos sentimos libres cuando hablamos de las cosas malas que nos hicieron. Se quitan la culpa y la vergüenza. Cuando la culpa y la vergüenza te dejan, muchas veces la ira se va con ellas.

«Encontré un grupo de 12 pasos para personas que crecieron en familias disfuncionales. Acudo a una reunión cada semana. Es muy bueno saber que hay otras personas que vivieron las mismas situaciones».

KATYA, 30 AÑOS

Habla sobre tus experiencias de la manera que te parezca segura. Eso podría hacerse en terapia, en un grupo de apoyo, cara a cara con amigos y familiares de confianza, o en línea, como en un blog.

Advertencia: consulta con un profesional legal para conocer los límites de lo que puedes o no puedes revelar sobre tu experiencia con una persona o situación tóxica. Por ejemplo, usar el nombre de una persona y etiquetarla como una persona tóxica puede traerte problemas legales, lo que sí puedes hacer es hablar sobre lo que experimentaste siempre y cuando no brindes detalles de identificación.

Otra forma de hablar es abogando por otros individuos que sobrevivieron a personas y experiencias tóxicas. Por ejemplo, puedes abogar por cambios en las leyes con respecto a la protección de las víctimas de violencia doméstica. También puedes educar a personas más jóvenes sobre cómo identificar a las personas sanas frente a las que no los son. Para obtener más información sobre la defensa de los demás, consulta el capítulo 10.

DEJA DE CUESTIONARTE

Cuando dejas una situación dañina es posible que te cuestiones. Quizás te preguntes si el abuso fue en realidad tan malo como lo recordabas. Puedes creer que tal vez exagerabas al pensar que el comportamiento de una persona era dañino.

Cuando te aventuras por tu cuenta y te reconstruyes después del abuso, es normal pensar que cometiste un error. Por lo general, este es tu miedo hablando: la relación o la situación abusiva fue dañina para ti, pero emprender por tu cuenta puede llenarte de incertidumbre. Puede que te enojes contigo al haber considerado regresar a una situación que no era saludable porque al menos era predecible. No habrías dejado la relación o el entorno si hubiera sido saludable. Tomaste la decisión correcta al irte. Si una persona tóxica te dejó, considera que te hizo un favor. La situación en la que estabas se habría vuelto más peligrosa con el tiempo. Reconoce tu necesidad de certeza y estabilidad. Ese día está llegando. Habrá un punto en el que sientas menos incomodidad y una mayor sensación de tener los pies sobre la tierra y de estar centrado o centrada.

EJERCICIO DE REFLEXIÓN: ¿QUÉ TE SALIÓ BIEN?

Cuando te cuestionas acerca de separarte de una persona tóxica puedes olvidar las cosas buenas que te han pasado desde que rompiste el contacto. Toma un momento para anotar las oportunidades que has tenido, las personas que has conocido y cualquier mejora en tu salud y perspectiva general de la vida, desde la última vez que tuviste contacto con la persona tóxica. A lo mejor te pasaron muchas cosas positivas una vez que alejaste a la persona o situación tóxica de tu vida. Puede ser difícil ver las cosas buenas cuando sientes ansiedad o depresión. Sin embargo, puede ser que ahora tengas más tiempo para perseguir intereses y concentrarte en lo que te brinda felicidad. Continúa escribiendo los buenos eventos en tu vida a medida que suceden. Cuando sientas que cometiste un error al distanciarte de la persona tóxica, regresa y revisa esta lista de las cosas buenas que te han sucedido desde entonces.

Después de terminar tu relación tóxica es normal sentir enojo y resentimiento hacia los demás y hacia tu persona. También puedes sentir culpa o vergüenza. *Todos estos son sentimientos normales,* y nadie es inmune a las situaciones tóxicas. Cuando puedas dejar de sentirte responsable de tu experiencia, podrás cultivar un locus de control interno, para así brindarte resiliencia que se extiende a todas tus relaciones y te ayuda a sobrellevar los altibajos de la vida. Otro paso clave para desarrollar tu resiliencia es establecer y mantener límites saludables. Ahí es donde nos dirigimos a continuación.

5

Establece límites

Cómo proteger tus intereses
y cómo ponerte en primer lugar

Al recordar sus años de juventud, Rhys se describe a sí mismo como un niño tranquilo que no quería causar problemas. La mayor parte del tiempo solo eran Rhys y su padre, y una variedad de personas que entraban y salían de la casa. Si bien tiene dificultades para recordar partes de su infancia debido al trauma que sufrió, recuerda muy bien el caos en torno a la adicción de su padre a los opioides. A cambio de drogas, su padre dejaba que en ocasiones sus «amigos» abusaran de Rhys de forma física y sexual. Su padre le había dicho que si hablaba de su familia en la escuela se lo llevarían de casa, y se puso a describir las cosas terribles que le pasarían a Rhys si el Estado se lo llevaba. A veces, Rhys esperaba que sus maestros se dieran cuenta de que necesitaba ayuda porque de esa manera tal vez su padre no lo culparía cuando se enteraran. Otras veces recordaba que su padre no siempre estaba drogado; hubo momentos en que actuaba tal vez como lo hacen otros padres. Pero él realmente no sabía cómo actuaban otros padres porque no socializaba mucho con otros niños.

Años más tarde, Rhys sintió que le debía su supervivencia a su pareja, Odette, quien le dio un lugar para vivir cuando dejó la casa de su padre y cortó el contacto. Sin embargo, cuando Rhys salía, Odette quería saber a dónde iba y cuándo regresaría, y le enviaba mensajes y lo llamaba de manera constante. Cuando Rhys trató de hablar con Odette sobre su comportamiento, ella se puso a la defensiva: «Te rescaté de un hogar abusivo, Rhys, solo trato de cuidarte. ¿Qué tan desagradecido puedes ser?».

Hace poco Rhys entabló amistad con un compañero de trabajo, Ben. Cuando Rhys y Ben se estaban conociendo, resultó que tenían infancias y experiencias similares. Ben había trabajado mucho para sanarse de su trauma. Un día, mientras caminaban juntos durante la hora del almuerzo, Ben mencionó a Odette de manera amable. «Ya intentaste hablar con ella sobre esto varias veces», dijo. «Pero simplemente no es posible tener una relación sana con alguien que no se hace responsable de su comportamiento».

«Ni siquiera sé cómo es una relación sana», admitió Rhys. «Quiero decir que sé que la forma en que actúa no es la correcta. Pero a veces siento que exagero, en especial cuando pienso en cómo eran las cosas con mi padre. Al menos a Odette le importa dónde estoy y lo que estoy haciendo».

«Realmente creo que necesitas trabajar un poco en eso», dijo Ben. «Procesa lo que pasaste cuando eras niño y aprende a establecer límites». Rhys había oído el término *límites*, pero no estaba muy seguro de lo que significaba. Ben dijo que tener buenos límites lo ayudó a establecer relaciones saludables con las personas, en cuanto a cómo esperaba que lo trataran. «Es difícil al principio, amigo», dijo, «pero cuanto más me acostumbraba a hacer cumplir mis límites, más personas sanas tenía en mi vida».

¿QUÉ SON LOS LÍMITES?

Los límites son pautas o normas que te pones a ti y a tus relaciones. Son una forma de asegurarte de proteger tu propio bienestar y no anteponer las necesidades de los demás a las tuyas. Hay diferentes tipos de límites:

1. **Los límites emocionales** tienen que ver con honrar tus sentimientos y tu energía, saber cuándo es el momento adecuado para compartir (y cuánto compartir) y reconocer cuánta energía emocional puedes manejar.

2. **Los límites físicos** tienen que ver con mantener el espacio personal, tu nivel de comodidad cuando te tocan y asegurarte de que se satisfagan las necesidades de tu cuerpo (por ejemplo, comida, agua y sueño). También incluyen hacer ejercicio dentro de un rango que sea saludable para tu cuerpo.

3. **Los límites sexuales** se refieren a participar en actividades sexuales solo con tu consentimiento y el de tus parejas, comunicarles las actividades sexuales que te interesan y las que no, y tener derecho a cambiar de opinión o decir no a cualquier actividad en la que sientas incomodidad o inseguridad.

4. **Los límites de tiempo** son sobre conocer tus prioridades y reservar tiempo para ellas sin comprometerte demasiado, y decir no a las solicitudes que no son un uso inteligente de tu tiempo.

5. **Los límites mentales** tienen que ver con el respeto por los pensamientos y las ideas, las propias y las de los demás. Tener estos límites significa estar dispuesto o dispuesta a dialogar los problemas con respeto y esperar lo mismo de la persona con la que estás hablando. También incluyen tu derecho a buscar información y educarte en áreas de interés.

En las relaciones tóxicas a lo mejor te encontraste con la inseguridad de saber cuáles eran tus derechos o que la otra persona parecía desafiar tus límites de forma constante.

En este capítulo aprenderás sobre los límites saludables, tus derechos como persona, cómo el estilo de apego influye en nuestros límites y las formas de mantener los límites en situaciones específicas, como la crianza compartida. Los límites saludables incluyen:

* ❋ Decir no a las cosas que no encajan en tu vida o que te son incómodas e inseguras.

* ❋ Decir sí a la ayuda y al soporte.

* ❋ Decir a los demás cuando necesitas tiempo a solas y tomarlo.

* ❋ Tener intereses fuera de tu relación.

* ❋ Expresarse con una comunicación abierta.

* ❋ Hacer saber a los demás tus límites.

* ❋ Hacer saber a los demás, de manera directa y asertiva, cuando se ha cruzado un límite.

* ❋ Disfrutar sin culpa ni vergüenza.

* ❋ Decir lo que quieres y necesitas.

* ❋ Ser capaz de identificar comportamientos nocivos en los demás.

* ❋ Ser vulnerable en una relación en pasos o etapas.

* ❋ Aceptar transiciones y cambios.

* ❋ Ser consciente en lo que tienes control y en lo que no.

También verás cuánto tiempo y energía recuperas en tu vida cuando una persona tóxica no ocupa tu espacio mental.

Los límites pueden cambiar con el tiempo y algunos pueden ser más flexibles que otros. Por ejemplo, expresar tus límites a los demás puede ser lo más importante para ti, mientras que «tener intereses fuera de tu relación» puede no ser tan importante para ti si la otra persona y tú comparten muchas de las mismas pasiones y pasatiempos. Mientras lees este

> «Es increíble lo fácil que es mi vida ahora que no estoy en una relación con un idiota».
>
> CAROLINA, 54

capítulo, piensa qué límites son los más importantes para ti en este momento.

Si alguien cruzó un límite contigo, depende de ti trazar de manera clara esa línea o decidir si esa persona tiene un lugar en tu vida. Si no hay una manera de distanciarse de esa persona (como un padre compartido), podría ser el momento de reevaluar la limitación del contacto con esa persona tanto como sea posible.

EJERCICIO DE REFLEXIÓN: ESCRIBE TUS LÍMITES

La persona tóxica en tu vida trató de desbaratar o ignorar tus límites, por lo que puedes tener la creencia errónea de que no tienes ninguno. Es probable que tengas más límites establecidos de lo que piensas. Para identificarlos, reflexiona: ¿cuáles son las reglas por las que guías tu vida? ¿Cuáles son las cosas o personas en tu vida por las que lucharías para proteger? ¿Cuáles le dirías a alguien que son los valores por los que te riges?

Algunos ejemplos de límites son los siguientes:

● Me tratarán con respeto.
● Me hablarán en un tono respetuoso.
● No presto dinero a amigos, familiares o socios.

Está bien si tienes dificultades para establecer tus límites. Piensa en alguien a quien admires, vivo o muerto. ¿Cuáles son o eran las reglas por las que regían su vida? Considera tomarlos como tus límites. Escribe tus límites y revísalos de manera regular. Tener un recordatorio escrito de tus límites es especialmente útil cuando conoces a alguien que te interesa, tienes el presentimiento de que algo no está bien en tu vida o tomas decisiones importantes. Estos son momentos en los que podrías caer en la tentación de dejar pasar tus límites, y el registro escrito te ayudará a mantenerte responsable contigo.

EJERCICIO DE REFLEXIÓN: ENFRENTAR UNA VIOLACIÓN DE LÍMITES

Piensa cuando le dijiste a alguien, de manera verbal o no verbal, que no estaba bien cómo te trataba. ¿Respetaron tu límite? ¿O se sorprendieron o incluso se ofendieron? Hacer cumplir un límite podría haber estado fuera de tu zona de confort. O es posible que te «castigaran» por hacer cumplir tu límite.

La idea de imponer un límite puede causar sentimientos de ansiedad o una sensación de desconcierto. Recuerda que tienes derecho a hacer cumplir o reafirmar un límite en el momento que desees, por cualquier motivo. Este ejercicio trata sobre cómo te sentiste al establecer un límite, la reacción que recibiste y cómo eso da forma a tu capacidad para hacer cumplir los límites hoy. Escribe con el mayor detalle posible lo que sucedió cuando estableciste un límite. Luego escribe lo que te hubiera gustado que pasara en su lugar. Lo que haces es que escribes un nuevo final para la historia y retomas el control de la narrativa.

CÓMO HACER CUMPLIR LOS LÍMITES

Una persona tóxica podría decirte que tus límites son tontos o ridículos o que eres demasiado sensible. Tus experiencias en la relación pueden haberte enseñado que establecer límites era una señal de debilidad o que no sabías cómo hacerlos cumplir.

La verdad es que siempre tuviste el poder de hacer cumplir los límites. Solo te dijeron que no tenías derecho a hacerlo. La ventaja aquí es que quizás ya tengas mucha experiencia en mantener los límites, incluso si fue difícil en la situación tóxica. Piensa en el pasado. Incluso desde la infancia, ¿alguna vez hiciste lo siguiente?

* Decir «no» a alguien.

* Decir «no» a alguien y no sentir la necesidad de dar una explicación.

* Defender a alguien que era intimidado o acosado.

* Decir a alguien lo que necesitas.

* Mandar un correo o llamar a una empresa cuando tu pedido era incorrecto.

* Regresar un artículo a la tienda.

* Invitar personas a un evento social.

* Establecer límites con tu hijo o hija.

* Dejar de revisar mensajes, correos electrónicos y correo de voz después de cierta hora.

* Retroceder cuando alguien tocó tu cabello, tatuaje, cicatriz o vientre de embarazada sin preguntar.

* Decir «no» a cualquier llamada de ventas, colgar o negarte a contestar.

* Hablar con un médico sobre tu reacción al tratamiento o que tus síntomas no desaparecían.

* Notar que alguien realiza una tarea de manera incorrecta y notificarle o mostrarle cómo hacerlo.

* Enseñar a niños.

* Supervisar a alguien.

* Revisar el trabajo de alguien.

* Devolver la comida a un restaurante porque sabía mal, estaba mal hecha o no estaba bien cocida.

* Tomar decisiones sobre la salud de un niño, de tus padres o de una mascota.

Todos esos son ejemplos de establecer y mantener un límite. Lo hiciste antes y sé que puedes hacerlo de nuevo.

TUS DERECHOS COMO PERSONA

Además de tus límites, también tienes derechos como ser humano. Tienes derecho a

✳ Sentirte en un ambiente seguro.

✳ Decir «no» en cualquier momento.

✳ Cambiar de opinión en cualquier momento.

✳ Decidir con quién pasas tu tiempo.

✳ Hacer solo lo que esté dentro de tus posibilidades.

✳ Que te traten con respeto.

✳ Tomar tus propias decisiones.

Cuando violan tus derechos, eso puede crear un problema aún mayor que cruzar un límite. Mira tus derechos como «marcar tu raya». Si alguien pisotea tus derechos, eso podría significar la descalificación automática de estar en tu vida. Si no te sientes en un ambiente seguro con alguien, eso no es negociable. Escucha ese presentimiento que dice que algo anda mal.

«Me costaba mucho decirle "no" a la gente, en especial porque no quería decepcionarlos. Si le decía que no a alguien, daba explicación de por qué le decía que no y luego me preocupaba si se molestaban conmigo. Luego escuché a alguien decir: "No es una oración completa", y eso me hizo darme cuenta de que no tenía que explicar por qué decía que no. Tengo derecho a tan solo decir "no" y eso es todo».

BAILEY, 32

REVISA: ¿CÓMO SON TUS LÍMITES?

Para las siguientes afirmaciones, responde si utilizas o no estos límites *la mayor parte del tiempo*. (No se espera que utilices estos límites siempre; el tiempo; somos personas imperfectas, en constante crecimiento y evolución).

1. Digo que no cuando me piden que participe en algo que no quiero hacer.
2. Si necesito ayuda con algo, le pregunto a alguien.
3. Si un amigo o amiga pide prestado dinero y siento incomodidad haciéndolo, digo que no.
4. Si necesito un tiempo a solas, se lo hago saber a los demás sin sentirme culpable.
5. Cuando siento cansancio, descanso en lugar de obligarme a seguir trabajando.
6. Si mis necesidades no se satisfacen en una relación, expongo lo que necesito con calma y respeto.
7. Cuando siento enojo, me detengo y decido si necesito un tiempo fuera.
8. Si alguien levanta la voz, le digo que me incomoda y que necesito que se detenga.
9. Puedo aceptar un cumplido con un simple «gracias».
10. Soy consciente de mis fortalezas y debilidades.
11. Si siento que me malinterpretan, lo hablo con la otra persona.
12. Si alguien se molesta, no siento que deba solucionar el problema.

Si respondiste que sí a más de la mitad de estas afirmaciones, tienes límites razonablemente saludables. Presta atención a los elementos a los que respondiste que no y trabaja para mejorarlos.

Si respondiste que no a la mayoría de estas afirmaciones, concéntrate en mejorar tus límites, uno a la vez.

ESTILOS DE APEGO

Tu capacidad para mantener límites saludables en las relaciones puede estar determinada, en parte, por tu *estilo de apego*. Tu estilo de apego se forma en la niñez dependiendo de cómo tus cuidadores interactuaron contigo. Existen cuatro estilos principales de apego: ansioso, evitativo, desorganizado y seguro. Además, los primeros tres estilos de apego se conocen también como apego inseguro.

APEGO ANSIOSO

El estilo de apego ansioso se caracteriza por «Yo no estoy bien, tú estás bien». Esta persona pudo haber tenido padres o cuidadores impredecibles: había una dinámica de «tira y afloja» en la que el padre trataba bien a la niña de manera intermitente y luego la alejaba. Los principales temores que subyacen a este estilo son el abandono y no ser lo «suficientemente buena». Puede ser etiquetada de forma injusta como «necesitada» o «empalagosa» y tiende a presionar por la INTIMIDAD EMOCIONAL con rapidez.

Cuando sale con alguien, puede estar preocupada pensando si realmente está interesado en ella o si su pareja terminará la relación. Si su potencial pareja no inicia el contacto, puede volverse obsesiva sobre por qué él no la ha contactado. Puede llamar o enviar mensajes de texto a su pareja de modo constante para ayudar a disminuir sus sentimientos de ansiedad.

Una persona con apego ansioso tiende a reprimir las preocupaciones sobre la relación o expresarlas con enojo o mediante un comportamiento pasivo-agresivo. Ella puede renunciar a sus límites para mantener a la otra persona feliz y en la relación. En el lugar de trabajar, una empleada con apego ansioso puede preocuparse de manera obsesiva de que no es una empleada lo suficientemente buena y será despedida en cualquier momento. Un correo electrónico de su jefe la llevará a pensar lo peor. Puede buscar la aprobación de los demás para saber si el trabajo que hace es adecuado.

«Tiendo a enviar mensajes de texto a mis amigos muy seguido. Me pongo muy ansiosa si no tengo noticias de alguien. Luego luego me pregunto qué hice para molestarlos y después pienso que nunca más me van a querer hablar. Pero he aprendido que simplemente la gente está ocupada, ¿sabes?».

LARA, 29

Una persona con apego ansioso se toma muy personal lo que otras personas dicen y hacen. Se preguntará qué hizo para molestar a su amigo o familiar, incluso si la otra persona estaba equivocada. Una persona con apego ansioso puede no considerar dejar una situación, aunque sea tóxica, porque estar solo o sola parece un destino peor. Es posible que encuentre un amigo o una amiga con quien esté muy apegada y luego se moleste cuando ese amigo o esa amiga no pueda reunirse con ella.

APEGO EVITATIVO

El estilo de apego evitativo se caracteriza por «Yo estoy bien, tú no estás bien». Una persona con apego evitativo puede haber tenido padres o cuidadores que no le brindaron intimidad emocional, enseñándole en cambio que los sentimientos deben reprimirse y no expresarse. El apego evitativo se basa en el miedo al rechazo y a ser vulnerable frente a otra persona.

Una persona con apego evitativo puede tener límites rígidos que no permiten ningún cambio de personalidad o circunstancias; él no sacará a relucir preocupaciones en una relación porque siente que de todos modos no ocurrirá nada bueno. Puede pasar por una serie de relaciones que son emocionantes al principio, cuando las cosas son más superficiales, pero cuando comienza la verdadera intimidad emocional se distancia. Una persona con este estilo tiende a evitar la cercanía física, como evitar tomarse de la mano, acurrucarse o dar un abrazo. Puede ser descrita como «emocionalmente distante» o «fría». Tal vez diga que está demasiado ocupada con el trabajo u otras actividades en lugar de pasar tiempo con su pareja, amigos o familia. Es muy crítica con los demás y puede tener tendencias perfeccionistas. Puede ser independiente hasta el extremo y tiene dificultad para pedir apoyo.

Una persona con apego evitativo puede ver a los demás como «menos que ella» y puede no tomar en serio sus solicitudes. Suele evitar las reuniones familiares o eventos sociales porque hay demasiado contacto con los demás y no quiere hablar de su vida. Puede pasar semanas sin contactar a alguien o sin pasar tiempo con otras personas, pero aun es posible que sienta una sensación de soledad.

«Trabajo con eso de tener apego evitativo. He mantenido mis relaciones a distancia porque de lo contrario me siento sofocado por la otra persona. Tampoco me gusta definir las relaciones y odio la charla de ˮexclusividadˮ».

ERICK, 50

APEGO DESORGANIZADO

El apego desorganizado se caracteriza por «Yo no estoy bien, tú no estás bien». Alguien con este estilo de apego tiende a tener una grave falta de habilidades de afrontamiento. Existe tanto el miedo al abandono como el miedo a ser vulnerable con los demás, una mezcla de los estilos ansioso y evitativo, que puede ser el resultado de un trauma o abuso a temprana edad. Puede tener cambios de humor frecuentes y se siente impotente para cambiar las circunstancias de su vida. Formar mecanismos de afrontamiento saludables puede ser difícil para ella, y puede tener un comportamiento errático, arrebatos de ira, comportamiento autoagresivo o una mala imagen de sí misma.

Una relación con este estilo de apego es muy difícil de mantener. Las personas con apego desorganizado pueden tener pocos o ningún límite y pueden reaccionar con ira cuando una pareja establece sus propios límites. Una persona con apego desorganizado puede oscilar entre estar demasiado apegada y luego distante. Es difícil para los amigos, la familia y los colegas saber cuál es su posición con respecto a ella.

«Mi estilo de apego era el desorganizado. Explotaba con una amiga por no acompañarme a algún lado, pero después me ponía ansiosa porque no sabía nada de ella».

RIVER, 30

APEGO SEGURO

El estilo de apego seguro se caracteriza por «Yo estoy bien, tú estás bien». Una persona con un estilo de apego seguro se siente cómoda siendo emocionalmente vulnerable en una relación y está de acuerdo con estar sola. Cuando tiene una preocupación en una relación, la aborda con honestidad y respeto. No culpa a las personas; sabe que los comportamientos y las acciones de los demás no siempre estarán alineados con los suyos. Practica el buen cuidado de sí misma y sabe cuándo necesita contacto social o tiempo a solas.

Las personas con apego seguro suelen tener límites saludables y se sienten cómodas expresándolos. También ajustan sus límites a medida que ellas y sus relaciones cambian. Están dispuestos a alejarse de una relación, amistad o trabajo en el que no se satisfacen sus necesidades. Si alguien termina una relación con ella, se aflige, pero no se culpa ni intenta recuperar a esa persona.

Cuando ambas personas en una relación tienen un estilo de apego seguro, suelen tener INTERDEPENDENCIA: cada persona siente que puede ser un individuo, sin embargo, se sienten cómodas compartiéndose con el otro. Cada persona se siente respetada y puede estar en desacuerdo sobre algo y aun así mantener su estrecho vínculo. Los temas que son sensibles para uno serán tratados con respeto por el otro.

LA RELACIÓN ANSIOSA-EVITATIVA

«Solía tener lo que yo llamo un estilo de apego seguro. Sin embargo, estaba en una relación con un narcisista, y eso hizo que saliera a relucir mi estilo de apego ansioso. Parte de mi recuperación es volver a un estilo de apego más seguro».

MEGAN, 46

En una relación tóxica es común ver a una persona con apego ansioso y a la otra con apego evitativo. ¿Esto te suena familiar? Tan pronto como conociste a esta persona, es posible que hayas experimentado una sensación de atracción instantánea o una química sexual intensa, porque cada uno de ustedes estaba llenando una necesidad particular. Al ser «empalagosa», una persona ansiosa confirma la creencia de la pareja evitativa de que estar en una relación significa perder independencia e identidad. A su vez, el comportamiento «distante» de la persona evasiva confirma la creencia de la persona ansiosa de que ella no es lo suficientemente buena para otras personas. En la relación ansiosa-evitativa, la persona evasiva tomará medidas para alejarse de la relación, mientras que la persona ansiosa la perseguirá.

PRESTA ATENCIÓN A CÓMO TE COMUNICAS

Si tienes un estilo de apego inseguro, es posible que confíes más en comunicarte a través de mensajes de texto que por medio de llamadas telefónicas o interacciones cara a cara.[1] Una persona evasiva puede usar los mensajes de texto con más frecuencia porque es menos íntimo emocionalmente y requiere menos apoyo de una pareja. Una persona ansiosa puede enviar más mensajes de texto para evitar sentimientos de abandono al mantener a su pareja «cerca». A medida que aumentan los mensajes de texto, disminuyen otras formas de comunicación y hay un mayor nivel de insatisfacción en una relación.[2]

Eso no quiere decir que los mensajes de texto no puedan proporcionar un beneficio positivo a una relación. Un estudio encontró que enviar un mensaje de texto con una declaración positiva a tu pareja, escrito con tus propias palabras, afecta positivamente la satisfacción de la relación. Iniciar un texto también tiene un efecto positivo.[3] Parece que la mejor manera de enviar mensajes de texto es hacerlo de vez en cuando y solo para indicar cosas positivas o información breve (por ejemplo: «Estaré allí en 10 minutos»).

Dicho esto, una conversación emocional no debe llevarse a cabo a través de

«Salgo con alguien con quien creo que tiene un estilo de apego seguro. Nos enviamos mensajes de texto dos veces al día como máximo y luego hablamos por teléfono cada pocos días. Desde antes hablamos sobre la cantidad de contacto que ambos preferimos en una nueva relación y esto funciona para ambos».

GRACE, 32

mensajes de texto. No transmite el tono y el sentimiento detrás de las palabras, y se pierden las señales no verbales clave, como la expresión facial y el lenguaje corporal. Reúnete cara a cara o habla por teléfono para ayudar a construir intimidad emocional y para hablar de temas delicados.

REVISA: ¿CUÁL ES TU ESTILO DE APEGO?

Responde sí o no a las siguientes afirmaciones sobre tu estilo de apego.

1. Suelo enfrascar mis sentimientos y no hablar de ellos.
2. Si siento que alguien se distancia de mí, me enojo o me niego a comunicarme.
3. No necesito a fuerza el contacto regular de mi pareja, familia o amigos.
4. Si no tengo noticias de alguien dentro de un cierto periodo de tiempo, me da ansiedad.
5. Si mi pareja se fuera, seguiría adelante con relativamente poca tristeza.
6. Tengo un miedo constante de que mi pareja, un amigo o una amiga terminen la relación.
7. Mostrar cariño a mi pareja o a mis hijos no es prioridad en mi lista de necesidades.
8. Suelo extender la mano de forma natural para tocar a los demás, y eso me ayuda a sentirme cerca de ellos.
9. Siento incomodidad con el contacto físico sostenido con los demás, incluso cuando se sientan demasiado cerca de mí.
10. A veces necesito tener gente cerca de mí, o de lo contrario me da ansiedad.

Si respondiste que sí a las afirmaciones 1, 3, 5, 7 y 9, es posible que tengas un estilo de apego evitativo.

Si respondiste que sí principalmente a las afirmaciones 2, 4, 6, 8 y 10, es posible que tengas un estilo de apego ansioso.

Si respondiste que no a la mayoría de estas afirmaciones, es posible que tengas un estilo de apego seguro.

CONOCES TU ESTILO DE APEGO,
¿AHORA QUÉ?

Ahora que descubriste tu estilo de apego, ¿qué debes hacer con esa información? Si ya te diste cuenta de que tienes un estilo de apego inseguro, quiero decirte que eso no es malo, tu estilo de apego es tan solo una forma de explicar cómo te relacionas con los demás. Una vez que conozcas tu estilo, puedes darte cuenta de cómo afecta tus relaciones y tus elecciones en amigos y parejas. Quizás descubras que tus relaciones han tenido un patrón particular: puede ser que te hayas reconocido en algunas de las descripciones y citas de las páginas anteriores. O, si en general tienes un estilo de apego seguro, estar con una persona ansiosa o evasiva puede haber provocado algunos de tus propios comportamientos ansiosos o evasivos.

¡El hecho de que hayas desarrollado un estilo de apego específico no significa que lo tengas para siempre! Cuando estés al tanto de estos patrones puedes comenzar a trabajar para pasar a un estilo de apego seguro. También te vuelves más consciente de los estilos de apego de los demás y entiendes por qué pueden comportarse de cierta manera, y puedes tomar decisiones más informadas sobre cuánto tiempo y energía te gustaría gastar en esa relación.

El primer paso para sanar un estilo de apego inseguro es reconocerlo y aceptarlo.

En seguida, aprende estrategias de afrontamiento para tu estilo de apego. A lo mejor descubres que tu estilo de apego ha afectado no solo tus relaciones románticas, sino también tus relaciones con compañeros de trabajo, familiares y amigos. Un terapeuta puede ayudarte a descubrir el origen de tu estilo de apego, lo que te permite sanar ese dolor y superarlo.

Si tienes un estilo de apego seguro, es probable que desees consultar con un profesional de la salud mental para mantener ese estilo de apego intacto y en funcionamiento. También es posible que quieras ver si las relaciones en tu vida han provocado tendencias ansiosas o evitativas.

Hablaremos del trabajo con profesionales de la salud mental en el próximo capítulo. Si actualmente no trabajas con un profesional de la salud mental en el que confíes o si deseas trabajar en esto de forma independiente, el resto de este capítulo comparte formas en las que puedes lidiar con tu estilo de apego por tu cuenta.

ESTRATEGIAS DE AFRONTAMIENTO PARA ESTILOS DE APEGO INSEGURO

Cuando identifiques tu estilo de apego, prueba una de las siguientes sugerencias para avanzar hacia un estilo seguro.

Estrategias para el apego ansioso

1. Practica la meditación consciente. Enfócate en el aquí y ahora.

2. Si no has tenido noticias de tu pareja o amigo, trabaja con tu ansiedad. ¿Cuáles son tus preocupaciones?

3. Visualiza cómo sería si esta relación terminara. Estarías triste por un tiempo, pero también en algún punto estarías bien.

4. Ten en cuenta que lo que alguien dice o hace no es personal, es un reflejo de ellos.

5. Toma conciencia de los comportamientos de autosabotaje, como alejar a las personas para no experimentar el
abandono percibido.

6. Es probable que experimentes un sesgo negativo o atri-
buyas expectativas negativas antes de un evento. Asu-
mes que el correo electrónico que acabas de recibir será
negativo, o el correo de voz en tu teléfono te dará malas
noticias. Practica comportamientos que detengan el pensamiento: recuerda que realmente no conoces el contenido del mensaje hasta que lo abres o lo escuchas.

Estrategias para el apego evitativo

1. Permítete sentir emociones en lugar de evitarlas. Puede
sentirse muy incómodo al principio; sin embargo, sentir
emociones «molestas» es parte de la experiencia humana.

2. Recuerda que con un riesgo significativo viene una gran
recompensa. Aprovecha la oportunidad de hablar con
una pareja, un amigo de confianza o un miembro de la
familia sobre una inquietud que tengas. Ten en cuenta
los sentimientos de los demás al tomar decisiones.

3. Practica mostrar más cariño físico a tu pareja o a tus hijos.

4. Trabaja en devolver llamadas y responder mensajes de
personas emocionalmente sanas de manera oportuna.
Reconoce cuando te alejas de una persona que tiene expectativas razonables de comunicación e intimidad
emocional.

5. En lugar de evitar la comunicación, comienza con una
pregunta abierta. Las preguntas abiertas son aquellas
que se pueden responder con más de una palabra. Por
ejemplo, «¿Qué hiciste hoy?» es una pregunta abierta
que invita a la conversación, mientras que «¿Cómo estás?» no es tan atractivo.

6. Admite que otros también pueden tener opiniones váli-
das e incluso pueden tener más información que tú.

Si tienes un estilo de apego desorganizado, los elementos de las listas
de apego ansioso y evitativo pueden ser útiles. Puedes experimentar
más ansiedad o evasión cuando estás con una persona que no es
sana o que es abusiva. Lo importante es que lo identifiques y trabajes en conseguir un estilo de apego seguro.

ESTAR EN ALERTA MÁXIMA

Después de salir de una situación tóxica, puedes experimentar algunos sentimientos de *hipervigilancia*, como si estuvieras en «alerta
roja», en busca de señales de que cualquier persona nueva que conozcas o cualquier otra persona a tu alrededor no es saludable. Esto
puede ser cierto en especial si empiezas a salir en citas de nuevo.

Cuando salimos de nuestra zona de confort, en ocasiones podemos sentirnos incómodos, tensos o cohibidos. ¡Esto no es necesariamente algo malo! Ir más allá de tu zona de confort puede impulsarte
a crecer como persona. Desarrollas habilidades cuando intentas cosas nuevas o conoces gente nueva. Esas habilidades hacen que sea
más fácil para ti abordar una situación la próxima vez que te encuentres con ella. Conocer y dominar cosas nuevas ayuda a desarrollar tu
autoestima, mejora tu autoeficacia y te ayuda a participar en el autodescubrimiento. La autoestima es cómo evalúas tu valor como persona, mientras que la autoeficacia es la creencia de que eres capaz
en una variedad de contextos.[4] El autodescubrimiento, en parte, es la
capacidad de tener un conocimiento preciso de tus habilidades y el
esfuerzo de poner esas habilidades en acción.[5]

Sin embargo, cuando sientes que violan tus límites o derechos,
es un sentimiento de inseguridad emocional o física. Es diferente la
incomodidad a la inseguridad.

También hay una diferencia entre hacer algo por miedo o ansiedad y ejercer una precaución razonable frente a un problema real.

Como vimos en el capítulo anterior, recuerda que la ansiedad en general congela e impide que tomemos medidas preventivas. Cuando tienes un ataque de ansiedad, te paralizas. Tu adrenalina está bombeando y es difícil pensar en qué hacer con tus preocupaciones. Cuando usas una precaución razonable, por lo general te impulsa a hacer algo. Puedes encontrar opciones para ayudar a resolver el problema y luego decidir qué curso de acción tomar.

En pocas palabras: confía en ti. Si algo no se siente bien, es probable que no lo esté. Es mejor terminar una cita o interacción y correr el riesgo de parecer «grosero» que aceptar las cosas cuando te sientes en un ambiente inseguro. Si quieres hablar con ella más tarde sobre cómo te sentías, una persona razonable estará dispuesta a tener esa conversación contigo. Si ella no está dispuesta a hablar de eso, tal vez sea una señal de que tomaste la decisión correcta al irte. Tienes derecho a salir de una situación en cualquier momento sin sentir culpa o vergüenza; ese es un límite saludable.

CÓMO ESTABLECER LÍMITES CUANDO NO PUEDES BLOQUEAR EL CONTACTO

Como vimos en el capítulo 1, bloquear el contacto suele ser la mejor opción después de dejar una relación o situación tóxica. Sin embargo, a veces simplemente no podrán cortar la comunicación, como cuando tienen hijos juntos, se ven en eventos familiares o aún trabajan para la misma empresa. Hay maneras de protegerse al establecer límites saludables.

ESTABLECER Y MANTENER LÍMITES
CON UN PADRE COMPARTIDO TÓXICO

Establecer límites con un padre compartido tóxico es especialmente importante porque no solo está en juego tu seguridad y bienestar, tus límites también protegen a sus hijos. En el capítulo 1 describí algunos pasos que puedes seguir para establecer límites con tu ex, como usar una aplicación para comunicarse y crear un plan de crianza compartida. Debido a que la crianza compartida puede significar que una ex pareja tóxica seguirá siendo parte de tu vida durante años, avancemos un poco más y consideremos cómo puedes mantener esos límites a largo plazo.

TRABAJA CON UN ABOGADO DE DERECHO FAMILIAR DE CONFIANZA

En el capítulo 1 recomendé contratar a un abogado con experiencia en derecho familiar para proteger tus intereses, mientras trabajas en los detalles de la crianza compartida. Un abogado de familia es un defensor de tus derechos legales y los derechos de tus hijos. Un buen abogado te brinda información para ayudarte a tomar la mejor decisión para ti y tus hijos y, al mismo tiempo, te permite conocer los límites y los posibles inconvenientes. Un abogado también te informará lo que recomienda como curso de acción. La frecuencia con la que debes reunirte con tu abogado depende de tu situación, el carácter contradictorio del padre compartido y la cantidad de problemas que debas resolver. Cuando te reúnas por primera vez con un abogado, dale una descripción general de por qué buscas su representación. Escribe tus preguntas con anticipación y lleva un documento con los nombres, la información de contacto, la ubicación y la fecha de nacimiento del padre compartido y los tuyos también. Asimismo, proporciona documentación de tus finanzas, incluidas cuentas compartidas y separadas, tanto para el padre compartido como para ti. También informa a tu abogado:

* Las edades de los hijos de los que compartes la crianza.

* Si tienes hijos con necesidades especiales que pueden necesitar atención adicional.

* Tus prioridades, incluido el tiempo que vas a intervenir, la manutención del cónyuge, si vas a permanecer en el hogar conyugal o quieres mudarte fuera del estado.

* Cuánto tiempo llevan casados y la fecha de separación (si corresponde).

* La resolución que se busca, incluida la cantidad de tiempo que le gustaría compartir con el otro padre.

* Tu situación financiera, incluso si pagas la mayoría de los gastos de tus hijos y si el padre compartido se niega a contribuir financieramente.

* Los activos en los que el padre compartido y tú participan, incluidos vehículos, casas o un negocio en común.

* Quién vive actualmente en el hogar conyugal y si has platicado con el padre compartido sobre si se venderá la casa.

* Si el padre compartido ha tenido algún comportamiento abusivo hacia ti o hacia tus hijos, incluido el acoso y el acecho.

El abogado te preguntará si necesitas información adicional. Además, puedes hablar con diferentes abogados para decidir cuál es el mejor para ti. Las preguntas que puedes hacerle al abogado son estas:

* ¿Requiere un anticipo (de ser así, qué cantidad) y tarifa por hora?

* ¿En cuántos casos como el mío ha trabajado?

* ¿Cuál es su método de contacto preferido y cuándo puedo esperar una respuesta?

* ¿Quién más estaría trabajando en mi caso?

✳ ¿Cuáles son los posibles resultados para mi caso?

✳ ¿Prevé algún problema importante?

✳ ¿Cuál es su enfoque en casos como el mío?

✳ ¿Estoy siendo razonable con lo que quiero como resultado?

CONTRATA A UN COORDINADOR PARENTAL

En muchos estados, los coordinadores parentales son profesionales de salud mental con licencia que han recibido capacitación especial y certificación en la crianza compartida de alto conflicto. Los jueces pueden designar un coordinador parental en este tipo de casos, o puedes contratar uno de forma privada.

Tu coordinador parental puede guiarte a través de la creación de un sólido plan de copaternidad (más sobre esto en el capítulo 1 y en el siguiente párrafo). También puedes hablar sobre otros temas de crianza compartida a través del coordinador. Por ejemplo, es posible que tengas un hijo que quiera jugar en un equipo de beisbol en un futuro previsible. ¿Cómo manejarán los costos de sus juegos, quién asistirá a los juegos y cómo manejarán la logística y los costos de los viajes fuera de la ciudad? ¿Quién pagará por cualquier entrenamiento adicional si parece ser prometedor como jugador de beisbol? Tal vez tengas un padre anciano que en algún momento se mudará a tu hogar, y el padre compartido podría tener un problema con que sus hijos estuvieran en contacto con tu padre. El tiempo que trabajes con el coordinador depende de la capacidad de ambos padres para trabajar juntos, la cantidad de hijos que tengan juntos y la cantidad de problemas a resolver. A veces, los padres compartidos descubren que trabajar con un coordinador parental para resolver problemas importantes es suficiente; algunos tienen reuniones continuas con el coordinador parental.

TEN UN PLAN DE CRIANZA DETALLADO

En el capítulo 1 recomiendo hacer un plan de crianza detallado en el que tú y tu ex estén de acuerdo. Cuanto más detallado sea un plan de crianza, menos probable será que el padre compartido de alto conflicto intente eludirlo. Puede ser que aún intente saltarse los límites, pero tú puedes recurrir al plan de crianza como algo «predeterminado» para su relación de crianza compartida. Mantén tus límites establecidos en torno al tiempo que comparten, al intercambio de los niños y a la comunicación.

Quizás debas revisar el plan de crianza a medida que tu hijo crezca. En especial si quieres que tu hijo asista a una escuela en particular, esperas un tratamiento médico a medida que crezca o cuando tu hijo pueda conducir. Por ejemplo, a lo mejor quieres que tu hijo asista a una escuela de nivel superior específica, pero en este momento tiene diez años. Tal vez necesites revisar el plan de crianza para que en el momento en que tu hijo necesite *brackets* en los dientes puedan determinar quién pagará estos costos y ver qué ortodoncista lo hará. Asimismo, puedes revisar el plan de crianza cuando tu hijo sea ya un adolescente y ver si se le proporcionará un vehículo, qué padre lo proporcionará y quién cubrirá los gastos. Puedes incluir en tu plan de crianza que vas a revisarlo en estos eventos o cuando tu hijo alcance cierta edad.

También puedes comunicarte con tu abogado para cambiar el plan de crianza si te mudas o si hay un cambio en tu disponibilidad y te gustaría aumentar el tiempo que compartes. Por ejemplo, antes tenías un trabajo en el que viajabas la mitad del mes, pero ahora trabajas localmente y te gustaría que tu hijo estuviera en tu casa con más frecuencia. A lo mejor te mudas más cerca de la escuela de tu hijo y te gustaría llevarlo y recogerlo continuamente. Habla con tu abogado si necesitas una modificación de la manutención de los hijos en caso de que hayas cambiado de trabajo y tengas menores ingresos.

CUANDO SE INTERPONE UN HIJO

Sería maravilloso si los hijos no se vieran involucrados en ningún conflicto entre padres; sin embargo, un padre compartido tóxico puede implicar a los hijos en sus disputas. Probablemente descubras que experimentas el síndrome de la alienación parental. Esto es cuando un padre compartido intenta abrir una brecha entre tu hijo y tú, y muchos lo consideran una forma de abuso infantil.[6] Las formas en que una persona tóxica puede practicar la alienación parental incluyen:

* Hacer que tu hijo se refiera a ti por tu nombre y a tu expareja como «mamá» o «papá».

* Dejar documentos sobre el divorcio o el plan de crianza a la vista del niño.

* Hacer comentarios despectivos sobre el padre compartido frente al niño.

* Hacer comentarios al niño sobre la falta de dinero por culpa del padre compartido.

* Hacer acusaciones infundadas de abuso contra el otro padre.

* Enseñar al hijo a que haga declaraciones en contra del otro padre.

* «Tomar control» o impedir que el padre compartido tenga su tiempo designado con el niño.

* Hablar con el niño sobre las razones del divorcio o la separación, o incluso decirle al niño que el otro padre tuvo una aventura.

* Amenazar con no darle afecto o dejarle de hablar al niño si no se alinean contra el otro padre.

Recuerda no rebajarse al nivel del padre compartido tóxico, sin importar cuán tentador pueda ser, o cuánto intente atraerte para que reacciones. Todo lo que digas o hagas puede ser usado en tu contra por el padre compartido o llevado a juicio. Guarda la documentación de cualquier incidente en el que tu hijo haya sido arrastrado a asuntos que solo deben ser manejados entre el padre compartido y tú, e informa de esto a tu abogado.

La terapia puede ayudar a tu hijo a sobrellevar esta difícil situación. Los terapeutas lúdicos están especialmente capacitados para ayudar a los niños a expresar sus sentimientos a través del juego, ya que verbalizar los problemas puede ser difícil, incluso para los adultos. Presta atención a lo que dice tu plan de crianza acerca de que tu hijo vaya con un terapeuta; puede decir que necesita la aprobación del otro padre, o que los dos deben ponerse de acuerdo sobre la terapia.

ESTABLECER LÍMITES EN EL LUGAR DE TRABAJO

Algunas leyes federales y estatales ya imponen algunos límites en el lugar de trabajo, como el derecho a la no discriminación ni al acoso. Sin embargo, hay muchas otras maneras de poner a prueba tus límites.

Es posible que veas personas tóxicas con los siguientes comportamientos en tu lugar de trabajo:

* Sabotear tu trabajo al darte mal las instrucciones a propósito o tomar el crédito por tu trabajo.

* Negarse a asumir la responsabilidad de su comportamiento.

* Falta de empatía, en especial con respecto a cómo su comportamiento impacta a los demás.

* Falta de flexibilidad para resolver problemas.

* Elegir una persona o personas para intimidar o acosar.

* Problemas de control de la ira.

* Nunca está satisfecho o satisfecha con las personas, los procesos o los resultados.

Si sientes que eres el objetivo del comportamiento tóxico de alguien en el trabajo, primero observa si la persona se comportó de esta manera por ignorancia o malicia. Cuando una persona actúa por ignorancia, sigue siendo una violación de los límites, pero la intención no era lastimarte. Cuando alguien actúa con malicia, su objetivo *era* lastimarte. Tal vez quieras adoptar un enfoque diferente para cada una de estas situaciones. Mantener límites saludables en el trabajo puede ser complicado, en especial si sientes que alguien puede tomar represalias contra ti o puede que haya otras ramificaciones. No obstante, por tu propio bienestar, es crucial que te defiendas con serenidad y profesionalidad:

* Indica tus límites con claridad y calma a la persona en cuestión.

* Anota cualquier problema, incluidas la fecha, la hora y las citas directas.

* Revisa las pautas de tu empleador para denunciar el acoso y la intimidación.

* Consulta con un abogado que se especialice en asuntos laborales.

Puede ser difícil saber cuándo se puede resolver un problema en el trabajo y cuándo es más probable que continúe y que tu mejor curso de acción sea irte. Puede que te resulte útil escribir los pros y los contras de permanecer en ese trabajo. ¿Cuánto poder tienes para crear un cambio en tus circunstancias? ¿Las relaciones saludables que formaste en el trabajo superan a las tóxicas? ¿El mercado laboral es tal que podría ser perjudicial para tu carrera si te vas?

Algunos compañeros de trabajo o empleadores son tan tóxicos que no es probable que su comportamiento cambie. En lugar de renunciar a tu trabajo, a veces transferirte a otro departamento o piso es una opción. También tu empleador puede estar dispuesto a tener un modelo de trabajo híbrido en el que trabajes desde tu casa parte de la semana. Haz una lluvia de ideas con las opciones que tienes y ten claro el resultado deseado. Si deseas tener un entorno de trabajo libre de estrés, puede que no sea posible. Sin embargo, una meta que puede ser alcanzable es poder esperar con ansias un nuevo día.

Si tu calidad de vida se ve afectada hasta el punto de perder el sueño, comer de menos o de más, tener episodios de ansiedad y depresión, explotar con tus seres queridos, temer despertar por la mañana o tener pensamientos suicidas, probablemente sea hora de que te vayas de ahí. Si tienes tendencias suicidas, comunícate con la Línea de la Vida, 800-911-2000.

ESTABLECER LÍMITES
CON LA FAMILIA Y LOS AMIGOS

Puede ser complicado imponer tus límites si tienes amigos en común o estás relacionado con alguien tóxico, incluso si no mantienes una relación cercana con esa persona. Puede que aún te encuentres con él o ella en eventos sociales o en días festivos.

Si esa persona se pasa de la raya contigo, establece tu límite con calma y con intención. Es mejor si esto se hace sin «audiencia» de otros presentes, a menos que creas necesitar un testigo. No tienes la obligación de dar explicaciones de por qué existe ese límite; tienes derecho a establecer cualquier límite que desees.

A lo mejor debes utilizar la técnica del «disco rayado» para reafirmar tu límite una y otra vez si la persona parece ignorar tu solicitud o habla por encima de ti. Aléjate de la conversación o de la persona si no se respetan tus límites.

Si asistes a una reunión familiar en la que puedes ver a un pariente tóxico, considera establecer un límite de tiempo para tu asistencia y pide a un amigo o familiar saludable que actúe como un «amortiguador» para ti. Si la persona tóxica intenta acercarse, tu amortiguador puede distraerla.

Si te envían mensajes personas que conocen a la persona tóxica (véase «Sin monos voladores» en la página 52), establece límites claros para que esta persona no sea un tema de conversación. Si la persona persiste en llevar un mensaje o mencionar a la persona tóxica, considera decir con calma: «Dije que este tema está fuera de los límites», y aléjate.

Los límites son importantes en cualquier relación, no solo en una tóxica. Mientras piensas en tus límites, considera si tus necesidades están siendo satisfechas en tus otras relaciones. Por ejemplo, si tienes una amistad saludable con alguien, pero notas que comienzas a «trabajar» más dentro de la amistad, considera tener una conversación. A veces abordar las preocupaciones, por incómodo que parezca, puede marcar una gran diferencia en tus relaciones.

———◆·———

Los límites son pautas o reglas que pones en tu comportamiento y en el comportamiento de los demás cuando interactúan contigo. En este capítulo aprendiste la importancia de establecer y mantener límites saludables, ya sea en una relación romántica, en el lugar de trabajo o con familiares y amigos. Recuerda que tienes derecho a tener límites y no tienes la obligación de explicarlos a nadie. Si tienes problemas para establecer o mantener límites saludables, un profesional de salud mental puede brindarte apoyo; veremos cómo encontrar a esa persona en el próximo capítulo.

6

Habla con un profesional

Cómo encontrar y cómo trabajar con un proveedor
de atención de la salud mental

Sharon estaba en un dilema. Ella y su esposo, Gary, habían estado casados durante diez años; su hijo, Ryan, estaba en la preparatoria en ese momento. El padre de Ryan no estaba muy presente en la vida de su hijo, y Gary era un padrastro que sí se involucraba; la mayor parte del tiempo, se llevaban bien. Pero algunas veces había incidentes en los que Ryan insultaba y le gritaba a Gary, también sabían que su hijo bebía en exceso en las fiestas los fines de semana. En el decimoctavo cumpleaños de Ryan, este explotó con su padrastro y salió muy enojado de la casa.

Sharon siempre se sentía culpable después de los arrebatos de Ryan, como si tal vez fuera culpa suya que su hijo tuviera problemas de ira. «Solo dale algo de tiempo para que se adapte», suplicaba.

«Ya pasaron tres años», dijo Gary, y agregó que sentía que Sharon estaba PERMITIENDO el comportamiento de Ryan al no hacer cumplir sus reglas.

Cuando fue a la universidad, Ryan se mudó y, con el paso de los años, esos arrebatos de adolescente parecían historia antigua. Aunque su forma de beber le había causado problemas, recientemente había completado un programa de tratamiento. Sharon y Gary vieron un futuro brillante por delante, planeaban viajes, ahorraban para la jubilación y deseaban compartir las vacaciones en familia. Pero luego Ryan fue despedido de su trabajo. Llamó a su madre para decirle que quería volver a casa.

Ryan llegó la semana siguiente. Sharon no le dijo a Gary antes de tiempo porque no quería que se molestara. Por supuesto, Gary se molestó de todos modos cuando se dio cuenta de que su hijastro no estaba allí nada más de visita. No podía creer que Sharon ni siquiera consultó con él al respecto.

La pareja acordó que esto sería temporal mientras su hijo buscaba un nuevo trabajo, seis meses como máximo y, a cambio de alojamiento y comida, Ryan ayudaría con las tareas del hogar y se mantendría sobrio. Pero, un año después, Ryan todavía estaba en casa y desempleado. Sharon y Gary discutían acerca de que Ryan no contribuía con las tareas del hogar ni buscaba trabajo diligentemente. También había vuelto a casa borracho un par de veces. Sharon se sintió aliviada de que Gary no lo hubiera visto y decidió no contárselo para mantener la paz.

El punto de quiebre fue cuando Ryan pidió prestado $5,000 (dólares), después de que Gary y Sharon ya habían estado sacando dinero de sus ahorros de jubilación para ayudar a pagar el aumento en los gastos del hogar. «Es hora de que encuentre otro lugar para vivir», dijo Gary. «¡Él necesita valerse por sí mismo!».

Sharon se sentía entre la espada y la pared. «No sé qué hacer», le confió entre lágrimas a su amiga Tina. «Siento que debo ayudar a Ryan en lo que pueda, después del divorcio y la ausencia de su padre. Pero Gary llegó a su límite».

Su amiga asintió con simpatía. «¿Has pensado en hablar con alguien? Un profesional, quiero decir, ¿como un terapeuta?», preguntó Tina.

Sharon preguntó ofendida: «¿Qué quieres decir? ¡No estoy loca!».

«No tienes que estar loca para ir a terapia», dijo Tina. «Todo el mundo necesita alguien con quien hablar de vez en cuando. Yo lo hice el año pasado». Sharon ni siquiera sabía que su amiga pasaba por un problema. «Déjame darte la información de mi consejero.

O puedes encontrar a alguien más. Pero de verdad creo que hablar con un terapeuta podría ayudar».

———•◆•———

Como menciono a menudo a lo largo de este libro, uno de los pasos esenciales hacia la sanación es obtener ayuda de un profesional capacitado en problemas de salud mental. Ahora es el momento de explorar ese paso a detalle.

Quizás ya trabajes con un profesional de la salud mental (PSM) o hayas visto uno en el pasado. Si puedes encontrar uno, puede ser especialmente beneficioso (¡y gratificante!) que hables con un PSM que se especialice en ayudar a las personas a recuperarse del abuso narcisista, de la violencia doméstica y que tenga experiencia en problemas de relaciones interpersonales. En este capítulo aprenderás más sobre los PSM, cómo saber si encontraste una buena opción para ti y los tipos de asesoramiento que pueden brindar.

¡Espero que puedas encontrar un profesional con el que hagas clic y tengas muchas sesiones productivas con él o ella! Dicho esto, al final de este capítulo también abordaré cómo saber cuándo es el momento de disminuir la frecuencia de tus visitas. Pero antes de llegar a todo eso hagamos una breve pausa y verifiquemos.

TU DOLOR ES VÁLIDO

¿Dudas en dar el paso para empezar a trabajar con un profesional de la salud mental? Si ya trabajas con uno, ¿te abstienes de hablar sobre la relación tóxica con él o ella?

Si es así, quiero que sepas que no estás solo ni sola. A veces las personas sienten que lo que les pasa no es tan malo como les sucede a «otras personas». De maneras sutiles y no tan sutiles, se les dice a las personas que no tienen derecho a sentirse molestas después de un evento porque «otros lo pasan peor» y «tú elegiste esto».

Sobre todo, las personas tóxicas pueden decirte que no tienes nada de qué quejarte. Tratan de invalidar cómo te sientes e incluso evitar que busques ayuda. Si no buscas ayuda, entonces la fea verdad sobre el comportamiento de la persona tóxica aún puede ser un secreto. Las personas tóxicas odian estar expuestas, ya que muchas se preocupan por su imagen pública.

Tu dolor y trauma son válidos, tanto como las experiencias de cualquier otra persona. Puedes sentir que otros han sufrido más y que su dolor sí es «merecedor» de tratamiento. Sentirse así puede ser una señal del abuso que experimentaste por parte de una persona tóxica. Pudiste haber experimentado un patrón en el que te dijeran que eras «menos que» o que no tenías nada de qué quejarte.

Tal vez te dijeron que debías «simplemente agradecer por lo que tienes» en lugar de ocuparte de tus problemas al hablar con un profesional. Tienes derecho a tus sentimientos, independientemente de cuántas cosas «buenas» sucedan en tu vida.

El proceso de terapia o asesoramiento puede parecer extraño o incómodo al principio. A veces las personas ven sesiones de terapia dramatizadas en programas o películas, y les aterroriza ser «analizadas». Tal vez no sepas lo que sucede en las sesiones de terapia o, como Sharon, es posible que hayas crecido con el mensaje de que solo los «locos» van a terapia. Ten en cuenta que la terapia es un proceso normal en el que intercambias ideas con un profesional capacitado. A todos nos vendría bien una persona neutral para hablar sobre lo que pasamos, lo que hacemos, hacia dónde nos dirigimos y hacia dónde nos gustaría ir. Piensa en la terapia como tomar un café con alguien que tiene formación en comportamiento humano. Una de las cosas buenas de la terapia es que puedes asistir tanto como quieras. Incluso podrías probarlo un par de veces y no volver, y eso está bien (aunque si tu primera experiencia no funciona, espero que lo intentes de nuevo).

«En serio me molestaba cuando alguien dice: 'ah, problemas del primer mundo', cuando alguien habla de su sufrimiento. Todos tenemos problemas con los que lidiamos y el dolor de una persona es tan válido como el de otra, tan solo tenemos un dolor diferente».

NOUR, 35

¿QUIÉNES SON LOS PROFESIONALES DE LA SALUD MENTAL?

Los PSM (consejeros, psicólogos, trabajadores sociales y otros) están capacitados para ayudarte a superar el duelo y reconstruir tu vida. Usaré esos títulos profesionales más o menos de modo indistinto a lo largo de este capítulo. Un buen terapeuta ve tus desafíos por lo que son: importantes, exclusivos para ti y que vale la pena tomar en serio. Has pasado por mucho en esta relación. Puede que sientas que las personas en las que normalmente confías, si bien te apoyan, tienen dificultades para comprender realmente por lo que estás pasando. Los amigos y familiares de confianza en general están de tu lado y es posible que no te brinden el apoyo objetivo que necesitas. Un PSM es un tercero neutral que puede ayudarte a ver qué opciones tienes disponibles, en especial cuando sientes que no avanzas después de la ruptura de una relación tóxica. Los PSM pueden ayudarte a establecer límites saludables y enseñarte cómo hacerlos cumplir, en particular cuando te rodean personas tóxicas. Tu terapeuta puede ayudarte a validar tus experiencias y a descubrir estrategias saludables para calmarte a ti mismo o a ti misma. Es más, puede ayudarte a sanar mientras trabajas en los pasos de este libro. Es por eso que te recomiendo encarecidamente que obtengas la ayuda de un PSM, del tipo que mejor se adapte a tu situación particular.

Los PSM incluyen:

* Psiquiatras

* Enfermeros psiquiátricos

* Psicólogos

* Consejeros de salud mental autorizados/consejeros profesionales autorizados (CSMA/CPA)

* Trabajadores sociales

* Terapeutas matrimoniales y familiares

Cada uno de estos PSM puede ayudarte; solo difieren en la formación y los años de experiencia. Los psiquiatras y los enfermeros especializados en psiquiatría recetan medicamentos y, en algunos estados de Estados Unidos, los psicólogos también pueden hacerlo. Los psicólogos, los CSMA, los trabajadores sociales y los terapeutas matrimoniales y familiares pueden brindar terapia y algunos también brindan servicios de evaluación y pruebas. Mientras que los psicólogos, los CSMA y los trabajadores sociales pueden ver a personas para terapia individual, terapia de pareja y terapia familiar, los terapeutas matrimoniales y familiares reciben capacitación especial para trabajar con parejas y familias (aunque también pueden ver a personas para terapia individual). Si ves a un terapeuta para parejas, en general se recomienda que veas a otra persona para una terapia individual y, como señalé anteriormente, una pareja tóxica también puede tratar de manipular a un terapeuta. Muchos terapeutas no ven al mismo cliente tanto para la terapia individual como para la de pareja, a menos que finalice la terapia de pareja.

Lo más importante es encontrar un PSM que sea adecuado para *ti*. Es posible que debas reunirte con algunos terapeutas para encontrar el que se ajuste a ti. A veces «hacemos clic» con la gente, y otras veces no. No es diferente cuando se busca un consejero. Obtén referencias de amigos, familiares o clérigos de confianza. O haz una búsqueda en línea de terapeutas en tu área que se especialicen en abuso narcisista y violencia doméstica.

«Veo a mi consejero para terapia de conversación y veo a un psiquiatra que me da medicamentos para mi ansiedad. Los llamo mi "equipo de salud mental"».

GEMA, 35

REVISA: ¿ESTE TERAPEUTA ES EL ADECUADO PARA TI?

Cuando hables por primera vez por teléfono con un terapeuta o después de tu primera sesión, revisa las siguientes declaraciones. ¿Estás de acuerdo con las siguientes afirmaciones?

1. Siento que puedo hablar libremente y sin juicio con el terapeuta.
2. Siento comodidad al hablar con la terapeuta.
3. El terapeuta parece agradable y amigable.
4. Siento que este terapeuta me escucha.
5. El terapeuta responde las preguntas que tengo o está abierto a no saber la respuesta a mis preguntas.
6. La terapeuta es una PSM con licencia y responde de forma adecuada cuando pido una remisión o sobre su licencia y certificaciones.
7. La terapeuta tiene experiencia trabajando con sobrevivientes de abuso.
8. El terapeuta responde a los correos y a las llamadas dentro de las primeras 24 horas.
9. El terapeuta y yo compartimos un sentido del humor similar.
10. La terapeuta me hizo saber en nuestra primera sesión sobre la confidencialidad y mis derechos en la consejería.
11. La terapeuta conoce y es sensible a mis necesidades específicas relacionadas con mi cultura, género, orientación sexual, religión/espiritualidad y cosmovisión.
12. Este terapeuta me desafía de maneras saludables y alentadoras.

Con cuantas más afirmaciones estés de acuerdo, mejor será la relación entre el terapeuta y tú. Si ves que no te relacionaste con estas afirmaciones, comunícate con otra persona y sigue buscando a la que mejor te adaptes. Si ya comenzaste a trabajar con ese terapeuta y te estás dando cuenta de que no está funcionando como te gustaría, consulta la sección sobre la interrupción de la terapia (página 155).

ALGO SOBRE LOS *COACHES*

Puede que hayas visto anuncios o personas en las redes sociales que afirman ser «*coach* de relaciones» o «*coach* de vida». Ten en cuenta que el *coaching* no es una profesión regulada ni autorizada en ningún estado o provincia. Mientras que algunos PSM son *coaches* (entrenadores), no todos los *coaches* son PSM. Por lo tanto, asegúrate de que la persona con la que trabajas sea un PSM con licencia.

Un profesional con licencia tiene al menos dos años de riguroso entrenamiento de posgrado, muchas horas de prácticas y pasantías, y horas adicionales después de la escuela de posgrado para incluso calificar para la licencia. Los PSM con licencia no solo tienen leyes estatales y federales que deben seguir, sino que también tienen un código de ética. Los PSM son responsables ante sus juntas estatales de licencias, sus juntas de certificación y su código de ética profesional. Por ejemplo, en el caso de Estados Unidos, un profesional de la salud mental con licencia (llamado consejero profesional autorizado en algunos estados) debe seguir las leyes y normas de su estado, el código de ética y los requisitos de la Junta Nacional de Consejeros Certificados y el código de ética de la Asociación Estadounidense de Consejeros de Salud Mental y la Asociación Americana de Consejería. Muchos PSM también han recibido capacitación adicional en tratamientos terapéuticos específicos, y algunos han alcanzado el estatus más alto en su profesión, a los cuales nombran como diplomáticos en su campo. Esto se logra después de que un médico haya demostrado contribuciones sustanciales a su profesión. Pide ver la licencia estatal y las credenciales de una PSM. También puedes buscarla en línea. Muchos estados requieren que una PSM muestre su licencia en su oficina. Si la persona con la que hablas muestra una mala actitud al pedirle que muestre su licencia, entonces no es la persona adecuada para ti. Los PSM legítimos estarán encantados de mostrar su licencia y sus credenciales.

«Le pedí a una *coach* una prueba de sus credenciales y me dijo que no tenía por qué mostrarme nada. ¡Siguiente!».

JANE, 22

TIPOS DE TERAPIA

La terapia puede venir en diferentes formas: individual, de pareja, familiar o grupal.

La *terapia individual* (a veces llamada terapia de conversación o psicoterapia) es cuando ves a un terapeuta uno a uno. Es una oportunidad para crecer y recibir apoyo para los momentos difíciles de la vida.

En la *terapia de pareja*, tu pareja y tú trabajan juntos con el mismo terapeuta. El consejero puede ser un terapeuta matrimonial y familiar con licencia (CSMA) u otro PSM con capacitación adicional en problemas de pareja. El terapeuta ayuda a la pareja a resolver el conflicto y obtener información sobre la dinámica de su relación.

La *terapia familiar* suele ser a corto plazo. Brinda a los miembros de la familia un espacio seguro para hablar de los problemas. Todos los miembros de la familia pueden ir, o solo aquellos que estén dispuestos a participar. El terapeuta ayudará a la familia a desarrollar habilidades para profundizar las conexiones.

La *terapia de grupo* involucra a un consejero que dirige entre cinco y 15 personas. La mayoría se diseñan para reunir a personas que enfrentan un problema específico compartido, como hacer frente a una pérdida, superar el abuso de sustancias o controlar el dolor crónico, por mencionar algunos ejemplos. Compartir tus luchas con extraños puede ser intimidante al principio, pero puede ofrecer una red de apoyo de personas que pueden ofrecer sugerencias y tú también puedes brindar apoyo.

Después de analizar estos diferentes tipos de terapia, Sharon decidió que la terapia individual era probablemente su mejor opción y programó una cita. Al principio no se sentía lista para contarle a su terapeuta, Ann, todo lo que había estado enfrentando. Pero durante las próximas sesiones Sharon se sintió más cómoda compartiendo lo que estaba pasando en casa. Le preguntó a la consejera lo que debía hacer.

«No puedo tomar esa decisión por ti, pero sí puedo ayudarte a explorar todas las opciones. Cuéntame más sobre Ryan», dijo Ann.

Sharon respiró hondo y contó la historia. Después de que terminó, Ann dijo de forma directa: «Entonces, su hijo ha estado viviendo en su casa por un año cuando se suponía que debía mudarse a los seis meses, no ha mantenido la sobriedad, no ayuda en la casa, no está buscando trabajo, es irrespetuoso con Gary, y ahora está pidiendo una gran suma de dinero cuando ya han estado pagando algunos de sus gastos de manutención con sus ingresos de jubilación». Cuando la terapeuta lo resumió con sus propias palabras, Sharon supo lo que tenía que hacer.

Cuando llegó a casa, se sentó con Gary y Ryan. Ella le dijo a Ryan que necesitaba encontrar otro lugar para vivir dentro de dos semanas, que ya no financiarían su estilo de vida y que necesitaba estar sobrio. Sharon esperaba que Ryan entrara en uno de sus arrebatos. En cambio, dijo con calma: «Está bien», y se fue. Se mudó una semana después.

A partir de ese momento, el trabajo de Sharon con Ann cambió. Ya no necesitaba superar los desafíos inmediatos de la relación con Ryan, pero descubrió que tenía mucho dolor y culpa que debía dejar atrás en relación con su divorcio. Sharon y Gary también comenzaron a ir a terapia de pareja para ayudar a reparar algunos de los problemas que habían surgido cuando Ryan se mudó de regreso a casa. Sharon sintió que se entendía un poco mejor a sí misma y estaría mejor equipada para manejar los problemas con la familia en el futuro.

ORIENTACIONES TERAPÉUTICAS

Los terapeutas tienen diferentes tipos de formación, así como lo que se denominan orientaciones teóricas o «enfoques», a través de las cuales ven los problemas de los clientes. Son muy comunes cuatro orientaciones terapéuticas: *terapia cognitivo-conductual* (TCC), *terapia dialéctica conductual* (TDC), *terapia centrada en soluciones* y *terapia de aceptación y compromiso* (TAC). La mayoría de los terapeutas tienen un estilo ecléctico que combina diferentes orientaciones.

Si previamente asististe a terapia y descubriste que una orientación en particular funcionó bien para ti, puede resultarte útil continuar con un terapeuta que practique ese mismo estilo. De lo contrario, es posible que desees intentar trabajar con un PSM que utilice un enfoque diferente.

TERAPIA COGNITIVO-CONDUCTUAL

Epicteto, un filósofo griego, escribió: «Las personas no se perturban por las cosas, sino por las opiniones que tienen sobre ellas». La TCC tiene tres conceptos básicos sobre cómo piensas y cómo impacta el mundo que te rodea. Primero, no es un evento lo que te molesta o enoja; es la forma en que lo tomas lo que marca la diferencia. En segundo lugar, puedes tomar conciencia y cambiar tu «diálogo interno». En tercer lugar, un cambio en tu pensamiento y diálogo interno puede cambiar la forma en que ves las cosas y, en última instancia, cambiar tu comportamiento.

En la TCC, tu terapeuta puede hablar contigo sobre las «distorsiones del pensamiento» o formas de pensar que funcionan en tu contra. A veces nuestro diálogo interior no es muy amable con nosotros y puede decirnos cosas sobre los acontecimientos y sobre nosotros mismos que no son ciertas. Varios tipos de distorsiones del pensamiento incluyen los siguientes:

Ampliación y minimización. La ampliación es algo así como el dicho «hacer una montaña de un grano de arena». Significa que te molestas de manera desproporcionada por algo que, en realidad, es relativamente pequeño. Un ejemplo es pensar que te van a despedir por llegar tarde al trabajo solo porque no encontrabas las llaves de tu auto. La minimización es lo contrario. Es tomar un gran evento y hacerlo parecer pequeño y sin importancia. Un ejemplo es el comportamiento adictivo clásico, donde te dices a ti o a los demás que el hecho de que te emborracharas la noche anterior «no es gran cosa».

Sobregeneralización. La sobregeneralización ocurre cuando los pensamientos sobre un evento único se aplican a todos los eventos en el futuro. Un ejemplo sería si tu amiga te dice que no puede ir a almorzar contigo hoy y tu diálogo interno responde: «No tengo amigos».

Personalización. La personalización ocurre cuando piensas que los eventos o las acciones de otras personas son un reflejo de ti. Muy rara vez en la vida las cosas son personales, incluso cuando se siente profundamente así. La forma en que alguien te trata dice más de ellos que de ti. Un ejemplo de personalización sería cuando un amigo suena enojado contigo por teléfono, por lo que te preguntas qué hiciste para molestarlo. En realidad, tu amigo solo tuvo un mal día.

«A través de la TCC me di cuenta de lo que la gente me hacía y decía, no era un ataque personal, y su comportamiento decía más sobre quiénes eran ellos que sobre mí».

JAMAL, 28

TERAPIA DIALÉCTICA CONDUCTUAL

La TDC es un tipo de TCC. Los objetivos de TDC incluyen mejorar la tolerancia al estrés de una persona, mantener las emociones bajo control y encontrar un equilibrio entre la aceptación y el cambio. Uno de los principios de la TDC es que es perfectamente normal tener emociones en competencia. Puedes sentir ira y apego hacia una persona tóxica de manera simultánea. Puede parecer confuso, ya que a muchas personas se les enseña que sentimos una emoción a la vez. En la TDC el acrónimo ACEPTA se usa como una forma para ayudarte a lidiar con los factores estresantes en tu vida.

A = **Actividades:** Mantente activo o activa y realiza tareas sencillas para distraerte de un evento perturbador.

C = **Comparación:** Mira cómo tu vida es diferente de la de aquellos que tienen mucho menos que tú. Una vez más, enfocarte fuera de ti te ayuda a lidiar con eventos perturbadores. Un diario de gratitud, donde escribas tu agradecimiento y lo que va bien, es una forma de concentrarte en todo lo bueno de tu vida en lugar de concentrarte en las partes molestas.

E = **Emociones:** Actúa de manera opuesta a cualquier emoción que estés teniendo. Si sientes cansancio, actívate. Si te sientes triste, mira una película chistosa. Esta práctica te muestra que las emociones son temporales y que tienes el poder de cambiarlas.

P = **Pensamientos:** Concéntrate más en la parte lógica de tu pensamiento. Las emociones no son hechos. Mira lo que es verdad acerca de tu situación en lugar de centrarte en la especulación. Concéntrate en lo que ha sucedido en lugar de lo que crees que sucedió.

T = **Tira:** Mantén a raya los sentimientos negativos al visualizarte sintiéndote competente y teniendo influencia sobre tu propia vida.

A = **Altruismo:** Ayuda a otros para poner tu enfoque fuera de ti. Para obtener más información sobre el poder curativo del altruismo, consulta el capítulo 10.

TERAPIA CENTRADA EN SOLUCIONES

En la terapia centrada en soluciones tu terapeuta puede preguntar qué va bien en este momento o cuándo sientes una disminución del estrés, ansiedad o depresión. Tu terapeuta también puede preguntar: «¿Cómo serían las cosas si estuvieran bien?». En la terapia centrada en soluciones esto se conoce como la «pregunta mágica». Es una forma de establecer metas para tu tratamiento y brindarte esperanza. Un terapeuta centrado en la solución te ayuda a definir tus fortalezas y métodos para dirigir tu energía para curarte a ti mismo o a ti misma. Cuando has estado en una relación tóxica, tal vez sientes que no puedes hacer nada bien o que nunca estarás en una relación sana. En la terapia centrada en soluciones encuentras formas en las que ya demostraste que eres fuerte y capaz y pudiste formar relaciones saludables en el pasado.

Uno de los conceptos clave en la terapia centrada en soluciones es que cuando cambias solo una cosa en tu vida puede resultar una cascada de beneficios positivos. Por ejemplo, tienes dificultad para levantarte de la cama por la mañana porque la vida parece abrumadora y no sabes si podrás afrontar el día. Te quedas acostado o acostada en la cama durante una o dos horas antes de levantarte, y eso es solo porque tienes que ducharte. Tu terapeuta podría decirte que tan pronto como te despiertes, debes sentarte. No necesitas cambiar nada más en este momento, solo siéntate. Cuando comienzas a sentarte a primera hora de la mañana te resulta más fácil levantarte de la cama y comenzar el día.

«En verdad aprecié cuando mi terapeuta me preguntó lo que iba bien en mi vida. No creo que nadie me haya preguntado eso antes».

LIESL, 45

TERAPIA DE ACEPTACIÓN Y COMPROMISO

La TAC se enfoca en experimentar tus sentimientos en lugar de ignorarlos o encontrar una distracción para ellos. Es un comportamiento normal evitar emociones desagradables. Sin embargo, cuando no las tratas, estas vuelven a aparecer y, a veces, de una manera más intensa. En la TAC observas tus sentimientos, los experimentas y luego los dejas ir. Asimismo, trabaja en la formación de tus valores fundamentales y te enseña a navegar por el mundo con esos valores en mente. Parte de la TAC se centra en la atención plena, la capacidad de permanecer en el momento presente. (Repasaremos el concepto de atención plena en el capítulo 7).

Disminuir tu conexión emocional con tus pensamientos a través de un concepto llamado *defusión cognitiva* es un principio central de la TAC. La defusión cognitiva te muestra que tus pensamientos no cambian quién eres, ni tienes que creerlos. Puedes entretener un pensamiento y descartarlo por no ser cierto. Un paso de este proceso es identificar un pensamiento negativo, por ejemplo que no tienes valor como persona. Cuando lo etiquetas como un pensamiento negativo, este pierde su poder emocional. Igualmente, puedes intentar repetir los pensamientos negativos con una voz tonta para distanciarte emocionalmente de ellos. Además puedes intentar «externalizar» los pensamientos negativos diciendo: «Ah, eso es solo mi cerebro haciendo su rutina de "no quiero"». Cuanta más distancia coloques entre tus emociones y pensamientos significa mayor aceptación y más espacio para la sanación.

Espero que alguna de estas modalidades te atraiga y te dé un punto de partida para buscar un terapeuta cuyo estilo se adapte a ti. Si deseas obtener más información, hay muchos recursos que pueden informarte sobre diferentes modos de terapia; consulta la bibliografía de este libro.

PAGAR POR SESIONES

Una vez que encuentres un terapeuta con el que te interese trabajar, la siguiente pregunta es cómo cubrirás el costo de las sesiones. Es cierto que la terapia puede ser una inversión sustancial. ¡Pero no dejes que el costo sea un impedimento para buscar ayuda! Es posible que tengas más opciones de las que crees. Puedes pagar las sesiones de tu bolsillo o con un seguro. Además, tu terapeuta puede ofrecerte una cuota diferencial, o puedes calificar para un tratamiento a un costo reducido. También hay opciones que puedes explorar si tienes dificultades financieras; a continuación, más sobre esto.

PAGAR CON SEGURO DE GASTOS MÉDICOS

Veamos lo del seguro primero. Si tienes seguro de gastos médicos, consulta tu resumen de beneficios y cobertura para averiguar si tienes apoyo en salud mental y qué cubrirá tu seguro. También puedes llamar a la compañía de seguros y preguntarle a un representante. Asegúrate de obtener la confirmación de tu cobertura por escrito. Tal vez tengas dificultades para que tu seguro respete una declaración verbal de un representante. Asimismo, deberás confirmar que tu terapeuta acepte tu seguro particular.

Incluso con un seguro de salud, es típico que un plan cubra solo una parte de las tarifas de una sesión. Pregunta cuántas sesiones cubrirá tu seguro y en qué porcentaje, así como si tendrás que realizar abonos extra y de cuánto serán. Además pregunta acerca del deducible, ya que es posible que debas alcanzar un umbral particular antes de que el seguro cubra tus visitas.

Ten en cuenta que si presentas la solicitud con tu compañía de seguros la información va a una cámara de compensación nacional llamada Buró de Información Médica (MIB o Medical Information Bureau) (mib.com). El MIB dice que existen para combatir el fraude de seguros. Aun así, la información de tu historial de solicitudes puede cambiar tus posibilidades de obtener un seguro de vida, de discapacidad y un seguro a largo plazo (y hasta la Ley de cuidado de salud asequible, seguro médico). Puedes solicitar una copia de tu archivo en el sitio web del MIB. Revísalo para asegurarte de que toda la información que contiene sea correcta. Si no es así, el consultorio de tu médico puede enviar una corrección al MIB. Si hay un error de codificación, por ejemplo, un diagnóstico equivocado por un dígito, esto puede cambiar tus posibilidades de obtener un seguro en el futuro.

SERVICIOS DE CONSEJERÍA UNIVERSITARIA

Muchos campus universitarios brindan asesoramiento individual y grupal sin cargo adicional a los estudiantes. Estos servicios de asesoría van incluidos en el costo de tu matrícula. Los departamentos de educación de consejeros en el campus pueden brindar servicios de asesoramiento sin cargo como parte de la capacitación requerida de sus estudiantes de posgrado. Lo que digas en tus citas asesoradas en el campus es confidencial, lo que significa que la información no se compartirá con el personal o la facultad de la universidad, tus padres (a menos que tengas menos de 18 años) o cualquier otra persona a menos que firmes una divulgación de información. Las excepciones a la confidencialidad suceden si tienes tendencias suicidas u homicidas: los PSM pueden tener la obligación legal y ética de hospitalizarte involuntariamente, pero en general te dan la opción de hospitalizarte por voluntad propia primero. Los registros de consejería de tu campus no son parte de tu expediente académico o administrativo. Al comienzo de la consejería se te debe dar un formulario de consentimiento que detalla tus derechos como estudiante que utiliza los servicios de consejería en el campus.

PAGAR CON UN PROGRAMA DE EMPLEADO O CUENTA DE GASTOS

También puedes obtener servicios para tu familia y para ti sin costo, bajo el programa de asistencia al empleado (PAE) de tu jefe. Los PAE son comunes en particular en las organizaciones más grandes, aunque muchas empresas más pequeñas los ofrecen como un beneficio para los empleados. Tu PAE además puede ofrecerte una referencia o compilar una lista de PSM potenciales para ti.

Tu empresa incluso puede ofrecerte una cuenta de reembolso de salud (Cuenta de ahorros para la salud o HSA, por sus siglas en inglés) o una cuenta de gastos flexibles (Cuenta flexible de ahorros o FSA, por sus siglas en inglés). Muchos servicios de salud mental, incluidas algunas formas de terapia en línea, se pueden pagar con tu HSA o FSA.

PAGAR CON BASE EN TUS INGRESOS

Si no tienes seguro, prueba ir a un terapeuta que ofrezca sesiones *pro bono* (sin cargo) o cuota diferencial. Las cuotas diferenciales se basan en tus ingresos o capacidad de pago. El terapeuta puede solicitar un estudio de ingresos actual para determinar el nivel de pago para el que calificas.

ENCONTRAR OTROS BENEFICIOS

«Pude obtener terapia sin cargo a través de una organización que brinda terapia a personas que han sido afectada por la violencia a mano armada. No sé si hubiera podido permitírmelo de otra manera».

BRADY, 32

Supón que eres personal militar actual o pasado, tienes un familiar inmediato en el ejército, estuviste en un desastre natural o eres víctima de violencia armada. En ese caso, puedes calificar para recibir asesoramiento *pro bono*. Consulta la bibliografía al final del libro para obtener más información.

CONFIDENCIALIDAD

Los terapeutas están sujetos a altos estándares éticos. Uno de ellos es garantizar la confidencialidad del cliente. Esto significa que lo que le dices a un terapeuta queda entre el terapeuta y tú, con algunas excepciones. Esas excepciones incluyen:

* Es citado por un juez para declarar o presentar tu expediente.

* Eres suicida u homicida.

* Firmaste una autorización que le permite a tu terapeuta hablar con una persona específica.

La confidencialidad significa que si un miembro de la familia o tu expareja se comunica con el terapeuta y este no tiene una autorización firmada por ti, el terapeuta no puede hablar con esa persona. Ni siquiera se le permite confirmar que tú eres un cliente.

Algunas personas tóxicas se encargan de comunicarse con el PSM de alguien, por lo que se recomienda que no compartas con esa persona que asistes a terapia ni compartas el nombre de tu proveedor. La persona tóxica casi siempre usa esa información en tu contra. Cuando asistas a terapia por primera vez, informa a tu terapeuta que te preocupa que esta persona se comunique con él. Tu terapeuta puede hablar contigo acerca de tus inquietudes.

«Mi madre dejó un mensaje largo y confuso para mi terapeuta. Él me contó acerca del mensaje y que no le respondió nada a mi madre, ya que no tenía una autorización, e incluso si la tuviera, lo habría hablado primero conmigo a fondo. Luego hablamos sobre cómo mi madre, al dejar un mensaje, daba una prueba más de que ella violaba mis límites».

RICK, 58

OBTIENES DE LA TERAPIA
LO QUE PONES EN ELLA

Entonces, ya encontraste un terapeuta y descubriste cómo pagarás las sesiones de una manera que puedas administrar. Debería ser fácil desde aquí, ¿verdad?

Si no has trabajado antes con un terapeuta, quiero ser sincera: la terapia puede ser un trabajo duro. Puedes salir de una sesión de terapia sintiendo cansancio y agotamiento; a veces te preguntarás si vale la pena. Es desafiante hablar sobre tus problemas y la relación tóxica que sobreviviste. Pero ten en cuenta que, si bien es bueno para ti y tu PSM hacer clic e incluso compartir el sentido del humor, se supone que la terapia no debe ser divertida. La cantidad de esfuerzo que pones en la terapia suele ser igual a lo que obtienes de ella.

Puede haber momentos de ligereza durante las sesiones, por supuesto, pero en general puedes sentir que hiciste algo de trabajo durante la hora. También puedes tener sesiones en las que tu relación con el terapeuta se sienta más ligera y en las que los problemas parezcan menos problemáticos. Es muy normal que la seriedad de lo que tu terapeuta y tú hablen varíe de una sesión a otra.

Dicho esto, si te preocupan tus sentimientos después de una sesión, díselo a tu terapeuta la próxima vez que lo veas. Tu terapeuta puede responder preguntas sobre el proceso de la terapia. Si no te satisface la respuesta que recibes, puede ser el momento de suspender el tratamiento con ese terapeuta para que puedas ver a otro PSM.

«Después de las sesiones, a veces sentía que necesitaba tomar una siesta. Mi terapeuta me aseguró que esto era normal y que me asegurara de practicar un buen cuidado personal en los días posteriores a mi cita».

SAM, 38

EJERCICIO DE REFLEXIÓN:
¿QUÉ TE GUSTARÍA TRATAR EN LA TERAPIA?

Cuando vayas a terapia, puede ser útil tener una lista o narración de las preocupaciones de las que te gustaría hablar. Escribe dónde te gustaría ver mejoras en tu vida, sin importar cuán imposibles puedan parecer las soluciones. La terapia es tu momento para hablar de lo que quieres hablar. (Al menos después de la sesión inicial, que está menos dirigida al cliente porque el terapeuta está aprendiendo más sobre ti). A veces hablar de las cosas en voz alta en la terapia te ayuda a encontrar nuevas soluciones. Si has intentado resolver los problemas, también anota lo que ya intentaste e indica si lo que hiciste mejoró o empeoró el problema. Lleva esta lista contigo al terapeuta, o si tienes las sesiones en línea, tu terapeuta puede tener un portal de clientes donde puedes cargar la lista.

LOS NIÑOS Y LA TERAPIA

Si buscas terapia y tienes hijos que también están lidiando con las consecuencias de una situación tóxica, considera encontrar un PSM para ellos también. Muchos PSM se especializan en el tratamiento de niños y adolescentes.

SUSPENSIÓN DE LA TERAPIA

La terapia es totalmente voluntaria. Puedes decidir en cualquier momento que ya no deseas recibir tratamiento, y ni siquiera necesitas una razón. A veces las personas simplemente no «hacen clic» con su terapeuta. Otras veces sienten que han resuelto sus problemas lo suficiente como para no necesitar ayuda adicional. Eso es lo que le pasó a Kealoha.

Kealoha comenzó ir a terapia cuando se dio cuenta de que su ira se estaba saliendo de control: había sido la razón del rompimiento de dos relaciones. Primero iba a terapia todas las semanas durante unos meses, luego cada dos semanas durante un mes. En terapia descubrió las raíces de su ira; no solo había sufrido abusos por parte de su padre, sino que se sentía impotente frente a la continua marginación de los indígenas en su estado natal. Su terapeuta la ayudó a aceptar cómo su ira había afectado sus relaciones. También pensaron formas en que Kealoha podría volverse más activa en la defensa de la preservación de su cultura. Con el tiempo, Kealoha descubrió que podía identificar cuándo comenzaba a sentirse enojada y expresarlo de maneras más saludables. Cada vez tenía menos de qué hablar en las sesiones. Ella y su terapeuta revisaron sus objetivos originales para la terapia y parecía que Kealoha podía manejar las complejidades de la vida a su satisfacción sin necesitar mucha ayuda de su PSM. Acordaron de manera mutua que era hora de terminar las sesiones, pero su terapeuta le dijo que él siempre estaría allí si necesitaba volver a hablar en el futuro.

Todos los terapeutas han tenido clientes que descontinuaron la terapia en algún momento. Entonces, hacerle saber a tu terapeuta que ya no sientes que necesitas ir más es algo de lo que han hablado con los clientes antes. No necesitas preocuparte por herir sus sentimientos o que los dejas sin clientes; muchos terapeutas tienen listas de espera de personas nuevas que esperan comenzar su tratamiento.

Si tienes inquietudes o problemas con tu consejero, habla con él al respecto. A los buenos PSM siempre les gusta saber si tienes preguntas. Hazle saber a tu terapeuta si deseas que te contacte para hablar con otra persona o si tienes alguna pregunta sobre la terapia. Si bien los terapeutas saben escuchar, no leen la mente; debes informarles cuando tengas inquietudes.

¿Cuáles son algunas maneras de abordar esto con tu terapeuta? Prueba uno de las siguientes:

* «Pienso que ya no necesito venir».

* «No sé si estoy obteniendo lo que necesito de la terapia».

* «No siento que hayamos hecho clic».

* «Creo que puedo manejar mejor las cosas ahora».

* «Creo que necesito cambiar a un terapeuta que se especialice en _____».

* «Pienso que ya hice todo el trabajo que puedo hacer aquí».

* «Creo que estoy bien por ahora y ya no necesito venir».

Los buenos terapeutas siempre te responderán con amabilidad y profesionalismo. La gran mayoría de las veces tu terapeuta apreciará que le hablaras claro acerca de tus sentimientos. Los terapeutas apoyan la autonomía; esto significa que los clientes tienen la libertad de ejercer sus propias elecciones, incluida la interrupción del tratamiento. El objetivo de la terapia es sentir que puedes manejar las complejidades de la vida sin necesidad de la guía de tu terapeuta. Siempre puedes volver a consultar con tu terapeuta si lo necesitas en el futuro.

Si tu terapeuta responde de otra manera, entonces tomaste la decisión correcta al decidir finalizar las sesiones. Solo habría problema si terminas la terapia debido a la presión de otra persona.

Durante el tratamiento, tu terapeuta puede recomendar otro PSM para tu proceso. Puede ser que él o ella te transfiera a un psiquiatra para una evaluación de medicamentos o a otro terapeuta, debido a que puede sentir que otro PSM está mejor especializado para ayudarte. Esto no es personal: la ética del PSM establece que si alguien está mejor capacitado para brindarte la atención que necesitas, el terapeuta debe transferirte.

REVISA: ¿ES MOMENTO DE FINALIZAR LAS SESIONES CON TU TERAPEUTA?

Tal vez consideras finalizar el tratamiento con su PSM. Para evaluar si ya llegó ese momento o no, lee la siguiente lista. ¿Con qué afirmaciones te identificas?

1. Siento que ya topamos contra «pared» en la terapia. Todavía necesito hacer algo de trabajo, pero no estamos llegando a ninguna parte.
2. Siento que puedo manejar mi vida sin la ayuda de mi terapeuta.
3. Siento que he logrado mis objetivos en la terapia.
4. Creo que hay un choque de personalidad con mi terapeuta.
5. Creo que otro terapeuta podría tener más capacitación para ayudar a las personas que han estado en relaciones tóxicas.
6. Estoy fundamentalmente en desacuerdo con algunos de los puntos de vista de mi terapeuta.
7. Mi terapeuta suele llegar tarde o no se presentó a una de mis citas.
8. Creo que mi terapeuta y yo simplemente no encajamos.
9. Mi terapeuta violó uno o más de mis límites.

Si te identificaste con alguna de estas afirmaciones, puede que sea el momento de poner fin a tu relación terapéutica. Si tu terapeuta violó los límites, lee la siguiente sección sobre qué hacer.

EJERCICIO DE REFLEXIÓN: ¿QUÉ HAS APRENDIDO EN TERAPIA?

Si estás considerando terminar la terapia o dejar de asistir a tus visitas, puede ser útil repasar todo lo que aprendiste. ¿Qué cambios hiciste en tu vida como resultado de ir a terapia? ¿Cómo cambiaste como persona? ¿Crees que eres más capaz de manejar las complejidades de la vida? Escribe todas las formas en que te beneficiaste al ir a terapia, incluidos los beneficios inesperados, como notar que la relación con tu pareja ha mejorado.

¿QUÉ PASA SI TU TERAPEUTA VIOLÓ LOS LÍMITES?

Supón que sientes que ha ocurrido algo inapropiado con un terapeuta. Primero, como dije antes, puede ser una buena idea hablar con ellos al respecto. Si el problema no se resuelve a tu satisfacción, puedes informar el evento a la junta de certificación o licencia del terapeuta. Es posible que la(s) junta(s) se comunique(n) contigo para proporcionar información adicional. Mientras tanto, suspende las sesiones con el terapeuta.

Sin embargo, si sientes que hablar del problema con tu terapeuta te pone en peligro inminente o si la violación es grave, considera informarlo a las autoridades en lugar de hablarlo primero con el terapeuta.

Tienes que saber que la gran mayoría de los profesionales de la salud mental solo tienen en mente tus mejores intereses. Desafortunadamente, al igual que en cualquier campo profesional, algunos no deberían estar en la profesión y pueden causar daño. Y dado que los clientes son vulnerables y hablan de problemas personales, existe la posibilidad de que causen más daño. Tienes vías para buscar una solución.

———◆———

Hablar con un tercero neutral, como un profesional de la salud mental, puede ayudarte a superar tus sentimientos y el posible trauma que hayas sufrido durante una relación tóxica. En este capítulo aprendiste sobre el proceso de la terapia y lo que podrías obtener de él. Lo más importante es que comprendiste que tu dolor y tus experiencias son válidos y que tienes derecho de expresar esos sentimientos a alguien capacitado para ayudarte.

Un buen PSM también encontrará estrategias para que puedas calmarte sin ayuda de otros y formas para que te cuides cuando no estés en la oficina de consejería. Todo esto es parte de un buen cuidado personal, y ese es el tema del próximo capítulo.

7

Practica el autocuidado

*Cómo asegurarte de que tus necesidades se satisfagan y
cómo incorporar el cuidado en tu rutina diaria*

Es probable que una persona tóxica te haya dicho, ya sea con palabras o con acciones, que tus necesidades no eran importantes. Cuando te estás recuperando de una relación o situación tóxica, ahora es el momento de mostrarnos más bondad a nosotros mismos y, si aún no lo haces, practica el cuidado personal tierno y amoroso.

El cuidado personal no es un lujo que puedas agregar a tu vida a veces. Es una necesidad. Es común creer que el cuidado personal es una indulgencia o que debemos anteponer las necesidades de los demás a las nuestras, ¡pero eso no podría ser más falso! Cuando practicamos el autocuidado nos aseguramos de tener la energía y la mente tranquila que necesitamos para sanar de verdad. Este capítulo aclara conceptos erróneos comunes sobre el cuidado personal y explora algunas de las muchas maneras de practicar el cuidado personal.

«Mi terapeuta me dijo que el cuidado personal, cuando eres un cuidador, es como cuando estás en un avión, te dicen que te pongas la máscara de oxígeno antes que ponérsela a tu hijo. Primero debes cuidarte bien para poder cuidar de los demás».

MEGAN, 35

¿QUÉ ES EL AUTOCUIDADO?

El cuidado personal no significa ser mimado o recibir un «tratamiento especial». Es el acto de tratarte como tratarías a tu mejor amigo o amiga. Es luchar por la salud y el bienestar en varias áreas de tu vida, incluido tu bienestar físico, emocional, espiritual y social. Si te preguntas qué significa el bienestar en cada una de estas áreas, echemos un vistazo.

Físico: El bienestar físico es lo primero en lo que pensamos la mayoría de nosotros cuando consideramos la idea de «salud». Las prácticas de cuidado personal en el ámbito físico incluyen asistir a citas regulares con el médico y el dentista, hacer ejercicio constantemente, tener buenos hábitos de sueño, mantener una buena higiene y tener una dieta balanceada.

Emocional: El bienestar emocional es reconocer tus sentimientos y permitirte sentirlos. Cuando experimentas una emoción fuerte, en lugar de sentirte fuera de control, sabes que los sentimientos son parte de la experiencia humana. Sabes cuándo necesitas tomar un tiempo libre para recalibrar cuando sientes estrés o agotamiento. Practicas un autocuidado proactivo en lugar de reactivo, lo que significa que te cuidas de manera constante, no simplemente como una reacción a sentir estrés.

Espiritual: El bienestar espiritual significa que sientes conexión con algo más grande que tú. Esto no significa necesariamente que te suscribas a una religión, significa que tienes un código de ética o principios por los que vives y con los que manejas tus decisiones. Puedes sentir una conexión con el medioambiente y otros seres vivos. Practicar el autocuidado espiritual podría implicar ir a un lugar de culto, orar, meditar o estar con la naturaleza.

Social y familiar: El bienestar social y familiar significa que sientes conexión con los demás, eres una persona activa en tu comunidad y mantienes un equilibrio entre otras áreas de tu vida y el tiempo que pasas con tus amigos y familiares. Eres capaz de decir no a los compromisos y responsabilidades sociales sin sentirte culpable. Muestras empatía con los demás y estableces límites saludables. Practicar el cuidado personal aquí significa saber cuándo necesitas apoyo social y comunicarte con los demás, así como reconocer cuándo necesitas tiempo para ti y tomarlo.

EJERCICIO DE REFLEXIÓN: ¿CÓMO ESTÁ TU BIENESTAR?

Para cada una de las áreas de bienestar de la sección anterior, ponte una calificación del 1 al 10. El 1 indica un área en la que necesitas mucha ayuda adicional. El 10 indica que sientes satisfacción con cómo va esa área de tu vida.

Elige una de las áreas en las que sientas que podrías mejorar. Luego haz una lluvia de ideas sobre algunas maneras de llegar allí. Por ejemplo, si dijiste que tu bienestar físico era un 2 y te gustaría que fuera un 8, los pasos que podrías tomar incluyen salir a caminar todos los días, usar un organizador de pastillas para que seas consistente con tu medicación y acostarte a las diez de la noche diario. Si crees que puedes hacer una o dos de esas cosas de manera constante durante un mes, pruébalo. Cuando comienzas a ver los cambios positivos que estás realizando, es más probable que te adhieras a esos cambios a largo plazo. Pero da un paso a la vez: ¡no sientas que tienes que cambiar totalmente tus hábitos en todas las áreas de bienestar a la vez!

	ESTADO ACTUAL 1-10	DONDE TE GUSTARÍA ESTAR	PASOS A SEGUIR
Físico			
Emocional			
Espiritual			
Social			

Después de un mes, vuelve a esta actividad. ¿Cómo te sientes en esa área ahora? ¿Sientes la disposición para enfrentarte a otra? Haz lo mismo para otra área en la que desees mejorar. Con el tiempo verás grandes mejoras en tu calidad de vida en general.

EL CUIDADO PERSONAL NO ES «ALGO QUE NOS QUEDE A TODOS»

A medida que leas este capítulo, algunas prácticas de cuidado personal podrían resultarte atractivas y otras... no tanto. ¡Eso está del todo bien! Lo que funciona para una persona puede no funcionar para ti. Tu amiga puede encontrar que un día trabajando en su jardín es la mejor manera de desconectarse, mientras que tú prefieres quedarte adentro y leer. Puede que se tome un largo baño para relajarse, pero tú simplemente te aburres y quieres salir de la bañera. No significa que estés cuidando de ti de manera incorrecta, solo significa que las personas tienen diferentes formas de relajarse. Tal vez debas probar otras técnicas antes de encontrar algunas que funcionen. Piensa en un momento en que sentiste estrés y luego sentiste algo de alivio. ¿Qué hacías en ese momento? Intenta recrear eso y ve si funciona ahora para ayudarte a relajarte y recargar energías.

REVISA: ¿CÓMO ESTOY CON EL AUTOCUIDADO?

Una forma efectiva de evaluar cómo te va con el cuidado personal es verificarlo contigo mismo. ¿Cuántas de estas afirmaciones te suenan verdaderas?

1. Satisfago las necesidades de los demás antes que las mías.
2. Siento que no hago mucha diferencia.
3. Todos los días hago las mismas cosas y siento mucho cansancio.
4. Simplemente no tengo suficiente energía.
5. Me levanto sintiendo cansancio en lugar de sentirme con energía.
6. Pienso en huir y empezar de nuevo.
7. Me cuesta decir no a los demás.
8. Por lo general, no me tomo tiempo en mi día para tan solo disfrutar de la vida.
9. Casi no hago actividad física.
10. No tengo una técnica de relajación.

Con cuantas más afirmaciones estés de acuerdo, más necesitarás repasar tus estrategias de cuidado personal. De nuevo, un paso a la vez: intenta encontrar una práctica de cuidado personal que puedas seguir para comenzar.

TOMA TIEMPO PARA DIVERTIRTE

Quizás una persona tóxica te dijo que divertirte era algo que tenías que «ganarte», y casi nunca cumplías con sus expectativas demasiado altas. Te mereces ser feliz. Puedes divertirte sin esperar que te pase algo terrible.

Por lo tanto, haz algo todos los días solo para disfrutarlo. Puedes hacer lo que quieras, siempre que no te haga daño a ti ni a nadie más. Ya no necesitas escuchar de la persona tóxica que tus pasatiempos e intereses «no tienen tanto valor».

Puede ser útil salir de tu casa para disfrutar plenamente. Cuando estás en casa, comienzas a pensar en la limpieza o las tareas del hogar. Salir al aire libre puede ser una forma poderosa de cambiar tu enfoque de las tareas a simplemente divertirte. La naturaleza suele tener un ritmo más lento que la vida diaria, por lo que puede que disminuyas de manera automática la velocidad de tus pensamientos.

Puedes divertirte con o sin amigos y familiares. De ser lo primero, asegúrate de que estén totalmente de acuerdo con pasar un momento relajante y acuerden guardar los temas de conversación desafiantes para otro momento. De lo contrario, te vas a encontrar tratando de calmarlos en lugar de divertirte.

Cuando te estés divirtiendo toma nota de lo que haces que te da alegría. ¿Juegas con tu familia? ¿Cocinas, haces jardinería o pasas el rato con amigos? ¿Qué estás haciendo cuando te olvidas de tu estrés y disfrutas del momento? Puede parecer una tontería, pero en verdad te recomiendo que escribas esas cosas. Cuando necesites un descanso, saca la lista de actividades divertidas que creaste y elige una.

No es necesario que para divertirte tengas que gastar: hay muchas actividades divertidas que puedes hacer de forma gratuita. Busca lo que sucede en tu comunidad para realizar actividades que son de bajo costo o sin costo alguno.

> «Fue difícil para mí soltarme y divertirme porque mi ex-novio siempre me decía que nunca me tomaba nuestra relación en serio. Descubrí que podía divertirme sin sentir culpa ni vergüenza».
>
> SARA, 50

COME BIEN

Muchas de las estrategias de autocuidado de este capítulo son útiles para todos, pero en particular si lidias con una relación tóxica o ya la dejaste. Comer sano es otra de esas estrategias de cuidado personal que debería hacer que cualquiera se sienta mejor, pero es especialmente importante cuando experimentas pérdidas y estrés crónico de alto nivel. La comida es medicina y combustible para nuestro cuerpo. Mientras lidias con las consecuencias de una relación tóxica necesitas la mejor medicina y el mejor combustible posible. Prioriza las comidas regulares. Come cuando tengas hambre y detente cuando tu estómago esté satisfecho.

Cuando no nos sentimos bien tendemos a preferir los carbohidratos y los alimentos azucarados y podemos desarrollar adicciones a la comida.[1] Los atracones o la restricción de la alimentación también son más probables cuando se está bajo estrés severo, en especial si se tienen antecedentes de un trastorno alimentario. Consulta a tu médico o a un profesional de la salud mental si sientes que vuelves a tener uno de estos transtornos. Volver a recaer es una pendiente resbaladiza, así que asegúrate de abordarlo lo antes posible.

Considera reunirte con un dietista registrado para discutir un plan de alimentación sano. Si te gusta cocinar, encuentra una nueva receta saludable para probar. Trata de comer de forma consciente (ve la página 172).

MANTÉN TU HIGIENE FÍSICA

Por lo general no tenemos dificultades con las habilidades de la vida diaria a menos de que experimentemos depresión, ansiedad, trauma, estrés extremo o dolor, los cuales son comunes después de dejar una relación o situación tóxica. Podemos olvidarnos de cuidar cosas básicas, como ducharnos, cambiarnos de ropa, dormir o comer. Estas cosas pueden sonar muy obvias, pero cuando estás luchando, las cosas más simples pueden parecer terriblemente difíciles. Estos pequeños pasos pueden ayudar.

Puede ser muy tentador quedarte en la cama cuando no te sientes bien. Pero el simple hecho de levantarte de la cama puede marcar una gran diferencia para sentirte mejor. Tan pronto como te despiertes por la mañana, siéntate y luego levántate de la cama.

A continuación, cambia tu pijama por ropa limpia y cómoda.

Si tienes dificultades para concentrarte en lo que debes hacer por la mañana, haz una lista de tus rutinas matutinas y vespertinas y colócala en algún lugar donde la puedas ver, como en el espejo de tu baño.

Si te saltas la higiene personal, considera reunirte con un profesional de la salud mental (consulta el capítulo anterior para obtener más información si la necesitas). Puede ser útil hablar sobre tus experiencias con alguien, y también puedes beneficiarte de una evaluación de medicamentos.

HAZ EJERCICIO

El movimiento es una parte esencial para mantenerte saludable. Si no haces ejercicio con regularidad, puede parecer abrumador e incómodo comenzar una rutina de ejercicios. Sin embargo, una vez que comiences a moverte y veas los beneficios, como la reducción del estrés, el aumento de la energía y menos dolor, puede que se convierta menos en un trabajo y más en una forma divertida de cuidarte.

Concéntrate más en el «movimiento» que en el «ejercicio», cualquier tipo de movimiento cuenta. Puede ser que uses las escaleras en lugar del ascensor en el trabajo o puedes tener una fiesta de baile con tus hijos.

Aquí hay algunas otras maneras de ponerte en movimiento:

* Salir a caminar durante la hora del almuerzo.

* Sentarte en una pelota de ejercicio grande mientras estás en el escritorio o al teléfono.

* Realizar tareas del hogar, en especial una limpieza profunda.

* Andar en bicicleta en lugar de utilizar el carro.

* Hacer trabajos de jardinería.

✳ Realizar actividades rápidas mientras ves un video, entre episodios o durante los comerciales.

✳ Caminar mientras hablas por teléfono.

✳ Invitar a los amigos a una actividad que requiera movimiento, como tomar una clase de baile juntos.

✳ Invertir en realidad virtual y caminar por todo el mundo, o usar una aplicación de *fitness VR*.

✳ Bailar con tus canciones favoritas.

✳ Conviértete en árbitro o entrenador de tu deporte favorito, o entrena a un equipo infantil.

Para obtener el mayor beneficio de un entrenamiento es mejor hacerlo a primera hora de la mañana. Recibirás más beneficios de la dopamina y el aumento de endorfinas que brinda el ejercicio, como una mayor concentración y relajación. Hacer ejercicio a primera hora de la mañana también te ayuda a tacharlo de tu lista; puede ser más difícil hacer ejercicio después de trabajar todo el día.

Cuando haces ejercicio de manera regular no solo reduces el estrés, sino que también mejoras tu estado de ánimo. También tienes una sensación de dominio sobre la actividad que realizas, lo que mejora tus sentimientos de autoeficacia.[2] La autoeficacia es la creencia de que puedes tener éxito al hacer algo. En este momento puede ser muy impactante para ti sentir que progresas en aprender algo nuevo y conquistarlo, en particular si una persona tóxica te dice de manera constante que no puedes hacer nada por tu cuenta.

«No quería hacer nada que se refiriera a 'ejercicio'. Pero luego descubrí que caminar en la playa con mis amigos contaba como ejercicio. Ahora no es gran cosa».

SARA, 42

MANTÉN UN DIARIO

Con todas las indicaciones a lo largo de este libro, es probable que hayas notado que soy una gran defensora de escribir un diario. Llevar un diario ayuda a procesar las emociones y también brinda una forma de mirar hacia atrás y ver el crecimiento personal, tanto emocional como espiritual. Escribir un diario ayuda a la salud emocional y física. Si estuviste en una relación tóxica, es posible que notaras cómo surgían problemas de salud existentes debido al nivel de estrés crónico que soportaste.

Cuando escribes en un diario viertes pensamientos y sentimientos en la página. Tu cerebro te agradece por sacar esas cosas a la luz. Al externalizar tus pensamientos y sentimientos tu cerebro tiene menos que cargar.

Puedes creer que llevar un diario significa escribir tus pensamientos en un cuaderno. Eso es lo clásico, pero hay muchas maneras diferentes de escribir en un diario: esta no es una práctica de cuidado personal única para todos. Cualquier nivel de habilidad de escritura está bien para un diario personal. Si prefieres hablar en voz alta sobre tus ideas como una forma de procesarlas, o si tan solo no te gusta escribir, considera dictar tus pensamientos o grabarlos. Podrías hacer algo tan sencillo como expresar tus pensamientos en tu teléfono durante unos minutos mientras te sientas en tu carro, en el estacionamiento, durante la hora del almuerzo. Un diario tampoco tiene que consistir en palabras, también puedes crear bocetos e incluso pintar.

Tampoco hay una cantidad de tiempo «correcta» para escribir en el diario. Si bien hay evidencia de que cuanto más escribas en tu diario, mejor te sentirás, el hecho de que ya escribas un diario es significativo. El progreso es el progreso.

Revisa tus diarios de vez en cuando. Es posible que desees realizar este proceso con la ayuda de un terapeuta, en especial si eres sobreviviente de un trauma. Mientras revisas lo que escribiste, sigue enfocándote en cuánto has crecido como persona a lo largo de tu proceso de sanación. Tendemos a no notar tanto los cambios cuando estamos en medio de ellos. Pero cuando miramos hacia atrás podemos ver grandes momentos de progreso. También podemos ver momentos en los que pensamos que no lograríamos superar algo, pero aquí estás, superando las probabilidades.

Algunas advertencias: si aún mantienes contacto con una persona tóxica, puede que intente acceder a tu diario. Puedes escribir tu diario en un archivo cifrado protegido con contraseña en tu dispositivo, en lugar de una versión en papel. Sin embargo, alguien con suficiente determinación y habilidades puede acceder a cualquier cosa en un dispositivo electrónico. Si en la actualidad estás en un litigio por la custodia de los hijos o crees que existe la posibilidad de ir a los tribunales en el futuro, comunícate con tu abogado para saber si debes llevar un diario. En algunos estados un diario que es parte del tratamiento asignado por tu consejero no es «accesible» en términos legales, pero los diarios para uso privado (que no forman parte de la terapia) pueden serlo. Accesible significa que una parte contraria puede solicitar ver tu diario a través de un proceso legal.

«Cada vez que siento que vuelvo a ponerme en contacto con mis amigos tóxicos reviso mis diarios y veo que me he sentido mucho mejor desde que los bloqueé. Es un buen recordatorio de lo lejos que he llegado».

JAVIER, 26

EJERCICIO DE REFLEXIÓN:
ESCRIBE CÓMO TE SIENTES EN ESTE MOMENTO

Si para ti es nuevo escribir un diario o solo te gustaría concentrarte en el tiempo presente, escribir cómo te sientes en este momento puede ser una práctica útil. Describe tu estado de ánimo con el mayor detalle posible. ¿Cómo te sientes? Si te sientes triste, trata de profundizar en tus sentimientos. ¿Sientes decepción, preocupación, desconsuelo, pesimismo? ¿Te sientes miserable o abatido/a? Si te sientes feliz, ¿sientes euforia, alegría, complacencia, optimismo, encanto? ¿Te sientes en paz? A veces las personas describen su estado de ánimo con colores, lo comparan con lugares o con experiencias de su vida, incluso llegan a compararlo con animales. Por ejemplo, una persona podría describir su ira «como un tigre listo para atacar. Un rojo enojado. Es un sentimiento de injusticia de que las cosas no siempre son favorables». Realizar un dibujo de tu estado de ánimo podría ayudarte a pensar en él de modo distinto.

Haz de esto una práctica habitual en tu diario. Identifica cómo puedes procesar mejor y dejar de lado cómo te sientes cuando lo has escrito.

MEDITA

La meditación es la práctica de permanecer en el momento presente. Puede ser tan simple como concentrarte en tu respiración, notando tu inhalación y exhalación. En algunas formas de meditación puedes sentarte o acostarte. Algunas personas practican LA MEDITACIÓN DE CONCIENCIA PLENA, donde estar activo o activa durante la meditación no solo es bienvenido, sino que se alienta.

A veces, cuando meditas, experimentas lo que a menudo se llama «cerebro de mono»: muchos pensamientos cruzan por tu mente, al igual que un mono se balancea de rama en rama. Es muy normal experimentar el cerebro de mono. El objetivo de la meditación no es vaciar tu mente; incluso las personas que han meditado durante años te dirán que es prácticamente imposible. El objetivo es tener más conciencia de ti y permanecer en el momento presente. Cuando medites, tal vez veas un pensamiento en tu mente. Reconoce el pensamiento y luego déjalo ir. Cuanto más medites, encontrarás que es más fácil dejar ir los pensamientos cuando entren en tu mente.

Algunas aplicaciones y grabaciones pueden guiarte a través de la meditación. Consulta la bibliografía para obtener más información.

CONCIENCIA PLENA O *MINDFULNESS*

La conciencia plena o *mindfulness*, como comúnmente se le conoce, es un tipo de meditación en la que te mantienes activo, activa, mientras simplemente te enfocas en el momento presente. Las distracciones son bienvenidas en la práctica de *mindfulness*, ya que nuestras vidas tienden a estar ocupadas.

Una práctica de *mindfulness* que puedes probar es comer con atención consciente. Cuando te sientas a comer apaga todos los dispositivos, incluido el televisor. Concéntrate solo en comer tu comida. Mientras comes, mastica cada trozo de comida al menos diez veces, concentrándote en la textura, el sabor y el olor. Es posible que descubras que cuando comes con atención, comes menos y aún sientes que satisfaces tu hambre. También puedes comenzar a acercarte hacia el consumo de una dieta más saludable, ya que ahora estás prestando toda tu atención a la alimentación.

NOMBRA TRES COSAS

Cuando sientas estrés o tengas recuerdos del abuso, prueba la técnica de «nombrar tres cosas». Ni siquiera necesitas moverte para practicarlo, quédate donde estás si lo deseas. Nombra tres cosas que puedas oír, tres cosas que puedas ver y tres cosas que puedas sentir. Repite la actividad nombrando tres cosas hasta que sientas que vuelves a sentirte como tú. Puedes nombrar las tres cosas en voz alta o en silencio. Puedes nombrar las mismas cosas cada vez o elegir cosas diferentes. Esta práctica se conoce como *técnica de conexión con la tierra*. Una técnica de conexión con tierra ayuda a distraer tu cerebro y hacer que se concentre en el momento presente. Cuanto más practiques la técnica de «nombrar tres cosas» u otra técnica de conexión con tierra, más fácil será recordarla cuando sientas estrés.

PRUEBA LA VISUALIZACIÓN CREATIVA Y LAS IMÁGENES GUIADAS

Aprovecha la capacidad de tu cerebro para ser creativo y utilízala para producir sensaciones de relajación. Hay muchas grabaciones y videos disponibles en línea que te guían a través de una escena relajante. Algunos te llevarán a un entorno relajado y luego contarán cuando sea hora de despertarte o regresar a tus actividades regulares. Otras grabaciones te llevarán a un estado de relajación y luego te dejarán dormir.

Tal vez debas probar diferentes grabaciones antes de encontrar una que funcione para ti. Las voces de algunos narradores pueden ser más atractivas que otras; algunas imágenes pueden ser más reconfortantes para ti que otras.

DUERME LO SUFICIENTE

Descansar bien por la noche es una forma en que nuestro cerebro se cura a sí mismo y ayuda a que sea mucho más sencillo hacer frente a la vida cotidiana. Practicar una buena higiene del sueño es imprescindible para sanar de las relaciones tóxicas. A lo mejor una pareja tóxica te mantenía sin dormir por la noche a propósito como una forma de controlarte e intimidarte. Puede que hayan pasado años desde que tuviste una noche de sueño reparador.

Hay varias maneras en que puedes ayudarte a descansar bien por la noche, lo cual es muy importante si duermes sin nadie más por primera vez en mucho tiempo.

- ☑ Escucha una grabación relajante antes de acostarte a dormir.

- ☑ Apaga todos los dispositivos electrónicos al menos una hora antes de acostarte.

☑ Mantén tu dormitorio sin televisión.

☑ Compra un colchón nuevo si el tuyo es viejo o incómodo.

☑ Mantén a las mascotas fuera del dormitorio.

☑ Usa la cama solo para dormir y tener relaciones sexuales, no para trabajar.

☑ Haz de tu cama y dormitorio un lugar relajante y cómodo, al reducir el desorden y al utilizar una iluminación tenue.

Habla con tu médico si tienes problemas para dormir. Hazle saber si tienes antecedentes familiares de problemas para dormir. Es posible que necesites medicamentos para ayudarte a conciliar el sueño, al menos de forma temporal. Tomar medicamentos (según lo recetado) para dormir puede ayudarte a controlar mejor tu estado de ánimo y el estrés al día siguiente. A su vez, dormir lo suficiente te permite sanar y tener más esperanzas de reconstruir tu vida.

«Comencé a apagar mi teléfono y mi tableta una hora antes de acostarme y me sentí mucho más descansada por la mañana».

SADE, 28

UTILIZA LOS DISPOSITIVOS ELECTRÓNICOS CON MODERACIÓN

Como mencioné en la sección anterior, en general se recomienda apagar los dispositivos electrónicos al menos una hora antes de acostarse. ¿Por qué? Tu cerebro necesita una oportunidad para relajarse. Cuando miras los dispositivos retroiluminados antes de acostarte, la luz que emiten suprime la melatonina en tu cerebro.[3] La melatonina es una hormona que ayuda a regular el sueño. Puedes pensar que usar la función de atenuación o «noche» en tu teléfono ayuda, pero desafortunadamente no mejora la supresión de melatonina.[4] Entonces, eso significa darse un descanso de la computadora, tableta, teléfono o TV antes de acostarse. Si te despiertas en medio de la noche, no los enciendas.

Considera la posibilidad de tener una regla de «sin dispositivos electrónicos después de las 9 p. m.» que se aplique a ti y a otras personas en tu hogar. Si una hora completa es un desafío, primero intenta apagarlos 15 minutos antes de acostarte. Es posible que sientas más energía por la mañana. Luego intenta apagar los dispositivos electrónicos 30 minutos antes de acostarte, luego 45 minutos y luego la hora completa. Abrirse camino hacia un hábito se llama conducta, y es una manera útil de facilitar el cambio.

LIMITA EL USO DE LAS REDES SOCIALES

Limita tus interacciones en las redes sociales por el momento. Cada vez más, los profesionales de la salud mental y otros se están dando cuenta de que las redes sociales tienen serios inconvenientes. Cuanto más tiempo pases en las redes sociales, mayores serán tus posibilidades de tener síntomas de depresión y ansiedad.[5] Hay algunas razones para esto, y me gustaría destacar dos.

Primero, cuando vemos las publicaciones o fotos felices de las personas, es fácil ponernos a comparar nuestra vida con la de ellos y preguntarnos por qué la nuestra parece ser mucho más difícil. Como dice el dicho, «la comparación es el ladrón de la alegría». Siempre habrá gente que tenga más y menos que nosotros. También es importante recordar que gran parte de lo que la gente publica no es un reflejo exacto de su vida cotidiana. Nunca sabemos en realidad lo que sucede fuera de las redes. Es posible que lo hayas experimentado en tu relación tóxica; es posible que tú y tu expareja parecieran tenerlo todo, pero tus amigos o seguidores en las redes sociales nunca supieron por lo que realmente estabas pasando.

Luego, nuestro sentido de autoestima puede vincularse con la cantidad de «me gusta» o comentarios positivos que recibimos en una publicación. Obtener un pulgar hacia arriba o un corazón en una publicación se siente realmente bien. Es solo la química de nuestro cerebro. Obtener un «me gusta» o un comentario en las redes sociales desencadena una liberación de dopamina en el cerebro, lo que enciende tu «sistema de recompensa» interno.[6] Esto se siente bien para cualquiera, y en particular para alguien que acaba de salir de una situación tóxica donde podrían no haber obtenido mucha validación. Nuestro cerebro se acostumbra a esto. Y luego, no recibir tantos comentarios sobre una publicación puede arruinar tu día. Recuerda que la cantidad de comentarios que recibes en una publicación o video no es un reflejo de tu valor como persona. Puede que lo sepas lógicamente, pero tu cerebro te envía otras señales.

Las redes sociales también crean una distancia que permite a las personas hacer comentarios duros que nunca harían en una interacción cara a cara.

Si te cuesta trabajo evitar las redes sociales, quizás debas desinstalar aplicaciones en tu celular o tableta o desactivar o eliminar tus cuentas. (Suena drástico, pero vale la pena protegerse, ¡y es posible que disfrutes del tiempo que has recuperado en tu día!). Si tienes que estar en las redes sociales por tu trabajo, considera desactivar los comentarios si es difícil para ti evitarlos por completo. Las intervenciones con los seguidores ayuda, pero considera el costo para ti cuando leas comentarios negativos.

«Me molestaba mucho conmigo y me preguntaba por qué todos tenían una vida tan buena mientras yo luchaba por reconstruir la mía. Veía todas sus fotos de relaciones felices, bebés y viajes exóticos que hacían. Luego me di cuenta de que esas personas también tenían problemas, tan solo no lo publicaban en línea».

CONSTANZA, 40

Si todavía usas las redes sociales, asegúrate de bloquear a las personas asociadas con tu expareja. Si bloquear a una persona puede generar problemas o incluso reavivaría el contacto con personas tóxicas, siléncialas. Si hay publicaciones que te parecen desencadenantes o provocadoras, puedes bloquear publicaciones que contengan palabras específicas, como «abuso», «autolesión» y «narcisista».

NO CAMBIES UNA ADICCIÓN POR OTRA

Después de la sensación inicial de alivio que sientes al terminar una relación poco saludable, puede surgir una sensación de vacío. Incluso cuando sabes que tomaste la decisión correcta, hay un vacío de alguien con quien solías pasar tiempo, hablar y tener intimidad física. Esa pérdida puede sentirse abrumadora. Darby puede contarte todo sobre eso.

Darby y su ex, Micah, se separaron después de una relación de un año que había comenzado prometedora, pero que poco a poco se volvió poco saludable. Las cosas se desmoronaron después de que Micah tuvo otra de sus rabietas narcisistas. Darby se dio cuenta de que estar soltero sería mejor que estar en pareja con alguien que estaba fuera de control, así que se fue y no tuvieron más contacto. Aunque Darby había estado en relaciones más largas antes, el dolor fue más duro que después de cualquier otra ruptura por la que había pasado. En los seis meses transcurridos desde la ruptura, Darby había tenido algunas citas, pero nadie realmente despertó su interés. Vivía solo y estaba realmente cansado de pensar en Micah, preguntándose quién era realmente Micah y, lo peor de todo, cómo podía seguir extrañando a su ex después de cómo se había comportado. Darby sintió que solo tomar uno o dos tragos le impediría pensar en ello. Pero con el tiempo Darby notó que tenía que beber un poco más para no sentirse solo. Comenzó a quedarse más en casa y las citas parecían inútiles; además, ¿y si el chico resultaba ser igual que Micah? Uno o dos tragos por noche se estaban convirtiendo en cuatro o cinco, y Darby tenía problemas para contemplar una noche sin una botella de vino.

Después de dejar una relación con tendencias adictivas (piensa en el fenómeno de «tira y afloja» que describí en la página 115), muchas personas reemplazan un comportamiento o proceso adictivo por otro, buscando la adrenalina que una vez obtuvieron de la reconciliación con una pareja tóxica a través de otra cosa. Esa sustancia o actividad adictiva puede ser alcohol, drogas, pornografía, comida o incluso ejercicio excesivo; es cualquier cosa que tenga un efecto negativo en tu vida y que te resulte difícil detener. La adicción tiene dos propósitos. Alivia los sentimientos de pérdida, ansiedad y depresión, y también nos libera de tener que lidiar con cosas que preferiríamos no enfrentar.

Un día, la amiga de Darby, Heather, lo llamó y le comentó que parecía estar bebiendo más de lo habitual.

Darby se puso a la defensiva. «No sabes de lo que hablas, Heather», dijo él.

Heather negó con la cabeza. «Darby, mi papá era alcohólico. Puedo ver las señales. Estoy preocupada por ti y por lo que podría pasar si no te detienes». Darby no habló con Heather durante dos semanas después de eso. Pero finalmente se dio cuenta de que su amiga lo confrontó porque le importaba. Y no bebía solo para evitar sentirse mal por la ruptura y solo, bebía para no tener que sentir *nada*. Hizo una cita con su médico para hablar con él acerca de hacer cambios.

En pocas palabras: cambiar una adicción por otra es común, pero tú tienes el poder de identificarla y controlarla. Si sientes que podrías estar en riesgo de cambiar una adicción por otra, intenta usar algunas de las estrategias de cuidado personal de este capítulo como formas más saludables de calmarte. También podrías beneficiarte de trabajar con un consejero. Vamos a revisarlas.

REVISA: ¿INICIASTE O REINICIASTE UNA CONDUCTA ADICTIVA?

Piensa en una sustancia o actividad adictiva que podrías haber usado o en la que participaste de modo reciente. ¿Con cuántas de las siguientes afirmaciones te identificas?

1. Me resulta difícil controlar mi consumo.
2. Me he metido en problemas legales debido a mi consumo.
3. Familiares y amigos han expresado su preocupación por mi consumo.

4. He intentado controlar mi consumo, pero no funciona.
5. Me he endeudado debido a mi consumo.
6. He perdido eventos importantes en mi vida debido a mi consumo.
7. He priorizado mi consumo sobre personas esenciales en mi vida.
8. No puedo verme alguna vez libre de consumir.
9. He experimentado síntomas de abstinencia, como ansiedad.
10. Estoy considerando volver con la persona tóxica para tener más acceso a lo que estoy consumiendo.

Si respondiste que sí a al menos a una de estas afirmaciones, es posible que experimentes adicción y dependencia. Si descubres que te apoyas en una sustancia o comportamiento para superar sentimientos complicados, habla con un profesional de la salud mental que tenga capacitación en adicciones. Vuelve a consultar el capítulo anterior para obtener más información sobre cómo puedes encontrar apoyo.

INCORPORA TIEMPO PARA EL AUTOCUIDADO

Puedes sentir que no tienes tiempo para practicar el cuidado personal. Espero que después de leer este capítulo puedas priorizar el cuidado personal en las cosas que probablemente ya hagas de todos modos: dormir lo suficiente, comer bien y mantener la higiene. Para agregar algunas otras prácticas diarias de cuidado personal, como escribir un diario, meditar o hacer ejercicio, intenta lo siguiente:

* **Solo tómate cinco.** Incluso practicar el cuidado personal durante unos minutos cuenta, ¡es mejor que nada!

* **Divídelo en bloques.** ¿Crees que no tienes una hora para hacer ejercicio? ¿Qué tal tomar diez minutos ahora y otros minutos más tarde? Todo suma.

❋ **Programa una cita de autocuidado.** A lo mejor debas programar un tiempo de cuidado personal en tu calendario y decir no a otras actividades durante ese tiempo establecido. Cuando estableces límites con tu disponibilidad, las personas tienden a ser más respetuosas con tu tiempo.

❋ **Haz un viaje de cuidado personal.** Si tienes los recursos, hacer un viaje de autocuidado puede ayudarte a distanciarte de las distracciones cotidianas que estás priorizando. Si no puedes viajar, considera reservar algunos de tus días como un tiempo designado para descansar y realizar actividades saludables.

❋ **Conviértelo en un ritual.** Si designas la misma hora todos los días o todas las semanas para hacer la misma práctica, se convierte en un hábito. Por ejemplo, puedes escribir o garabatear en tu diario todos los días a las seis de la tarde.

Cuando comienzas a practicar el cuidado personal y ves cómo mejora tu estado de ánimo, tu perspectiva y cómo interactúas con el mundo que te rodea refuerzas de manera positiva ese comportamiento, por lo que es posible que sientas una atracción natural a dedicar más tiempo a tu autocuidado.

———◆———

Cuidarse bien es esencial para poder sanar. En este capítulo exploramos estrategias de cuidado personal como dormir lo suficiente, hacer ejercicio, escribir en un diario y tomarse el tiempo para controlarse a través de la meditación. Cuando practicas el autocuidado proactivo te mantienes saludable antes de que llegue una crisis. Cuando te cuidas puedes cumplir mejor con las demás responsabilidades de tu vida y estar presente y disponible para los demás. En el próximo capítulo exploraremos cómo reconectar con personas sanas en tu vida puede ayudarte a reconstruirte.

8

Reconecta

Cómo reconstruir relaciones
con personas emocionalmente sanas

Jules sentía que tenía un sistema de apoyo bastante sólido: se llevaba muy bien con su familia y tenía algunos amigos muy cercanos.
Pero últimamente los amigos de Jules estaban muy ocupados con
sus hijos y no los veía con tanta frecuencia como le hubiera gustado.
Un día, Jules decidió apuntarse a un curso de cocina para conocer
gente. Inmediatamente se llevó bien con una de las otras asistentes,
Sandy, que era nueva en la ciudad. Las dos se encontraron más tarde para tomar un café, y no pasó mucho tiempo antes de que salie-
ran todos los fines de semana. «Nunca tuve una mejor amiga», dijo
Sandy, «pero pasar tiempo contigo me hace sentir completa».

«¡Que linda!», exclamó Jules. «Echaba de menos pasar tiempo
con amigos, y también me alegro de haberte conocido». Sandy debió
tomar eso como una señal porque se lanzó a contarle muchas historias de amistades pasadas que se habían estropeado. Parecía que tenía un patrón de hacer todo lo posible para ayudar a sus amigos solo
para que se aprovecharan de ella y la sacaran de sus vidas. En privado, Jules pensó que era un poco extraño que la mujer compartiera
tanto tan pronto, pero razonó que al menos era genial que Sandy se
sintiera cómoda compartiendo su pasado después de ser desechada.

Unas semanas más tarde la amiga de Jules, Meghan, llamó y
quería ponerse al día. Jules accedió con gusto y agregó: «¡Y tienes

que conocer a mi nueva amiga, Sandy!». Meghan se llevaba bien con todos, pensó Jules, así que sería bueno presentar a las dos para que Sandy conozca a alguien más en la ciudad.

Las tres se conocieron en la nueva cafetería regular de Jules y Sandy. Sandy parecía estar excluyendo a la otra mujer de su conversación, al punto de llegar a girar su silla para que su espalda diera a Meghan. Más tarde esa noche, Meghan llamó a Jules. «No sé cómo expresar esto», comenzó, «pero hay algo muy extraño en tu amiga».

«No lo sé», respondió Jules. «Tal vez esté nerviosa por conocer a alguien nuevo, ha pasado por muchas cosas. Creo que estás siendo un poco exagerada. Las dos colgaron con un tono mucho más frío de lo habitual.

A la mañana siguiente, Sandy llamó. «Solo quiero ser una buena amiga», dijo. «Así que me siento obligada a contarte lo que Meghan dijo sobre ti. Dijo que eres muy empalagosa y exigente con su tiempo». Jules se preguntó brevemente cuándo habían hablado los dos a solas, pero después de la conversación de anoche, la revelación de Sandy tocó una fibra sensible. Estaba demasiado enojada para mencionarlo a su vieja amiga, por lo que dejó de hablar con Meghan.

Unas semanas más tarde Jules invitó a Sandy a cenar con su familia. Todo parecía ir bien. Pero cuando Sandy se fue a casa, la mamá de Jules se volvió hacia ella enojada. «No tenía idea de que fueras tan desagradecida». Jules no tenía idea de lo que estaba hablando su madre, pero no quería escucharla.

Después de eso, ella y su madre comenzaron a pasar menos tiempo juntas. Con el tiempo, Jules solo socializaba y hablaba con Sandy. Hasta que un día en la cafetería, cuando Jules regresó del baño, encontró a Sandy metiendo algo de forma apresurada en su bolso. Más tarde, Jules descubrió que faltaba efectivo en su billetera. Y sus aretes favoritos también habían desaparecido de su tocador. Fue una gran llamada de atención para ella: ¿cómo pudo haber pasado por alto las advertencias?

Se distanció de Sandy y finalmente cortó la amistad. Pero Jules se sintió completamente sola. La pérdida de su nueva y divertida «amiga» la dejó notando un gran vacío en su vida. Anhelaba recuperar sus antiguas conexiones con su familia y amigos, pero se sentía culpable y avergonzada por caer en la manipulación de Sandy y separarse de ellos. Después de todo este tiempo, no estaba segura de cómo volver a conectarse.

———◆———

Cuando estabas en una relación o situación tóxica, puede que te hayas aislado de tus amigos y familiares. Al igual que Sandy, una persona tóxica podría haber provocado conflictos entre tú y tus otros amigos. A lo mejor escuchaste que alguien piensa que estás loco o loca o que eres demasiado dependiente. Estas mentiras pueden haber sacudido tu confianza en otras personas. Esta es una parte común del objetivo de una persona tóxica: aislarte tanto como sea posible y hacerte desconfiar de las personas para que debas depender de él o ella.

Como parte de tu proceso de sanación, comunícate con amigos y familiares que estén emocionalmente sanos. Sabrás que están bien emocionalmente porque sientes tranquilidad y sientes que puedes ser tú mismo o tú misma cuando estás cerca de ellos. Tus seres queridos estarán felices de saber de ti. Y si te juzgan o te dan problemas cuando vuelvas a conectarte con ellos, ¡sigue adelante! Cuando te esfuerzas por pasar tiempo con otras personas puedes redescubrir que puedes confiar en los demás y entablar amistades que no son tóxicas. En este capítulo resumiré algunas cosas específicas que debes tener en cuenta a medida que te reconectas socialmente. También te ofreceré algunas sugerencias de lugares y formas de encontrar personas emocionalmente sanas que compartan tus intereses y disfruten pasar tiempo contigo.

«Mi ex me ponía en contra de otras mujeres al decirme que le coqueteaban todo el tiempo y otros comentarios con la finalidad de sacar mis inseguridades. Como parte de mi recuperación, hago un esfuerzo por entablar amistades con otras mujeres. Cada vez más, me doy cuenta de que la gran mayoría de las personas te respaldan y no quieren perjudicarte».

JAMIE, 28

NO NECESITAS VOLVER A CONECTARTE
CON TODOS

A medida que vuelvas a salir y reconectar, recuerda que a veces nos metemos en relaciones tóxicas porque es lo que hemos conocido a lo largo de nuestra vida. No es para alentarte a estar hipervigilante, pero asegúrate de que las relaciones que restablezcas sean saludables.

¿Hay otras personas en tu vida, además de la persona tóxica o abusiva, que te han tratado mal? ¿Conoces amigos o familiares que te hayan menospreciado ante otras personas en el pasado? ¿Alguien se apresuró a creer un rumor que escuchó sobre ti y nunca se molestó en preguntarte al respecto? ¡Déjalos fuera de tu lista!

Haz un examen adicional de cualquier persona que haya actuado como un mono volador para la persona tóxica (como se describe en el capítulo 2). Si te envió mensajes provenientes de la persona tóxica después de que cortaste el contacto, existe la posibilidad de que tu abusador todavía esté en su círculo social. O él mismo pudo haber alimentado ese drama. Esto no quiere decir que la gente no pueda cambiar, pero deberías preguntar primero. Comunícate de manera clara y directa acerca de ese límite si decides volver a conectarte. Muchos de los que son reclutados para llevar mensajes de los abusadores a sus víctimas no se dan cuenta del daño que hacen. Solo tú puedes saber si tu amigo o familiar es en general una persona buena y saludable. No estás buscando la perfección, estás buscando a alguien cariñoso y respetuoso contigo, que reconozca y se disculpe cuando comete un error y cambie su comportamiento en el futuro.

REVISA: ¿ESTA PERSONA ES SANA?

¿Las siguientes afirmaciones se aplican al amigo o familiar con el que deseas comunicarte?

1. Esta persona me hace sentir culpable y vergüenza.
2. Esta persona me ha dicho que necesito «ganarme» mi camino de regreso a su vida.
3. En el pasado, esta persona me molestaba e intimidaba.
4. Me siento sin energía después de haber estado cerca de esta persona.
5. Después de haber pasado tiempo con esta persona, me pregunto si merezco amor.
6. Me cuenta detalles íntimos sobre la vida de otras personas.
7. Esta persona ha amenazado con lastimarse o suicidarse si termino la relación o amistad.
8. No me siento yo cuando estoy cerca de esta persona.
9. Me ha degradado, incluso frente a otras personas.
10. Me siento mejor cuando no he tenido contacto con ellos.

Si respondiste que sí a una o más de estas afirmaciones, lo más probable es que estés lidiando con una persona tóxica. Reconsidera si quieres volver a conectarte con ella. A veces es mejor simplemente dejar ir esa relación.

Si una persona que conoces amenaza con suicidarse, llama al 911.

NAVEGA POR TU NUEVA VISIÓN DE LOS DEMÁS

Después de salir de una situación tóxica es posible que retomes comportamientos poco saludables mucho más rápido que antes. Esto puede generarte todo tipo de preguntas: *¿Me sintonizo más con los comportamientos tóxicos? ¿Han estado allí todo el tiempo y* *recién ahora me doy cuenta? ¿O solo estoy viendo toxicidad en cosas que están bien?*

Obtén las respuestas haciéndote más preguntas. ¿Por qué te sientes así? ¿Sientes como si hicieras una conexión saludable, o tienes una sensación de temor o inquietud con esa persona? ¿Esa persona muestra comportamientos poco saludables? Como mencioné en el capítulo 5, confía en tu instinto. Si algo no te parece correcto, seguro no lo es. No mantengas conexión con alguien que no tiene en mente tus intereses solo porque crees que deberías ser «amable». Escucha tu intuición. Una persona tóxica puede haberte dicho que tu intuición era defectuosa, pero casi el cien por ciento de las veces da en el blanco. Si necesitas más orientación, revisa las descripciones de las relaciones no saludables en el capítulo 1 y los estilos de apego seguro e inseguro en el capítulo 5. Los mismos criterios que se aplicaron a tu relación tóxica se aplican a cualquier persona con la que puedas pasar tiempo. También cubriremos otras señales de alerta y señales de dinámicas poco saludables, como la codependencia, en el capítulo 11.

> «Una vez que aprendí cómo es una relación saludable en terapia, pude "eliminar" mejor a las personas tóxicas en mi vida. Mi vida es mejor porque gasto menos energía en personas que no son buenas para mí».
>
> CHANDRA, 38

CUIDADO CON LOS GRUPOS NO SALUDABLES

Puede sonar alarmista, pero debo advertir contra un peligro que quizás no hayas considerado. En mi práctica he sido testigo de cómo personas vulnerables abandonan una situación tóxica solo para ser atraídas por organizaciones poco saludables, como sectas, grupos extremistas o esquemas de *marketing* multinivel. Ten en cuenta que somos muy vulnerables después de salir de una relación o situación tóxica. Nuestra necesidad de conexión y pertenencia puede ser tan fuerte que podemos ser susceptibles.

Los líderes de los grupos extremistas se concentran en las personas que intentan reconstruir o sanar. Los grupos extremistas saben que si alguien se siente vulnerable, es menos probable que cuestione sus tácticas. Los signos de un grupo extremista incluyen:

* Inculcar una mentalidad de «nosotros» contra «ellos».
* Afirmar que ellos tienen información «secreta».
* Al líder lo ven como un Dios.
* Las personas en el grupo se conocen como «seguidores».
* Se desalienta a buscar información fuera del grupo.
* Los edictos solo están disponibles para los miembros «avanzados» del grupo.
* Explotación sexual de los seguidores.
* Te mantienen dentro de los límites del edificio del grupo.
* Te amenazan con la excomunión o la violencia si te vas.

Otra forma de grupo no saludable se encuentra en las organizaciones de *marketing* multinivel (MLM, por sus siglas en inglés). Estos grupos generalmente requieren una «compra» para participar y generalmente involucran la venta de un producto o servicio. La mayoría del dinero de un MLM va a parar a la gente que está en lo más alto, mientras que el 99% de los participantes pierde dinero.[1] Cualquier empresa que requiera que pagues por adelantado por el «privilegio» de vender sus productos debe verse con escepticismo. Si te distanciaste de tu familia tóxica, es posible que te hayan cortado el apoyo económico. Los MLM pueden aprovecharse de las personas que son vulnerables y pueden tener dificultades financieras. Si todavía consideras involucrarte con un MLM, consulta el sitio del fiscal general de tu estado para conocer las quejas contra ellos. Si hay documentos que la

«Al fin sentí que pertenecía a un lugar, pero descubrí que una vez que te unías al grupo, la gente nunca se iba. Estaban entregados al líder del grupo y la gente actuaba como si él no pudiera hacer nada malo. Rápidamente me di cuenta de que, sin saberlo, había entrado a otra relación abusiva».

KIRK, 38

compañía requiere que tú firmes, pide a un abogado que los revise por ti primero. También asegúrate de que la empresa tenga una política de reembolso para los productos que no vendiste. La mejor opción es simplemente no involucrarse con un MLM.

REVISA: ¿TE INVOLUCRASTE CON UN GRUPO
O CULTO EXTREMISTA?

Si te preocupa haberte unido a un grupo de personas poco saludables, o si tus amigos o familiares te dicen que un grupo es dañino, ve cuántas de estas afirmaciones encajan.

1. Con este grupo, por fin siento que pertenezco a algo.
2. El líder me dijo que necesito renunciar a mis posesiones.
3. El líder me animó a darle mi control financiero a la organización.
4. Me dicen que soy una persona mala, pecadora o malvada y que el grupo me va a curar.
5. Me animan a cortar la comunicación con los seres queridos que no están en el grupo.
6. No se me permite hacer preguntas sobre el liderazgo del grupo.
7. Me han amenazado con violencia o excomunión.
8. Ha habido *gaslighting* del líder hacia los miembros.
9. Existe un favoritismo extremo hacia ciertos miembros del grupo.
10. Se nos anima a odiar a un grupo particular de personas.

Con cuantas más de estas afirmaciones estés de acuerdo, más probable es que te hayas involucrado en dicho grupo. Intenta ponerte en contacto con ayuda externa, ya sea con amigos o familiares de confianza o con una figura de autoridad. Consulta el capítulo 6 para obtener información sobre los profesionales de la salud mental; te recomiendo que asistas a la consejería después de dejar este tipo de grupos.

ENCUENTRA UN GRUPO SALUDABLE

Ya sea un grupo de terapia (¡consulta el capítulo 6 para obtener más información sobre esto!) o un grupo de interés, unirte a uno puede ayudarte a reconectar con otros. Una de las mejores maneras de conocer gente nueva es a través de un pasatiempo compartido. Si estás en un grupo con un interés común, la conversación puede darse con mayor fluidez. Si tienes ansiedad social, unirte a un grupo con intereses similares puede disminuir tu estrés, ya que puedes hablar fácilmente de algo sobre lo que ya sabes mucho. (Cuando estamos bien informados sobre algo, la conversación provoca menos ansiedad que si estuviéramos hablando de un tema que es totalmente nuevo para nosotros).

Puede parecer un poco intimidante al principio, pero ten la seguridad de que todos en el grupo enfrentaron algunos sentimientos de ansiedad cuando se unieron. Si estás con un grupo de personas sanas, debería sentirse un ambiente de bienvenida y tus sentimientos de ansiedad deberían disminuir cuanto más interactúes con ellos. Si aún sientes ansiedad después de reunirte con un grupo varias veces, ve si el problema es que los miembros del grupo no son emocionalmente saludables o si tienes problemas de ansiedad que resolver.

Otros lugares donde puedes conocer gente:

* Tu vecindario

* Eventos culturales

* Clases (baile, cocina, ejercicio, artes, etc.)

* Aplicaciones para encontrar amigos en línea

* Clubes de lectura

* Festivales

* Foros

* Juegos

* Correr un maratón

* Parques para perros

* Grupos de redes profesionales

* Grupos religiosos

* Centros comunitarios

* Grupos de viaje

* Grupos de 12 pasos

* Activismo social

* Equipos deportivos

* Organizaciones sin fines de lucro (lee sobre los beneficios del voluntariado en el capítulo 10)

Si quieres socializar con personas en un grupo, puede depender de ti extender una invitación. Trata de no preocuparte si te rechazan. Que te digan que no, puede ser doloroso, pero es una parte inevitable de la vida. Si alguien no puede reunirse, podría ser porque padece ansiedad social, o puede tener muchas cosas en su vida, ¡generalmente no tiene nada que ver contigo!

LOS PROS Y LOS CONTRAS
DE CONECTARSE EN LÍNEA

Somos hasta cierto punto afortunados de vivir en una era moderna, donde la tecnología hace que sea fácil estar en contacto con nuestros amigos y familiares y también conocer gente nueva. Antes de las redes sociales, muchas personas conocían a otras a través de amigos y familiares. Sin embargo, esa forma de hacer conexiones se está convirtiendo en algo del pasado; ahora, a menudo nos encontramos con personas directamente en línea.[2] (¡Si provienes de una familia disfuncional, es posible que desconfíes de conocer a alguien a través de ellos de todos modos!). Si bien puede ser útil establecer conexiones cara a cara, también puedes encontrar conexiones saludables duraderas a través de internet.

Hay sitios y aplicaciones donde puedes buscar grupos por interés y ubicación. Además puedes encontrar grupos de apoyo, incluidos grupos de 12 pasos para recuperarse de padres, familias u otros seres queridos disfuncionales. Revisa si hay un grupo que coincida con tus intereses y necesidades. Trata de reunirte en persona en algún momento, ya que conocer a la gente en persona puede ayudar a fortalecer las amistades, en especial en las primeras etapas.[3]

Hay algunas trampas en el uso de internet o de aplicaciones para conocer gente. Si te conectas con personas en línea, lleva un registro del tiempo que pasas haciéndolo. Conectarte a internet puede consumir rápido tu tiempo y, como mencioné en el último capítulo, pasar mucho tiempo en las redes sociales puede empeorar los sentimientos de depresión y ansiedad. Un límite que se puede establecer es tener una buena gestión del tiempo y poder establecer prioridades. Puede ayudarte configurar un temporizador para recordar cuándo dejar de estar en línea.

Ten cuidado de que las personas con las que hables sean quienes dicen ser. No des ninguna información personal. Ten en cuenta que eres vulnerable en este momento, y algunas personas pueden sentir eso y aprovecharse de ello. Por lo tanto, si te encuentras con alguien que conociste en línea, lleva a alguien más contigo y siempre reúnanse en un lugar público.

Recuerda, como mencioné de manera breve en el capítulo 5, que en realidad no hay sustituto para las llamadas telefónicas y el contacto cara a cara cuando se trata de construir intimidad emocional. Para ayudar a reconstruir conexiones positivas con personas sanas, reunirse y comunicarse en línea puede ser un buen punto de partida, pero te insto a que vuelvas allá afuera y te reúnas en el mundo real.

REINTRODUCIRSE

Cuando te vuelves a conectar con un amigo o familiar, puede ser difícil saber qué decir. Sucedieron tantas cosas, sin embargo, te resulta difícil saber por dónde empezar. Considera lo siguiente cuando te «reintroduzcas».

«Sé que no hemos estado en contacto mucho últimamente. Espero que tú y yo podamos reconstruir nuestra relación. Si te he lastimado de alguna manera, te ofrezco disculpas. ¿Podemos empezar de nuevo?».

Eso es lo que funcionó para Jules (en el comienzo del capítulo). Decidió llamar a su madre primero, pensando que sería más fácil restablecer una relación con un miembro de la familia. Fue a verla un sábado pensando que un fin de semana sería un momento menos estresante para ambas. Las dos lloraron y compartieron un gran abrazo. Esto le dio a Jules la valentía de llamar a Meghan. Al igual que Jules, toma las cosas paso a paso.

La forma en que entregas esta declaración depende de tu relación. ¿Cómo te comunicabas comúnmente antes? A veces enviar un mensaje de texto puede ser más fácil que decirlo por teléfono o en persona, pero se pierde mucha comunicación no verbal. Es comprensible si prefieres comunicarte de una manera menos directa, en especial si te preocupa el rechazo. Para estos primeros contactos, la manera que creas que es mejor es la correcta. Si la otra persona se ofende por cómo te comunicaste con ella, reconsidera si en verdad quieres una relación con ella.

Ten en cuenta que nada dice que una persona tiene que aceptar tu disculpa y volver a conectarse. A veces, por varias razones, las personas no aceptarán una invitación para reavivar una relación. Tienes que saber que esto no tiene nada que ver contigo, incluso si se siente profundamente personal. En ocasiones, las personas tienen una política de «una y estás fuera» cuando

«Me sentía nerviosa por volver a conectar con mi hermana, pero cuando comenzamos a hablar, fue como si no hubiera pasado el tiempo».

MARIA, 54

se trata de relaciones. No es una forma saludable de ir por la vida, pero tiene un propósito para esa persona al no permitir que la lastimen. Sin embargo, también significa que se pierde de reavivar amistades, como contigo. Recuerda que la forma en que la gente te trata dice más sobre ellos que sobre ti.

POR LO QUE DEBES Y NO DEBES DISCULPARTE

Cuando vuelves a conectar con tus seres queridos puedes tener la sensación de querer decir que lamentas todo lo que ha sucedido entre ustedes dos. Es totalmente normal sentirse así. Sin embargo, disculparse por cosas que no son culpa tuya puede establecer una dinámica poco saludable en tu relación. Es posible que te hayas acostumbrado a disculparte profusamente con compañeros, jefes o amigos tóxicos.

Las cosas por las que no debes disculparte incluyen cómo te sientes, mantener un límite o defender tus derechos como persona (si necesitas un repaso sobre esto, revisa el capítulo 5).

¿Cuándo debes disculparte con alguien?

- ☑ Cuando te equivocas en cómo tratas a alguien.
- ☑ Cuando proporcionas información falsa a alguien, a sabiendas o sin saberlo.
- ☑ Cuando le mientes a alguien, a sabiendas o sin saberlo.
- ☑ Cuando te comportas de forma contraria a tus creencias y valores.
- ☑ Cuando alguien te dice que le hiciste daño.
- ☑ Cuando ofendes a alguien.
- ☑ Cuando omites información que la persona tenía derecho a saber o que le hubiera sido útil.

Cuando sientas la necesidad de pedir perdón, pregúntate si necesitas disculparte. Eso no significa que no debas disculparte cuando lastimaste a alguien; significa que muchas veces en la vida usamos disculpas cuando no son realmente necesarias o apropiadas.

A veces una disculpa debe ser una declaración. Por ejemplo, un «Lamento robarle su tiempo» podría decirse de manera más asertiva como «Gracias por su paciencia»; «Lamento que mi opinión sea diferente a la tuya» podría reformularse como «Gracias por escuchar mi versión de la historia». Cuando reformulas una disculpa como una declaración, lo que dices se vuelve más asertivo y te defiendes.

DECLARACIONES DE «SIENTO»

Cuando necesites compartir tus preocupaciones o sentimientos o establecer un límite con alguien, una declaración de «Yo» o «siento» es una forma de informar a alguien sin echar culpas. Es posible que hayas oído hablar de esto antes: son una recomendación de reserva de los terapeutas familiares y consejeros de relaciones, y por una buena razón. Esta es la estructura básica de una declaración de «Yo siento»:

Cuando (el evento), siento (la emoción) porque_____
_____. Creo que deberíamos (la solución).

Por ejemplo, «Cuando llamo y mi llamada no es respondida por algunas semanas, me siento ansioso o ansiosa porque siento como si hubiera hecho algo mal. Creo que podría ser una buena idea que nos mantengamos en contacto una vez a la semana».

Al usar la declaración «siento», la clave es evitar usar el pronombre *tú* porque la otra persona puede sentirse culpada y ponerse a la defensiva. En cambio, al exponer *tus* necesidades y lo que *te* gustaría que sucediera, tienes una mejor oportunidad de tener un diálogo constructivo con la otra persona sobre tus sentimientos y preocupaciones. Si te preocupa que la conversación sea incómoda, di lo obvio: «Esto es realmente incómodo, pero…» de antemano puede ayudar a que todos se sientan más cómodos.

Al indicar tu solución propuesta con el pronombre *nosotros*, es claro que la invitas a participar en la formación de una solución. También le haces saber que la respuesta es un esfuerzo de equipo: ustedes dos contra el problema, no uno contra el otro.

Ten en cuenta que el uso de la declaración «siento» no es una garantía de que la otra persona estará abierta a escuchar tu inquietud o trabajará en una solución contigo. Pero sabrás que lo intentaste, y no querer cooperar contigo es un problema de ella, no tuyo.

EJERCICIO DE REFLEXIÓN: PREPARA TUS DECLARACIONES DE «SIENTO»

Quizás tengas relaciones en las que te gustaría plantear un problema, pero no estás seguro o segura de cómo hacerlo sin sentir incomodidad, o te preocupa que la otra persona te juzgue. Cuando practicas escribir lo que le vas a decir a alguien, puede que el evento real sea mucho menos estresante. Piensa en alguien con quien generalmente te lleves bien, pero ha habido un punto de conflicto para ti que ha sido difícil de olvidar. Tal vez te moleste que dejen pasta de dientes en el lavabo, ya sea un compañero de cuarto o tu pareja. Si bien tú podrías limpiarlo, eso te irrita y solo quieres que lo haga la persona que dejó embarrado. Primero pregúntate si es una solicitud razonable. Sí, los adultos deben poder limpiar el lavabo del baño como un acto de cortesía y respeto por su espacio vital. A continuación escribe cómo abordar este problema al utilizar un formato de «siento». Por ejemplo: «Cuando se deja pasta de dientes sobre el lavabo del baño, me siento frustrado o frustrada porque me gusta mantenerlo limpio y no quiero mancharme de pasta de dientes. ¿Qué tal si cada uno de nosotros hacemos una limpieza rápida del lavabo del baño cuando terminemos de usarlo?».

¡Ahora es tu turno! Escribe algunas oraciones de «siento» sobre los problemas que puedas tener en tus relaciones. A veces las personas no tienen idea de que algo te molesta a menos que des el paso para decir algo al respecto. Puedes representar la posible interacción con otro amigo o pariente de confianza para que puedas afinar tu comunicación e insensibilizarte de la conversación real.

SENTIRSE A LA DEFENSIVA CON LOS DEMÁS

Cuando alguien te dice que tu comportamiento le molestó, puede ser difícil de aceptar. Esto puede ser en particular cierto si una persona tóxica te menospreció todo el tiempo. Una crítica, y sientes que estás de vuelta en el punto de partida. Ten en cuenta que tu reacción puede deberse tan solo a que no recibiste más que críticas de la persona tóxica.

La forma en que te sientes es del todo comprensible. Estás dando grandes pasos hacia la sanación y es posible que te sientas vulnerable por muchas razones: es natural que quieras protegerte mientras todavía te sientes emocionalmente frágil. Es importante recordar que no todo el mundo es tóxico. Puede parecerlo al principio, pero puedes y conocerás a personas sanas. Las personas sanas pueden plantear sus preocupaciones a sus amigos y seres queridos porque eso es lo que hacen las personas sanas: abordar abiertamente los problemas y conflictos para que puedan resolverse y nadie se quede resentido con la otra persona. La comunicación abierta (que es transparente pero no brutal) ayuda a las personas a crecer fuera de su zona de confort.

Es bueno que alguien se preocupe y sea una persona lo suficientemente madura para abordar un problema contigo, siempre que se haga de manera amable y cortés. La crítica constructiva es cuando una persona maneja una situación con amabilidad. Un ejemplo de una preocupación saludable podría ser: «El tono de voz que usaste esta mañana me hizo sentir incómodo o incómoda. ¿Podemos hablar sobre eso?».

Si estuvieras a la defensiva, podrías decir: «No tengo idea de lo que hablas» o «No, no vamos a hablar de eso». En cambio, una respuesta saludable es: «Lamento haberte lastimado, sí, hablemos». Debes saber que incluso si no estás de acuerdo con cómo se siente alguien, esa persona tiene derecho a esos sentimientos.

REVISA: ¿TE SIENTES A LA DEFENSIVA?

¿Con cuántas de estas afirmaciones estás de acuerdo?

1. Cuando una persona me dice que la he molestado, automáticamente siento que no tiene derecho a hacerlo.
2. Cuando recibo críticas constructivas pienso que la persona es una idiota.
3. Guardo rencor después de que la gente me dice que está molesta conmigo.
4. Evito a otras personas para no tener que lidiar con posibles críticas.
5. Renuncié a un trabajo o actividad después de recibir una crítica constructiva.
6. He reaccionado a las críticas con gritos.
7. Salí de la habitación con enojo o evasión después de que alguien me habló de una inquietud.
8. Hablé mal de alguien a otros después de que esa persona me habló de una inquietud.
9. Cuando recibo críticas casi de inmediato empiezo a llorar.
10. Cuando alguien saca a relucir un problema hago una broma al respecto.

Si respondiste que sí a una o más de estas afirmaciones, es posible que utilices un mecanismo de defensa para protegerte. Si necesitas ayuda para superar el miedo o la ira como reacción a una crítica constructiva, habla con tu terapeuta al respecto. Incluso podría representar algunas conversaciones contigo para que puedas practicar una respuesta afectuosa y no defensiva en un entorno neutral.

RODÉATE DE UN EQUIPO DE APOYO

Tal vez no hayas podido construir una red de apoyo debido a que pudiste haber estado aislado o aislada de tus amigos y familiares. Es esencial que tengas personas con las que puedas hablar si tienes problemas a lo largo de tu vida (¡y todos los tienen!). Incluso si no te sientes particularmente sociable o solo no te gustan las personas, es útil tener al menos una persona en tu vida con quien puedas procesar ideas e inquietudes. La persona de apoyo ideal es alguien a quien puedas llamar en cualquier momento, incluso a las tres de la madrugada cuando estás en crisis. (¡Solo ten en cuenta que es una buena idea extenderles la misma cortesía!).

Puede que ya tengas una red de apoyo y simplemente no te des cuenta debido a tu aislamiento anterior. Busca personas en el trabajo, en tu vecindario, en línea o en tu lugar de culto a las que ya acudes en busca de apoyo. A lo mejor tendrás más ayuda disponible de lo que crees. Anota a esas personas en una lista para buscarlas cuando necesites hablar con alguien. Si no puedes pensar en nadie que esté en tu red de apoyo, está bien. Busca personas que te acepten por lo que eres y que también sean buenos oyentes.

EJERCICIO DE REFLEXIÓN: DESCUBRE TU RED DE APOYO

Al igual que Jules al comienzo de este capítulo, ahora puedes sentir que no tienes a nadie en el mundo ni mucho apoyo. Sin embargo, tu red puede ser más grande de lo que crees. Saca una hoja grande de papel y dibuja una diana: tres círculos concéntricos. En el medio del círculo anota a las personas a las que podrías contactar en cualquier momento si necesitas algo, incluso a las tres de la madrugada. En el siguiente círculo escribe los nombres de las personas con las que sentirías comodidad si las llamas durante el día, pero que aún no las conoces lo suficientemente bien o sabes que tienen limitaciones que excluyen las llamadas a altas horas de la noche. En el círculo más externo anota a tus conocidos: personas con las que te encuentras a veces en la tienda, personas en tu lugar de culto, las personas a las que no necesariamente te referirías como «amigos», pero que te caen bien. Ahora da un paso atrás y cuenta el número de personas que anotaste. Toma una foto de la diana y márcala como favorita en tu teléfono. Échale un vistazo cuando te sientas solo o sola o necesites algún contacto social. Considera conocer a algunas de las personas en tus círculos externos y trabaja para mantener relaciones saludables con las personas en el centro de la diana. También puedes transferir estos nombres a tu diario.

RENUNCIA AL APEGO DE LOS RESULTADOS

Un consejo final sobre la reconexión: abandona tu apego al resultado. Esto significa no presionarte a ti (ni a los demás) para que esa conexión suceda. En su lugar, mira lo que estás aprendiendo de la experiencia.

Por ejemplo, tal vez aprendiste que incluso después de estar aislado o aislada de las personas, lo estás haciendo bastante bien para volver al ritmo de las cosas. A lo mejor redescubriste tu confianza. Probablemente te alejaste fuera de tu zona de confort. El éxito lleva a más éxito. La forma en que respondió la otra persona no tiene ninguna relación con tu capacidad para conectar con los demás; lo más importante es que lo intentaste. Siente orgullo de eso.

———•◆•———

En este capítulo vimos por qué reconectarse con las personas de las que estabas aislado o aislada es una parte esencial de la sanación. Una persona tóxica te separa de tu familia y amigos para tener control sobre ti. Sin embargo, puedes volver a conectar con tu familia y amigos y también forjar nuevas conexiones. Aprendiste qué hacer con los sentimientos de ansiedad y temor acerca de reconectarse con las personas en tu vida. También descubriste formas de conocer gente nueva, en especial si ahora te das cuenta de que las personas en tu vida son tóxicas.

Tener un sistema de apoyo es vital en este momento porque poder comunicarse con otras personas puede ser muy útil cuando se enfrentan sentimientos de duelo y pérdida. Eso es lo que abordaremos en el próximo capítulo.

9

El duelo

Como superar la pérdida para que puedas sanar

Uno de los primeros sentimientos que tiene la gente al dejar una relación tóxica es un sentimiento de alivio abrumador. Puede sentirse como que al fin eres libre. Pero al final de cualquier relación también viene el duelo.

El duelo es algo difícil de procesar, incluso si tuviste una relación sana. Agrega una persona tóxica a la mezcla y puede sentirse como un tormento. También puede ser confuso porque sientes que tomaste la decisión correcta al eliminar a esta persona de tu vida y todavía sientes angustia. Mientras estás de duelo puedes sentir una variedad de emociones, a veces todas a la vez. Los sentimientos de alivio, frustración, ira, rabia, ansiedad, vértigo y tristeza son completamente normales.

Hay tantas cosas que complican el duelo después de una relación tóxica. Sentiste apego y amor hacia esa persona, por muy enfermiza que pudiera haber sido. No significa que algo esté mal contigo, significa que eres un ser humano y has experimentado una pérdida. Lo que es peor, estás de duelo no solo por la pérdida de tu relación, sino también por la amistad o compañerismo que creías tener; tu dolor se ve agravado por el hecho de que la persona con la que entablaste una relación no es la persona que dijo ser. Las personas tóxicas pueden tener una forma muy hábil de parecer algo que no son. Las personas tóxicas comienzan a mostrar su verdadero ser cuando ya están en una relación, y cuando esa máscara de amabilidad y comportamiento amoroso cae por primera vez, puede ser impactante.

Puedes estar de duelo por el hecho de tener que compartir la paternidad con una persona de alto conflicto por el resto de tu vida. Puede que hayas renunciado a tu empleo, por el que trabajaste tan duro, porque era demasiado tóxico para quedarse. Tal vez experimentes múltiples pérdidas a la vez si necesitas dejar de tener contacto con tu familia de origen por el bien de tu salud mental. Tal vez tengas varias transiciones de vida sucediendo a la vez.

Además, puedes estar de duelo por quien *eras* antes de que la relación o situación tóxica te cambiara. A lo mejor sonreías más y sentías más calma antes de conocer a esa persona o antes de que tu amistad se agriara. Puedes volver a ser esa persona, incluso una mejor versión de esa persona. Pero lleva algún tiempo sanar.

VE A TU PROPIO RITMO

Probablemente quieras sacudirte el dolor lo más rápido posible. Quizás te sientas bastante mal. Sin embargo, el duelo es algo curioso: cuanto más tratas de soltarlo, más te clava las garras.

Tal vez escuchaste decir que el dolor viene en oleadas. Te golpean de manera constante al principio, luego, con el tiempo, las olas se hacen más pequeñas y te derriban por periodos más cortos. De vez en cuando una ola masiva de dolor te golpea de la nada. Estas olas gigantes de dolor pueden aparecer cuando te encuentras con tu ex o exjefe o ves un programa que aborda temas sobre relaciones tóxicas. Si una persona tóxica ha muerto, tienes la finalidad de su muerte, pero aún puedes recordarla a medida que avanzas en tu vida. A veces no sabrás qué desencadenó el recuerdo. El punto es que la sanación del dolor y la pérdida es un proceso continuo.

En realidad, no hay un calendario fiable para el duelo. Cualquiera que te diga que hay un periodo de tiempo específico en el que debes comenzar a «sentirte mejor» o comenzar a salir de nuevo, no sabe la profundidad o la brevedad de tu dolor. Es posible que la gente te diga que es demasiado pronto para empezar a tener citas o que has estado en duelo «durante mucho tiempo». No dejes que nadie te juzgue ni te apresure. Solo tú puedes decir lo que es correcto para ti.

Tal vez debas sentarte con tu dolor o hablar sobre él para llegar al otro lado. De lo contrario, puedes sublimar tu dolor en comportamientos poco saludables, como la adicción. Puede ser útil hablar con un profesional de la salud mental que pueda guiarte a través del proceso de duelo. Si aún no trabajas con un terapeuta, consulta el capítulo 6, donde describo cómo encontrar un proveedor y pagar las sesiones. Es una inversión que vale la pena, sobre todo mientras superas el duelo.

EL MODELO DE KÜBLER-ROSS

Es posible que hayas oído hablar de las cinco etapas del duelo: negación, negociación, ira, depresión y aceptación. Este es un modelo que introdujo la psiquiatra Elisabeth Kübler-Ross, a finales de la década de 1960, y ahora se hace referencia a ellas comúnmente en la cultura pop. Estas etapas del duelo se aplican cada vez que se experimenta una pérdida, ya sea una ruptura, una muerte, una disminución de la salud o la pérdida de un sueño. Aunque a menudo pensamos en estas etapas como un proceso lineal común, estas no necesariamente pasan en un orden en particular, y se pueden experimentar más de una a la vez. Incluso puedes saltarte etapas o retroceder por etapas. Tan solo es un marco para lo que podrías encontrar y ayuda a las personas a ver que el proceso de duelo, si bien es único para cada persona, también es universal. Saber que todos en el mundo experimentan dolor en algún momento puede ayudarte a no sentirte tan solo.

SHOCK Y NEGACIÓN

No puedes creer que tu relación haya terminado. Si una persona tóxica rompió contigo, es posible que te hayas desvinculado cuando te dijo que todo había terminado. La disociación ocurre cuando sientes que no estás presente. Tu cerebro «falla». Si dejaste la relación, es posible que hayas sentido euforia mientras te alejabas. Es posible que sientas muy poca culpa o remordimiento.

NEGOCIACIÓN

Te dices a ti mismo o a ti misma que harás cualquier cosa para volver a la relación. Si crees en un poder superior, puedes rezar o incluso suplicar que renunciarás a algo si tu antigua amistad o pareja regresa. Puede que desees cambiar tu nuevo trabajo por el que tenías.

IRA

Tu ira durante el proceso de duelo puede estar dirigida hacia ti, hacia tu ex o hacia un amigo, amiga o familiar. Es posible que sientas enojo porque pasaste mucho tiempo en la situación o porque te trataron mal y de manera injusta. Quizás te enojes porque no hablaste más durante la relación (aunque hablar podría haber provocado lesiones). Tal vez sientas enojo hacia la familia y los amigos que te alentaron a dejar la relación.

DEPRESIÓN

Quizás tengas dificultades para levantarte de la cama o que no te interesen las cosas que antes te interesaban. La depresión no siempre parece tristeza; también puede parecer que tus sentimientos se han silenciado hasta el punto en que no sientas nada.

En la depresión, algunas personas pueden pensar en lastimarse o suicidarse. Si esto te sucede, comunícate con un profesional de la salud mental. Puedes llamar a la Línea de la Vida, al 800-911-2000.

ACEPTACIÓN

Has llegado a un acuerdo con el hecho de que tu relación ha terminado. Sabes que en algún momento estarás bien, entrando en una nueva normalidad para tu vida y sintiéndote más como tú nuevamente. Si bien la aceptación puede verse como un buen lugar para estar en el proceso de duelo, no significa que estés por completo libre de duelo o que no puedas regresar a una etapa anterior, y eso es muy normal. Has crecido y estás progresando.

DUELO COMPLICADO

Las cinco etapas del duelo terminan con la aceptación, y lo que sucede en general es que abrazas una «nueva normalidad». No obstante, ¿qué pasa si los sentimientos de pérdida no parecen desaparecer o mejorar con el tiempo, sino que te atormentan y es difícil pensar en otra cosa? Esto es lo que los profesionales de la salud mental denominan «duelo complicado», y le sucede a un pequeño porcentaje de personas que están de duelo (entre 7 y 10%). Es el duelo que está más allá de lo que razonablemente se espera que sienta una persona después de una pérdida. En el duelo complicado, el cerebro reacciona ante una pérdida de manera similar a como reaccionaría ante el abandono repentino de una sustancia adictiva.[1]

Muchas veces las personas que han sufrido traumas por personas o relaciones tóxicas desarrollan un duelo complicado porque, como comentamos en capítulos anteriores, es posible que una persona tóxica aún esté tratando de recuperarte y no puedas tener un cierre. Cuando tienes un duelo complicado puedes experimentar algo de lo siguiente:

* Preocupación excesiva

* Pensamientos obsesivos

* Evitar lugares que te recuerden tu pérdida

* Usar sustancias u otras conductas adictivas para evitar sentir dolor

* Cambios de humor

* Reprimir o contener las emociones

* Incapacidad para aceptar la pérdida

* Dificultad para practicar el autocuidado o la higiene

* Dificultad para visualizar una vida significativa o un futuro sin la persona

* Sentimientos profundos de ira

* Dificultad para manejar las actividades diarias

* Pensamientos de suicidio

Algunos factores aumentan el riesgo de desarrollar un duelo complicado. Podrías estar en riesgo si ya tienes depresión y/o ansiedad, problemas de abuso de sustancias, problemas de salud física, sentimientos de dependencia a los demás, sentimientos de culpa, percepción de falta de apoyo social o conflicto familiar.[2] También es más probable que experimentes un duelo complicado si tienes una visión negativa de ti mismo o de ti misma y tuviste una relación hostil o conflictiva con la persona que perdiste; por lo tanto, una relación tóxica por su naturaleza puede hacerte más susceptible.[3]

«Cuando decidí cortar el contacto con mi familia, debido a que negaron el abuso que soporté, pensaba que experimentaba el dolor de la misma manera que otras personas. Pero luego ocurrió lo que yo llamo un 'giro brusco' y me sentí debilitado. Dejé de comer durante días y sentía que me iba a morir del dolor. Afortunadamente un amigo se sinceró conmigo y dijo que mi dolor parecía ser más intenso que el de otras personas y que necesitaba ayuda».

VICTOR, 40

Si experimentas un duelo que parece no aliviarse o te causa dificultades en tu desempeño diario, habla con un profesional de la salud mental que se especialice en duelo y pérdida (consulta el capítulo 6 si necesitas más ayuda al respecto).

PÉRDIDA EN VIDA Y PÉRDIDA AMBIGUA

Si tuviste que cortar lazos con amigos o familiares debido a un comportamiento tóxico, lo más probable es que estés pasando por un duelo por personas que aún están vivas, lo que puede hacer que tu dolor se sienta incompleto e interminable. Cuando las personas experimentan un duelo que no se debe a una muerte, se denomina *pérdida en vida* o *pérdida ambigua*.

Con una pérdida ambigua es posible que te quedes en una especie de limbo. La persona no está muerta, por lo que puedes aferrarte a la esperanza de que algún día vuelva a ti o que la situación cambie. O, incluso si no quieres volver a verlos, es posible que debas hacerlo porque tienen hijos o trabajan juntos. Esto complica el proceso de duelo; es más difícil aceptar que por fin la relación ha terminado y que sigas con tu vida.

Como exploramos en el capítulo 3, a veces necesitas obtener el cierre por tu cuenta o aceptar el hecho de que puede ser que nunca obtengas el cierre que deseas. El siguiente ejercicio de reflexión es otra forma de procesar estas experiencias y de encontrar paz.

«¿Cómo se supone que voy a sanar si lo veo de vez en cuando?».

CHANDRA, 28

EJERCICIO DE REFLEXIÓN: CREA TU PROPIO FINAL

Cuando no obtienes el final que querías o necesitabas para una relación o situación, puedes crear tu propio final. Anota los detalles de la relación tóxica, incluso cómo terminó. Ahora escribe el resto de la historia. ¿Qué vas a lograr ahora que ya no tienes una relación emocionalmente tóxica? ¿Para qué tendrás tiempo ahora en el que antes no tenías porque dedicaste tiempo a anticipar lo que la otra persona quería? ¿Cómo crecerás a partir de esta experiencia? Tal vez puedas viajar a lugares o realizar actividades que de otro modo estarían «prohibidas» porque la persona tóxica no lo aprobaba. Escribe todas las formas en que te convertirás en una mejor persona a partir de esta experiencia.

CUANDO UNA PERSONA TÓXICA MUERE

Jessie creció con tres hermanas y una madre que ponía a las niñas en contra unas de otras. Su madre y sus hermanas la veían como una «niña mala» porque a menudo se metía en problemas por portarse mal en la escuela. Su madre la castigaba aún más, mientras colmaba a sus hermanas de elogios y regalos.

Una Navidad, Jessie corrió emocionada escaleras abajo y miró debajo del árbol. Para su sorpresa, no recibió nada, mientras que parecía que sus hermanas habían recibido aún más regalos de lo habitual. Jessy comenzó a llorar. «Aguántate», dijo su madre con frialdad. «¿Por qué esperabas algo cuando has sido una niña tan problemática?». Jessie nunca olvidó cómo se sintió al escuchar esas palabras.

A medida que Jessie se hizo adulta tuvo menos contacto con su madre y sus hermanas. Con la ayuda de su terapeuta, Jessie vio que no tenía la culpa de cómo la había tratado su madre. Cuando tenía poco más de veinte años, finalmente cortó toda comunicación con ellas.

Cinco años después recibió una llamada de un número desconocido. Era una de sus hermanas. Su hermana dijo que su madre se estaba muriendo y que Jessie tenía «una oportunidad más de hacer lo correcto por mamá».

Jessie sintió que de nuevo la arrojaban al papel de «niña mala». Estaba en conflicto: una parte de ella no quería tener nada que ver con su madre o sus hermanas, mientras que otra parte quería algún tipo de cierre. Entonces, Jessie decidió visitarla una vez más para despedirse de su madre.

Cuando llegó a la habitación de su madre en el hospital, se sorprendió de lo diferente que se veía su madre. En la memoria de Jessie, su madre era una figura grande e imponente. Ahora parecía más pequeña, encogida en una cama de hospital. Jessie contuvo la respiración, casi esperaba que su madre se disculpara por la forma en que había tratado a Jessie durante todos esos años. Pero su madre la miró y se burló: «Ah, mira, hemos sido bendecidas por tu presencia». Jessie se quedó durante media hora antes de que no pudiera soportar más comentarios mordaces. Sintiéndose enojada pero extrañamente abatida, Jessie se alejó del hospital y regresó directo a su casa.

Cuando se reunió con su terapeuta más tarde esa semana, Jessie se echó a llorar. Su terapeuta dijo: «Jessie, incluso si las cosas no salieron como querías, hiciste un esfuerzo. Hiciste lo que sentiste que era correcto. No quiero ser brusco, pero recuerda que los malos eventos no hacen que las personas malas se conviertan en mejores personas». También habló con Jessie sobre la mujer valiente, saludable e independiente en que se había convertido a pesar de su crianza.

Jessie no asistió al funeral de su madre y en su lugar se embarcó en un viaje que había esperado por mucho tiempo. Jessie todavía está superando su dolor por la relación con su madre y sus hermanas, pero siente paz.

Al igual que en el caso de Jessie, es posible que haya muerto un padre o una pareja tóxicos, y sientes mucho conflicto. Sientes una pérdida, pero no como la que experimentaron tus amigos cuando murió alguno de sus padres o una pareja emocionalmente saludables. También lamentas al padre o pareja que deberías haber tenido, uno que te apoyara y realmente te amara. Sentirse en conflicto o tener sentimientos contradictorios sobre una persona tóxica que falleció es completamente normal. Puedes sentir ira, alivio, tristeza, desilusión, euforia y muchos más sentimientos, a veces todos a la vez. Puedes recordar buenos momentos, seguidos de recuerdos que preferirías borrar por completo. Escribir en un diario y hablar sobre tus experiencias con esa persona, en especial con un profesional de la salud mental (PSM), puede ser muy útil para clasificar tus sentimientos y expresarlos. Cuanto más proceses tu duelo hablando, escribiendo o expresándolo de otras maneras, menos posibilidades tendrás de desarrollar un duelo complicado.

«Cuando alguien me dice: 'Ella está en un lugar mejor', no quiero que esté en un lugar mejor. Ella hizo de mi vida un infierno. Pero decirle a alguien que te alegra que tu madre haya muerto no es en realidad lo que se supone que digas».

JUNE, 22

EJERCICIO DE REFLEXIÓN: PROCESAR SENTIMIENTOS SOBRE UN AMIGO O FAMILIAR FALLECIDO

¿Sientes enojo, tristeza, decepción, alivio, o todo eso? Anota los sentimientos que estás experimentando en este momento, tantos como puedas. Mientras escribes, no te juzgues por lo que estás escribiendo; no hay una forma correcta o incorrecta de sentirse cuando muere alguien que te causó dolor. A medida que avanzas en el proceso de duelo, asegúrate de volver a hacer este ejercicio. Si sientes que te estancas con tu duelo, revisa lo que escribiste semanas o meses antes. Puede que descubras que has experimentado más crecimiento personal de lo que pensabas.

EJERCICIO DE REFLEXIÓN: ESCRIBIR UNA CARTA
A LA PERSONA FALLECIDA

Escribir tus sentimientos en una carta puede ser útil debido a que ya no puedes decirle a la persona tóxica cómo impactó tu vida. Escríbele a la persona sobre tus recuerdos de ella, cómo afectó tu vida y cómo cambió la forma en que ves el mundo que te rodea, cualquier cosa que todavía quieras decirle. También escribe cómo has sanado de su legado de comportamiento poco saludable. Puedes guardar la carta en tu diario para revisarla a medida que avanzas en el proceso de duelo, o de modo simbólico puedes dejarla ir al romperla con la mano, tirándola, o quemándola.

TENER UN DUELO POR DEJAR TU TRABAJO

Si dejaste tu trabajo porque una persona tóxica hizo que tu vida laboral fuera miserable, es posible que hayas renunciado a un trabajo que te colocaba en una gran carrera profesional. Aunque vale la pena dejar tu trabajo para disminuir el estrés emocional y físico, todavía te enfrentas a una pérdida. Es muy injusto que el comportamiento de otra persona te haya hecho renunciar a una oportunidad obtenida con tanto esfuerzo.

Una de las mejores maneras de sanar es empezar a buscar un nuevo empleo. Ponte en contacto con personas con las que disfrutaste trabajar en el pasado y ve si la empresa está contratando. Antes de unirte a una nueva empresa, pregunta a los empleados anteriores y actuales sobre sus experiencias. Algunas personas dejaron entornos de trabajo tóxicos y se convirtieron en consultores o incluso competidores de su antigua empresa. Verifica el acuerdo de empleado para ver si tiene una cláusula de no competencia. Consulta con un abogado si no estás seguro o segura de poder trabajar para un competidor debido a tu contrato.

Puedes considerar cambiar de campo. Un consejero de carrera es un PSM con licencia que tiene capacitación adicional para ayudarte a descubrir qué carreras pueden ser más adecuadas para ti. También puede ayudarte a superar este dolor, hablar sobre cómo tu trabajo afectó tu bienestar o autoestima, o cómo los eventos de vidas pasadas influyeron en tu elección de carrera. Puedes reunirte con un consejero de carrera en persona o en línea, cualquier formato es efectivo.[4] De igual modo puedes encontrar útil un grupo de apoyo. Pregúntale a un consejero de carrera si conoce algún grupo que sea específico para personas que experimentaron un ambiente de trabajo tóxico. Si buscas un consejero de carrera, debes saber que esto no es lo mismo que un entrenador laboral. Un entrenador laboral puede ayudarte con tu currículum o practicar una entrevista, pero no es un PSM con licencia y, como tal, no está capacitado para ayudarte con los problemas más profundos del duelo.

> «Pensé que había elegido bien la carrera. En cambio, tuve un jefe que me atormentaba. Tuve que irme y siento que no se ha hecho justicia».
>
> MARICELA, 35

EJERCICIO DE REFLEXIÓN:
REVISA TU EXPERIENCIA LABORAL TÓXICA

Escribir lo que experimentaste en tu lugar de trabajo tóxico puede ser útil. Cuando escribimos experiencias traumáticas, esto nos ayuda a procesarlas y llegar al punto en el que podamos considerar dejar ir esos pensamientos. Escribir tus experiencias no hace que los eventos desaparezcan de tu memoria, pero puede hacer que esos recuerdos desagradables sean menos intrusivos y más manejables.

De igual modo, puedes escribir lo que disfrutaste de tu trabajo para saber qué buscar en el futuro. Tal vez tu jefe era un tirano, pero te gustaba trabajar en equipo con tus compañeros. A lo mejor tuviste un compañero de trabajo que saboteó tu trabajo, pero pensabas que los valores de la empresa coincidían con los tuyos. También escribe lo que aprendiste de la experiencia. Si ves a un consejero de carrera, considera compartir lo que escribiste para que te brinde una mejor ayuda.

EL DUELO EN LA COPATERNIDAD

Cuando compartes la paternidad con una persona de alto conflicto puedes experimentar diferentes niveles de dolor y estrés. Estás de duelo por la relación sana y funcional que pensabas que ibas a tener. El padre compartido puede ser una persona que ya no reconoces. Ciertamente, ella no es la persona que conociste en las primeras etapas de tu relación. Puedes estar de duelo por el padre que sientes que tus hijos en verdad merecen. Puedes sentir enojo no solo con el padre compartido, sino también contigo. Si estás luchando por perdonarte, consulta el capítulo 4.

Aunque puede ser difícil reconocerlo o admitirlo, puede ser que también estés de duelo por el hecho de que incluso tuviste hijos con esa persona. Si te arrepientes de ser padre o madre, no eres la única persona. Muchas personas dudan en hablar de ello por temor a parecer «un mal padre/una mala madre» o temen ser juzgadas. No es algo de lo que se hable de forma abierta, y quizás debería ser así. Sentir que las cosas te rebasan y que te arrojan a una situación de copaternidad, posiblemente no por elección propia, puede generar muchos sentimientos contradictorios. Tienes derecho a tus sentimientos, incluso a los que dan miedo y son desagradables.

Superar el duelo de la crianza compartida por tu cuenta puede afectar tu relación con el padre compartido e incluso con tus hijos. Tal vez quieras hablar con un profesional de la salud mental que se especialice en problemas de crianza compartida con una persona de alto conflicto. Un profesional de salud mental puede ayudar a guiarte en el manejo de los problemas con el padre compartido a medida que surjan.

«Si hubiera sabido entonces lo que sé ahora, ni siquiera habría tenido una primera cita con él. Ahora tengo que lidiar con él el resto de mi vida».

MARIEL, 40

Además de un profesional de la salud mental, un coordinador parental puede facilitar la crianza conjunta con un padre compartido de alto conflicto. Para obtener más información sobre los coordinadores parentales, consulta los capítulos 1 y 5.

REVISA: ESTAR EN COPATERNIDAD CON UNA PERSONA
DE ALTO CONFLICTO

Responde sí o no a las siguientes afirmaciones:

1. Resentimiento a mis hijos.
2. La mayor parte del tiempo siento enojo hacia el padre compartido.
3. Cuestiono mi habilidad para criar a mis hijos después de hablar con el padre compartido.
4. Desearía que el padre compartido desapareciera.
5. Algunas veces no quiero que mis hijos vean al padre compartido.
6. Casi siempre terminan en pelea las conversaciones que tengo con el padre compartido.
7. Siento que el padre compartido me acosa.
8. El padre compartido me retiene la manutención de nuestros hijos.
9. Siento que el padre compartido prueba de modo constante los límites de nuestro plan de crianza.
10. Me es difícil no hablar mal del padre compartido enfrente de mis hijos.

Si respondiste que sí a cualquiera de estas afirmaciones, considera buscar la orientación de un profesional de la salud mental y un coordinador parental. Muchos padres compartidos de personas con muchos conflictos experimentan estos mismos sentimientos y más. Obtener apoyo para una situación difícil, como la crianza compartida con una persona tóxica, puede ayudarles a tus hijos y a ti a alcanzar un lugar de estabilidad incluso cuando el otro padre se porta mal.

APÓYATE DURANTE EL DUELO

Además de trabajar en el duelo con tu terapeuta, hay cosas que puedes hacer para ayudar a crear un entorno enriquecedor en el cual sanar. Conéctate con otras personas que puedan consolarte y asegurarte de que se satisfagan tus necesidades.

HAZLES SABER A LOS DEMÁS

Mientras atraviesas el duelo, házselo saber a tus amigos y familiares de confianza. Si trabajas para restablecer conexiones después de tu relación tóxica, vuelve a consultar el último capítulo para obtener orientación; quieres tener la seguridad de que te rodeas de personas sanas mientras estás de duelo. Diles a los demás lo que necesitas, ya sea alguien que te escuche o ayude a formular soluciones, o sencillamente que te dejen solo o sola. Si no sabes lo que necesitas, díselo también a tus seres queridos. No se espera que sepas lo que quieres mientras estás en la montaña rusa del dolor.

Hazles saber a tus amigos y familiares que no quieres hablar sobre la persona o situación tóxica a menos que lo menciones primero. Que familiares y amigos mencionen a la persona puede impedir tu proceso de curación. Cuando le dices a la gente con anticipación que no quieres hablar de la persona a menos que tú la menciones, esto disminuye las posibilidades de comentarios dañinos de los demás.

En ocasiones las personas te dicen cosas estúpidas mientras estás de duelo, principalmente porque no tienen palabras adecuadas que decir. Lo que dicen puede tener buenas intenciones, pero sus palabras aun así duelen. Puede sentirse muy doloroso si de por sí ya lo sientes como un nervio en carne viva, y todavía los amigos y familiares de confianza parecen juzgarte por manejar tu dolor.

A veces puede ser difícil saber si alguien tuvo buenas intenciones con la estupidez que dijo o si fue malintencionado. Observa el patrón de comportamiento de la persona. ¿Es esta una persona que ha dicho cosas groseras, insensibles o crueles en el pasado? Si es así, puede ser una persona tóxica de la que solo debes alejarte sin decir ningún comentario de despedida. Si se trata de una persona que parece haber actuado en tu beneficio en el pasado, puede ser útil decirle: «Sé que solo tratas de ayudar. Decir lo que necesito o no necesito hacer mientras paso por este dolor me causa más daño que bien. Lo que necesito en este momento es solo a alguien que me escuche». Al indicar el problema y lo que necesitas, estás demostrando ser una persona proactiva y te estás enfocando en dónde pueden ir tus amigos y familiares y tú a partir de este punto.

MANTENER LÍMITES SALUDABLES

Establecer límites con los demás es esencial en este momento. Al igual que muchos que salieron de situaciones tóxicas, tal vez sientas que no tienes buenos límites. Lo más probable es que hayas tenido buenos límites a lo largo de tu vida, es solo que fueron desmantelados sistemáticamente en esta relación o situación en particular. Una de las mejores formas en que puedes cuidarte es al decir «no». Recuerda que «no» es una oración completa. Si bien es socialmente más aceptable decir: «No, pero gracias por preguntar», no tienes la obligación de decir por qué rechazas una solicitud. Vuelve a consultar el capítulo 5 si deseas obtener más orientación sobre cómo restablecer los límites.

PON PRIMERO TU RUTINA DE CUIDADO PERSONAL

Tomar tiempo para ti es crucial cuando estás de duelo. Necesitas poner tu salud, emocional y física por encima de todo para sanar. Cuando te sientes mejor físicamente, como cuando duermes lo suficiente y haces ejercicio, es más probable que te sientas mejor mental y emocionalmente. El ejercicio incluso reduce la inflamación y la neuroinflamación que pueden desencadenar un trastorno depresivo mayor.[5] Las interrupciones del sueño pueden ocurrir cuando experimentas ansiedad y trastorno de estrés postraumático (TEPT).[6]

Trátate como tratarías a tu mejor amigo o amiga: esta práctica de autocompasión puede ayudarnos a hacer que un día difícil sea un poco más fácil, nos da permiso para descansar cuando lo necesitamos y puede motivarnos para seguir adelante. Si lo necesitas, vuelve a leer el capítulo 7, el cual tiene muchas sugerencias sobre formas de practicar el cuidado personal.

Además de hacer ejercicio, considera unirte a un grupo de apoyo, asistir a terapia y escribir un diario. Muchas personas descubren que crear algo, ya sea a través de la carpintería, la pintura o cualquier otra actividad práctica, les ayuda a calmar la mente mientras experimentan el duelo. Y a veces solo necesitas sentir los sentimientos para superarlos. Cuando estés en medio del dolor recuerda que, por muy fuerte que sea este sentimiento, es algo temporal. Habrá días en los que te sientas mejor.

INVOLÚCRATE

A medida que comiences a sentirte con más equilibrio y sigas adelante con tu vida, involúcrate ofreciendo tus servicios a un voluntariado en un grupo o una causa en la que creas. Mantenerte con la mente ocupada (dentro de límites saludables) no solo puede ayudarte a manejar el duelo, sino que también puede ayudarte a reconectar con la gente, ver lo bueno de la vida y desarrollar un sentido de propósito y significado.

———•◦•———

Cuando experimentas cualquier tipo de pérdida pasas por un proceso de duelo. Sin embargo, cuando se trata de una relación o situación poco saludable, el duelo puede ser más intenso y complicado. Si bien aceptar tu pérdida es el objetivo final, hacer el duelo por una persona tóxica, en particular si aún está viva, puede ser estresante. En este capítulo exploramos estrategias para sobrellevar el dolor hasta que te sientas más tú otra vez. Cuando sientas disposición, el voluntariado puede ayudarte a reavivar tu sentido de propósito en la vida. En el próximo capítulo descubrirás por qué el voluntariado puede ser una excelente opción y obtendrás algunas ideas sobre cómo participar.

10

Haz un voluntariado

Cómo recuperar tu propósito a través del altruismo

Haz recorrido un largo camino hacia la sanación de tu relación tóxica. Ya bloqueaste o minimizaste el contacto y estableciste límites. Tal vez estés haciendo un buen progreso al trabajar con un terapeuta. A lo mejor volviste a conectar con amigos y familiares con los que no habías pasado mucho tiempo. Te das tiempo para llorar. Te tratas con amor y perdón, y pones como número uno el cuidado personal. Entonces, este próximo paso en el proceso de sanación tal vez te tome por sorpresa: el voluntariado, ¿en serio?

Puedes sentir que no tienes el tiempo o la energía para hacer un voluntariado, sobre todo en este momento. Pero salir a tu comunidad y dar el regalo de tu tiempo es realmente una de las mejores maneras de reconstruir tu vida. Cuando estás en crisis, preguntar «¿Cómo puedo ayudar?» puede ser una acción muy poderosa. Cuando ayudas a los demás, también te ayudas a ti. ¿Por qué? Bueno, el voluntariado tiene muchos beneficios que te ayudarán en tu proceso de sanación. Te recuerda que tienes valor y un propósito en la vida. Es una excelente manera de conectarte con tu comunidad y conocer gente nueva. Te recuerda tus pasiones en la vida. Y, en un nivel muy básico, te ofrece una forma saludable de mantener a tu mente ocupada.

Además de explorar estos beneficios, en este capítulo aprenderás cómo encontrar oportunidades de voluntariado y cosas importantes que debes tener en cuenta.

¿ESTÁS LISTO O LISTA PARA HACER UN VOLUNTARIADO?

Si sientes que no tienes el tiempo o la energía para agregar el voluntariado a tu horario, lo entiendo. Todos llevamos una vida ajetreada, y cuando estás superando el duelo puedes sentir cansancio físico y emocional. Además puedes sentir que no puedes emprender otro intento de ser fuerte, ya que has tenido que resistir demasiado para sobrevivir emocionalmente.

No obstante, la empatía y el altruismo están relacionados de forma estrecha con la resiliencia ante el estrés; trabajar para desarrollar esta compasión por los demás puede ayudar a desarrollar la fuerza interior.[1] Además, ya demostraste resiliencia, por lo que es muy probable que también tengas un alto nivel de altruismo. El altruismo es el acto de ayudar a los demás sin esperar nada a cambio. Practicar el altruismo y la empatía de manera intencional puede ayudar a aumentar tu resiliencia y satisfacción con la vida.

Cultivar un sentido de compasión por los demás a través del voluntariado puede ayudar a crear un «colchón» entre nosotros y el trauma que hemos soportado.[2] Esto es en particular importante si la situación tóxica en la que te encontrabas te ha hecho ver las cosas de manera cínica y te hace sentir depresión sobre cuánto poder tienes para cambiar tu vida. Cuando haces un voluntariado ves en tiempo real cómo ayudas a los demás. Cuando ayudamos a otros nos ayudamos a nosotros mismos. Cuando das el regalo de tu tiempo aumenta tu nivel de satisfacción con la vida.[3] Es posible que hayas sido una persona generosa mucho antes de estar en una relación o situación tóxica. Si una pareja tóxica te prohibió participar en cualquier actividad independiente, es posible que te haya causado sentimientos de ira y dolor. Si eras excepcionalmente altruista, no poder ayudar a los demás puede causar, en particular, problemas como ansiedad y depresión.[4]

Una advertencia. Quizás descubras que te sobrecargas porque ha pasado mucho tiempo desde que tenías el control total de tu tiempo.

Para no quitarle tiempo al descanso y cuidado personal, es posible que te relajes un poco con el voluntariado, en especial si estás aprendiendo a restablecer los límites y reafirmar tus derechos y deseos como persona. (La terapia y otros trabajos introspectivos, como escribir un diario, pueden ayudar).

«Rodearme con personas que trabajan por un objetivo común me ayudó a concentrarme en lo que sucedía afuera de mi vida».

DEBRA, 56

MANTÉN TU MENTE OCUPADA

En un nivel básico, ofrecer tu tiempo al hacer un voluntariado te brinda una forma saludable y productiva de mantener a tu mente ocupada, lo que te ayuda en el proceso de sanación. Tener cierto sentido de la estructura en tu día puede ayudar a reducir la ansiedad y la depresión. Además, el ayudar a otros puede proporcionar una distracción grata para disminuir la cantidad de tiempo que piensas en tu situación actual. A veces, cuando pasas por algo traumático, *reflexionas* sobre ello, lo piensas una y otra vez y no puedes dejarlo ir. Cuando te ocupas en ayudar a los demás es posible que tu mente deje de lado lo que te molesta de forma natural. Liberar tu mente del pasado, aunque sea de manera temporal, puede ayudarte a abrirte más a experimentar cosas nuevas y conocer gente.

Dicho esto, es importante lograr el equilibrio adecuado para que puedas procesar tus emociones y superar el duelo, como vimos en el último capítulo. Sé honesto u honesta contigo acerca de tu motivación para involucrarte. ¿Llenas tu horario para mantener tu mente ocupada y así poder evitar sentir el dolor del duelo? Si bien mantenernos ocupados puede ser útil para reconstruir de nuevo nuestra vida y mantenernos distraídos, es importante sentarnos con nuestros sentimientos y experimentarlos.

«Pasaba la mayor parte del día pensando en mi ex y en lo que me hizo pasar. Cuando comencé a ser voluntaria descubrí que el tiempo pasaba más rápido y él no ocupaba tanto espacio en mi mente».

SHERRY, 50

Considera hacer el voluntariado por pocas horas y ve cómo eso encaja en tu vida. ¡Siempre puedes aumentar la cantidad de horas después!

ENCUENTRA TU PROPÓSITO Y RECONSTRUYE TU AUTOESTIMA

Las personas tóxicas tienen una forma de menospreciar hasta el punto en que renuncias a quién querías ser y qué querías hacer con tu vida. Incluso puede que luches contra la baja autoestima, como si no tuvieras mucho que aportar a tu propio bienestar o al mundo que te rodea.

El voluntariado nos recuerda todo lo que valemos, y cada uno de nosotros tiene mucho que dar. Tienes algo que aportar, incluso si sientes que no tienes nada que ofrecer. Tus habilidades y tu tiempo son valiosos, y nada lo deja más claro que usarlos para el bien. Cuando das a los demás a través del voluntariado, también obtienes una idea de tu propósito en la vida. Encontrar sentido a la vida, en gran parte, se trata de contribuir con tu comunidad o con tu gente.

Es importante tener en cuenta que cuando dejas una situación tóxica puede que no recuperes tu autoestima de inmediato; tienes que pasar por una serie de pequeños pasos para poder reconstruirte. Conectar con otros a través del voluntariado es una excelente manera de dar esos pequeños pasos hacia la independencia. Cuanto más logres con éxito por tu cuenta, más aumentará tu autoestima. Asimismo, te muestra que eres capaz no solo de ayudar a los demás, sino también de ayudarte a ti. Puede que descubras que tu salud general mejora cuando haces un voluntariado, y no solo tu salud mental sino también tu salud física.[5] Se ha demostrado que el voluntariado aumenta la autoeficacia y la autoestima.[6] Cuanto más te sientas mejor contigo, más tiempo y energía tienes para mejorar tu calidad de vida.

Si dejaste un lugar de trabajo tóxico y actualmente buscas empleo o tomas un descanso de trabajo, el voluntariado puede ser una excelente manera de llenar el vacío. A veces el voluntariado genera oportunidades que de otro modo no habrías visto. Construyes una red de personas que pueden ayudarte a encontrar un nuevo trabajo. Hacer un voluntariado después de dejar tu trabajo te da una forma-

«Cuando corté el contacto con mi familia tóxica sentí que no tenía nada que aportar a nadie. Ahora me rodeo de gente que me dice cuánto ayudo y eso me hace sentir muy bien».

JOSUE, 26

ción positiva para poner en tu currículum. Además es mejor decir que pasaste tu tiempo haciendo un voluntariado después de dejar tu trabajo que explicar por qué hay un vacío en tu currículum.

RECONECTA Y EMPÚJATE A SALIR DEL AISLAMIENTO

Como ya vimos en capítulos anteriores, las situaciones tóxicas pueden ser en extremo aislantes. Puede ayudarte a sentir más conexión con la sociedad en general si vieras a las personas que te rodean y a ti como parte de un plan mayor. Cuando das tu tiempo y energía, ayudas a conectarte con los que te rodean, ya sean personas o animales.

Si aún no te sientes preparado o preparada para ser muy sociable, puedes elegir qué tanta exposición quieres ante los demás según dónde y cómo ofrezcas hacer tu voluntariado. Si quieres tener contacto social de forma gradual, busca oportunidades de voluntariado donde puedas hacer trabajo de oficina u otro trabajo con contacto cara a cara limitado. Puedes avanzar hacia más interacciones en persona a medida que crece tu confianza en las personas.

Es importante destacar que el voluntariado nos recuerda que no estamos solos. Cuando acabas de salir de una situación tóxica puedes sentir que eres la única persona que ha experimentado ese tipo de abuso. Incluso tal vez sientas que todos están mejor que tú. Ofrecerte a hacer un voluntariado con personas necesitadas te ayuda a darte cuenta de que todos tenemos dificultades. No eres la única persona que está sufriendo. Si bien puedes pensar que sería deprimente, puede ser reconfortante ver a otras personas que experimentan dificultades mostrando resiliencia.

REDESCUBRE TUS PASIONES Y ENCUENTRA NUEVOS INTERESES

Alma siempre disfrutó de la costura. Recordaba las enseñanzas de su abuela cuando era una niña. Era una forma de expresarse y, cada que podía, regalaba lo que hacía a familiares y amigos. Cosió una colcha para su novio, Liam. Durante una de sus muchas discusiones, Liam le dijo que la colcha era fea, que eran «para señoras mayores» y que parecía que la cantidad de tiempo que ella había dedicado a la colcha era equivalente a la cantidad de tiempo que había dedicado a su relación, «casi cero esfuerzo». Alma dejó de coser después de eso. Tan solo mirar su máquina de coser le recordó el abuso verbal de Liam.

Un día después de que Alma finalmente dejó a Liam, se acercó a su máquina de coser y le quitó la cubierta. Habían pasado al menos dos años desde la última vez que la usó. Fue como volver a conectar con una vieja amiga. Día tras día, Alma volvió a coser, reconectando con una parte de sí misma oculta durante mucho tiempo. También sintió que volvía a conectar con su familia a través de la costura al recordar los maravillosos momentos que pasó con su abuela en la máquina de coser. Alma decidió que quería compartir sus conocimientos de costura con los demás. Encontró una organización que enseñaba costura a mujeres que habían sobrevivido a la violencia doméstica y estaban aprendiendo una nueva habilidad comercial. Pensó que esto encajaba a la perfección: podría compartir su amor por la costura con otras personas y ayudaría a otras mujeres a adquirir habilidades e independencia. Y, sobre todo, sintió orgullo y conexión por enseñar a otros como su abuela le había enseñado a ella hace mucho tiempo.

¿Tuviste, como Alma, un interés o una pasión por la que tu expareja tóxica, tus amigos o tu familia te ridiculizaron o te impidieron seguir?

Ahora es el momento de empezar de nuevo o incluso probar algo nuevo. No tienes que responderle a nadie, así que disfruta de tu tiempo. Las experiencias de voluntariado pueden ser oportunidades para volver a ponerte en contacto con tus pasiones en la vida o probar cosas nuevas con un riesgo limitado para ti. El voluntariado es una gran manera de aprender habilidades. Si te metes a un voluntariado, la organización se compromete a enseñarte la mejor manera en que puedes ayudarles. Investiga algunas organizaciones que puedan ser adecuadas para ti en función de tus pasiones y habilidades. Por ejemplo, si amas a los animales y se te da muy bien escribir, comunícate con un refugio local para ver si le vendría bien ayuda para escribir biografías atractivas para mascotas que esperan adopción.

«Mi ex me dijo que mis pasatiempos eran ˙estúpidos˙ y me quitaban el tiempo que debería gastar en él. Gracias al voluntariado aprendí que hay muchas otras personas que comparten los mismos intereses que yo».

JANICE, 70

CÓMO PARTICIPAR

A estas alturas, espero que veas por qué recomiendo el voluntariado como ninguna otra cosa, pues puede ayudarte a sanar y crecer. Entonces, ahora hablemos un poco sobre cómo hacerlo.

Hay muchas maneras de involucrarse, y creo que obtendrás la mayor satisfacción al dedicar tiempo a hacer algo que en verdad disfrutes o que marque la diferencia por una causa o un problema que es importante para ti. Entonces, ¿qué ideas podría darte eso? ¿Tienes

algún interés particular, como el bienestar animal? ¿O te gusta trabajar con un grupo de edad específico? Aquí hay algunas ideas para
comenzar:

* Organiza una campaña de donación para recolectar artículos para una despensa de alimentos, un refugio o una
  escuela.

* Ayuda a tus vecinos con las necesidades diarias, como
  llevar a los niños a la escuela, cuidar el césped de un vecino anciano, pasear perros o tomar fotografías durante
  los eventos.

* Dona sangre o plasma.

* Da tutoría en una escuela o da lecciones gratuitas en algo
  en lo que seas hábil.

* Ve como acompañante a una excursión.

* Busca oportunidades de voluntariado en una biblioteca,
  un centro comunitario, un refugio de animales, una organización de artes escénicas o una despensa de alimentos.

* Comunícate con una organización local donde puedas
  dar asesorías a niños.

* Conviértete en docente o guía en un museo local o sitio
  histórico.

Revisa en línea un sitio que se especialice en enumerar oportunidades de voluntariado (consulta la bibliografía, página 277). Además, pide recomendaciones a amigos y familiares de confianza.

AGENDA LAS OPORTUNIDADES DE VOLUNTARIADO

No es necesario que hagas el voluntariado en una organización: hay muchas maneras de hacer servicio comunitario por tu cuenta (por ejemplo, puedes recoger pedidos de comida para tu vecino que está enfermo o donar algunos materiales de artesanía a una escuela primaria local). Dicho esto, unirse a una organización existente hace que sea mucho más fácil para ti conectar con otros y hacer nuevos amigos. Si decides involucrarte con una organización, ve qué tipo de inversión de tiempo quieren de un voluntario y asegúrate de que se ajuste a tu horario. Ahora es un momento excelente para establecer límites sobre lo que te interesa hacer, cómo dedicarás tu tiempo y cuántas horas por semana quieres dedicar al voluntariado.

ENCUENTRA UN MENTOR

Cuando te ofrezcas a hacer un voluntariado puedes encontrar una persona que ejemplifique lo que te gustaría ser cuando te sientas de nuevo tú. Tener un mentor puede ayudarte en el proceso de crecimiento. Es posible que ya tengas a alguien en tu vida a quien admires y te gustaría obtener alguna guía de ellos en tu viaje hacia el bienestar. Hay organizaciones que te emparejan con mentores según tus intereses. Incluso puedes ponerte en contacto con alguien que conozcas o con una conexión profesional para preguntarle si podría ayudarte en el camino de desarrollar tu experiencia profesional, incluido el voluntariado. Eso es lo que hizo Elena después de su divorcio.

Era comprensible que Elena estuviera nerviosa por volver a la fuerza laboral. ¡La última vez que tuvo un trabajo de tiempo completo fue cuando estaba embarazada de su primer hijo, hace veinte años! Su abogado le recomendó una organización para mujeres que reingresan a la fuerza laboral después de una transición de vida.

La organización ayudaría a Elena con su currículum, le proporcionaría información sobre trabajos que coincidieran con su conjunto de habilidades y ofrecería un grupo de apoyo para mujeres como ella. Además, le ofreció a Elena la oportunidad de tener un mentor; ella sería emparejada con alguien que se ajustara mejor a sus intereses y campo de trabajo.

Elena esperaba con ansias ser emparejada con una mujer que en la actualidad era administradora ejecutiva, tal como lo había sido ella. Quería saber cómo había cambiado su trabajo en las últimas dos décadas. Un día, no mucho después, una administradora ejecutiva llamada Fatime dejó un mensaje de voz para Elena. Habían sido emparejadas para el programa de tutoría. Aunque en un inicio estaba nerviosa por conocerla, el comportamiento cálido al teléfono de su futura mentora la tranquilizó, y Elena hizo los arreglos para encontrarse con Fatime en su oficina. Hablaron de cómo había sido el trabajo de Elena, su familia y cuál sería su posición ideal ahora. También hablaron sobre el trabajo de Fatime, y ella le dio a Elena un recorrido por la oficina. Elena descubrió que, si bien el aspecto tecnológico del trabajo había cambiado bastante, ¡sabía que aprendía rápido! Fatime y Elena acordaron reunirse una vez al mes y hablar a través de una aplicación de mensajería una vez a la semana. Tener un mentor que respondiera sus preguntas la ayudó a abordar algunos de sus miedos.

Si te ofreces a hacer un voluntariado para volver a la fuerza laboral en algún momento, un mentor también puede actuar como enlace entre tú y las personas que podrían contratarte. Puede ser útil hacer «*shadow*» («*seguir*») a alguien que tiene un trabajo o un interés similar al tuyo. Hacer *shadowing* o *seguir a alguien* significa que lo acompañas en su jornada laboral o en sus horas de voluntariado para comprender mejor lo que hace y si te gustaría seguir la misma línea de trabajo. Para hacer *shadow* a alguien simplemente pregunta si puedes. La mayoría de los profesionales saben lo que significa el *shadowing*. Si pedirle a alguien hacerle *shadow* es intimidante, en cambio le puedes hacer preguntas sobre su trabajo.

Un mentor también puede ser un buen «espejo» de los comportamientos que te gustaría ver en ti. Asegúrate de que tu mentora sea emocionalmente saludable. Puedes observar cómo tu mentora interactúa con su jefe y las personas de su equipo. ¿Habla con respeto y amabilidad al mismo tiempo que establece límites saludables? ¿Cómo lidia ella con el conflicto? Tener un buen modelo a seguir es invaluable, sobre todo cuando vuelves a aprender cómo establecer límites saludables e interactuar de manera asertiva con los demás.

CONVIÉRTETE EN UN DEFENSOR O EN UNA DEFENSORA

Si estás listo o lista para ello, una de las mejores maneras en que puedes convertir tus experiencias negativas en positivas es educar y apoyar a otras personas que estuvieron en relaciones tóxicas. Las formas de abogar por los demás incluyen:

* Liderar un grupo de apoyo.
* Hablar sobre tus experiencias.
* Escribir artículos, un blog o un libro sobre tus experiencias.

Ten en cuenta que antes de poder ayudar a otros es esencial que hayas resuelto los problemas de tus relaciones tóxicas pasadas; es mejor hacerlo con la ayuda de un buen terapeuta. Esto se debe a que, si no te has ocupado de tus problemas, el hecho de que otros compartan sus historias puede desencadenar tu trauma, algo que se llama *trauma vicario*.

PREVENIR EL TRAUMA VICARIO

Si trabajas o te ofreces para hacer un voluntariado con personas que pasaron por un trauma, como una relación tóxica, puedes encontrarte vulnerable a sufrir un trauma vicario, donde escuchar las experiencias de otros te impulsa a revivir algunos aspectos de tu propio pasado. También se le conoce con los nombres de *estrés traumático secundario* y *fatiga por compasión* (cuando sientes cansancio y te sientes incapaz de sentir compasión por los demás). Puedes comenzar a asumir el trauma de alguien como propio, experimentando un mayor nivel de estrés y un cambio marcado en la forma en que percibes a los demás y al mundo que te rodea. Cualquiera que ayude a personas que han pasado por un trauma puede ser susceptible a un trauma vicario, pero tú puedes serlo aún más si tienes un historial de trauma, ya sea por una relación tóxica o un historial de abuso y negligencia. También es más probable que experimentes un trauma vicario si trabajas en una profesión de ayuda, como asesoramiento o enfermería, o si sientes una fuerte empatía hacia los demás.[7] Los signos de trauma vicario incluyen:

* Pesadillas sobre el trauma de un cliente.

* Ira y tristeza que no se calman.

* Dificultad para sentir cualquier emoción (adormecimiento).

* Involucrarse demasiado emocionalmente o invertir mucho tiempo en la vida de los clientes.

* Sentir culpa y vergüenza por las experiencias de los clientes.

* Dificultad con pensamientos obsesivos sobre la vida y los problemas de los clientes.

* Asumir una visión cínica de los demás o de las intenciones de los demás.

* Estar hipervigilante (tener una fuerte respuesta de sobresalto).

* Insomnio relacionado con pensar en los problemas de los clientes.

* Sentirse como en una prisión o con ganas de huir.

* Evitar estar sin alguien.

* Buscar rutas de escape.

* Ver a la mayoría de las personas como si tuvieran un trauma severo.

* Alejarte de los demás.

* Percepción exagerada del crimen en tu área.

* Sentirte sin esperanza por la situación del mundo o la de tus clientes.

* Transferir los sentimientos sobre los perpetradores de los clientes a tu pareja y enojarte o evitar el contacto con tu pareja.

* Sobreproteger a tus hijos.

Si crees estar experimentando un trauma vicario a través de tu trabajo de voluntariado, habla con el supervisor en tu sitio de voluntariado. Quizás debas reducir tus horas o trabajar en otra área de la organización donde sea menos probable que interactúes con personas que experimentaron un trauma. Tu organización defensora debe tener apoyo disponible si comienzas a experimentar recuerdos u otros signos en los que revives el trauma; por ejemplo, una organización que ayuda a las víctimas de violencia doméstica u otras formas de abuso debe tener medidas para cuando los voluntarios o empleados experimenten un resurgimiento de su trauma. Si tu organización defensora no cuenta con ayuda disponible, pide una remisión. (Luego, reconsidera volver con esa agencia). En cualquier caso, es posible que debas dar un paso atrás en el voluntariado con esa organización mientras trabajas en la recurrencia de tu trauma. Recuerda que esto ocurre de forma regular cuando se trabaja con personas que han pasado por el mismo abuso que tú.

No olvides que solo eres responsable de ti y de tus sentimientos. La persona con la que trabajas debería esforzarse más que tú para resolver sus problemas. A lo mejor puedes ofrecerle herramientas y apoyo, pero no es tu trabajo «solucionar» un problema para ella. También sé realista sobre lo que haces y sobre lo que no tienes control, y cuánto puedes ayudar. Puede ser alentador buscar los pequeños cambios que hacen los clientes en lugar de esperar que tengan una epifanía y hagan cambios radicales.

Es una buena idea reunirte con regularidad con un profesional de la salud mental (PSM) cuando trabajes con personas que experimentaron un trauma. Hablar sobre los recuerdos traumáticos con un PSM puede ayudarte a procesarlos para que los recuerdos ocurran con menos frecuencia.

Practicar el autocuidado proactivo es otra parte esencial de la prevención del trauma vicario, así que asegúrate de revisar las prácticas en el capítulo 7, mientras te ofreces a un voluntariado.

Ten un «sistema de amigos» con otro voluntario en el que puedan comunicarse entre sí. También debes tener un supervisor de voluntarios que se reúna contigo periódicamente. Además, mantén un diario de tus experiencias para que puedas revisarlo en busca de posibles signos de retraumatización.

«En algún momento me gustaría ser un defensor de las personas que han sufrido abuso narcisista. Primero necesito revisar algunas de mis cosas con un terapeuta».

JOE, 32

EJERCICIO DE REFLEXIÓN:
HAZ UN SEGUIMIENTO DE POSIBLES SIGNOS DE AGOTAMIENTO

Puedes experimentar agotamiento cuando trabajas en un ambiente tóxico o con personas que han sufrido trauma. El agotamiento ocurre cuando sientes que ya no tienes nada que dar y que no tienes nada que esperar.
Otros signos de agotamiento incluyen:

- Dificultad para levantarse por la mañana.
- Tener un estado de ánimo deprimido, enojado o ansioso la mayor parte del día.

- Sentir que no ayudas a nadie.
- Insomnio o hipersomnia (dormir demasiado).
- Atracones o alimentación restrictiva.
- Sentimientos de desconfianza o incluso odio hacia compañeros de trabajo y clientes.
- Tener pensamientos cínicos (asumir que todas las personas solo se interesan en sí mismas).
- Sentir cansancio.
- No tomar descansos durante el día.
- Sentirse aislado o aislada o aislarse de los demás.
- Querer huir o escapar.
- Enfermedades más frecuentes o brotes de condiciones médicas crónicas.
- No disfrutar las actividades de ocio.
- Falta de motivación.
- Sentirse sin ánimo, o pensar que las cosas no van a mejorar.

Muchas veces los signos de agotamiento pueden aparecer sigilosamente. Todos los días escribe en tu diario cómo te sientes. Usa una escala del 1 al 10 para medir tu nivel de esperanza y propósito. Un 1 indicaría que sientes que no haces ninguna diferencia y que la vida tiene poco significado para ti. Un 10 indicaría que sientes mucha esperanza para el futuro y sientes conexión con el propósito de tu vida. Es del todo normal tener un rango en esa escala del 1 al 10 de un día a otro, pero presta atención cuando el número sea constantemente bajo, o si pasas de 1 un día a 10 al día siguiente. Fluctuar a menudo entre altibajos extremos puede ser un signo de un trastorno del estado de ánimo o de trabajar en un entorno tóxico. Al final de la semana y al final del mes revisa lo que escribiste. ¿Ves algún patrón? ¿Hay algunos días, tareas o personas que tienden a aumentar o disminuir tus sentimientos de esperanza o propósito? Presta atención a esos detalles y ve cómo puedes cambiar tus circunstancias.

EXPONER TU TRAUMA EN UN FORO PÚBLICO

Si bien compartir tus experiencias con una persona o situación tóxica puede ayudar a otros, ten cuidado al revelar cualquier información de identificación sobre tu expareja, amigo, pariente o lugar de trabajo. Por lo general, es mejor hablar en términos generales sobre la relación o situación en lugar de usar nombres, ubicaciones, marcos de tiempo o detalles sobre la apariencia.

Puede que tengas la tentación de dar esa información para proteger o advertir a otras personas que podrían encontrarse con la persona tóxica. Publicar específicamente sobre tu ex, amiga o compañero de trabajo crea una razón para que se comuniquen contigo, lo que en realidad no deseas. Si escribes sobre tus experiencias en un foro público, ten en cuenta que también podrían surgir problemas legales; por ejemplo, la persona tóxica podría acusarte de difamación (que es escribir información falsa sobre alguien que les causó daño). También debes tener cuidado si tienes hijos, para proteger su derecho a la privacidad. Cuando publicas sobre tus experiencias, una excelente guía para seguir es: «¿Me gustaría que mis hijos leyeran esto?». Si no pueden leer el contenido ahora, podrán hacerlo cuando sean mayores. Considera consultar con un abogado para verificar y obtener una buena confirmación de que la información sobre la que escribes no te meterá en problemas legales.

Es más, lo más probable es que la persona tóxica le haya dicho a su nueva pareja, a sus amigos o a su familia que estás «loca» o eres «inestable». Alguien que está en la vida de la persona tóxica probablemente no escuchará tu consejo, incluso si lo han visto. Desafortunadamente, es posible que tengan que aprender sobre su comportamiento patológico de la manera más difícil. Tal vez sientas lástima por esas personas; es un sentimiento normal, pero no significa que tengas que actuar en consecuencia. No es tu trabajo «arreglar» la situación de otra persona. A veces puedes ayudar a más personas cuando mantienes tus experiencias más generales, ya que es más probable que las personas identifiquen una situación similar a la suya cuando tus publicaciones no entran en detalles específicos.

ASEGÚRATE DE HACER UN VOLUNTARIADO EN UNA ORGANIZACIÓN SALUDABLE

Asegúrate de que la organización para la que consideres hacer el voluntariado se involucre en prácticas éticas. Lo que quieres es evitar meterte en otra situación tóxica de ser posible, y si te encuentras en una (¡que a veces es parte de la vida!), quieres reconocerla y salir de ella lo antes posible.

Investiga sobre la organización en línea. ¿Quién está en la junta directiva? ¿Alguien en la organización se ha metido en problemas por comportamiento ilegal o poco ético? ¿La organización ha tenido alguna denuncia en su contra? ¿Cuál fue el resultado de la denuncia? ¿Cuánto del dinero que recauda la organización se destina a las personas o animales que dice que apoya? Para obtener información sobre cómo se utiliza el dinero de una organización benéfica, busca esa organización en www.charitywatch.org. (Para organizaciones que se encuentran en Estados Unidos).

Cuando sientas que ya buscaste lo suficiente sobre si una organización es saludable, recuerda que aún debes buscar *personas* saludables y no saludables dentro de ella; en cualquier grupo pueden ocurrir comportamientos como el bombardeo de amor y la triangulación (descritos en el capítulo 1). Escucha tu intuición. Si hablas con alguien y algo se siente mal, presta atención a ese sentimiento. Si buscas hacer un voluntariado en un lugar, observa cómo interactúa la gente allí. ¿Cómo se hablan los voluntarios entre sí? ¿Cómo trata el jefe de la organización a los demás con menos poder? ¿Cómo trata la organización a sus clientes? Todas las personas deben ser tratadas por igual, con respeto y dignidad. Si escuchas que personas en la organización ridiculizan o intimidan a otros, ya sea en su cara o a sus espaldas, salte de la situación de voluntariado lo antes posible. También es probable que debas informar cualquier comportamiento poco ético.

Si ves algo que no te parece correcto corta tus lazos con esa organización y sigue adelante. Si no estás seguro o segura de si lo

«Busqué los antecedentes de todos los miembros de la junta directiva y también del supervisor de voluntarios. Si alguno de ellos hubiera sido acusado de acoso, me habría negado a ser voluntaria ahí».

JANE, 34

que viste o escuchaste no es saludable, habla con un familiar o amigo de confianza para obtener su opinión al respecto.

REVISA: ¿HACES UN VOLUNTARIADO EN UNA ORGANIZACIÓN SALUDABLE?

Cuando haces un voluntariado es fundamental saber si la organización tiene algún tipo de disfunción. Buscas asegurarte de que te reconstruyes al rodearte de personas y un sistema saludables. Ten en cuenta si algo de lo siguiente sucede donde haces tu voluntariado.

1. Puedes cambiar tu horario, con previo aviso, sin que te hagan sentir culpa o vergüenza.
2. Se te anima a hablar con alguien si sientes que tu papel no encaja bien.
3. Crees en los valores fundamentales de la organización.
4. El líder y los supervisores de la organización tratan a los voluntarios y a los que sirven con respeto.
5. Las actividades de la organización son seguras y no te ponen en situaciones incómodas.
6. Recibiste capacitación por parte de la organización antes de empezar el voluntariado.
7. Un supervisor está disponible en todo momento en el sitio o en el lugar de voluntariado.
8. La organización realiza controles regulares para ver cómo van las cosas para sus voluntarios.
9. Si hay un cambio de hora, lugar o sede, se te notifica en un tiempo razonable.
10. La gran mayoría del dinero recaudado por la organización se utiliza para ayudar a la población atendida.

Cuantas más declaraciones veas que ocurren en la organización, más saludable será tu voluntariado. Si nada más encontraste una o dos de estas afirmaciones para tu organización, puede ser momento de pasar a una más saludable.

———◆———

Dar tu tiempo para ayudar a los demás puede, a su vez, ayudarte a ti: proporciona una distracción saludable, una conexión con los demás y un sentido de propósito. Te encuentras creando una conexión con algo más grande que tú.

Eventualmente, puedes considerar abogar por otras personas que se han visto afectadas por relaciones tóxicas. Asegúrate de no volver a caer en el trauma si trabajas con otras personas que han experimentado relaciones poco saludables. Uno de los aspectos más importantes del voluntariado y la retribución es asegurarse de rodearse de personas sanas. En este capítulo también aprendiste a reconocer las señales si es que te has involucrado con una organización poco saludable. Las personas y situaciones tóxicas pueden estar en cualquier lugar, incluso dentro de organizaciones que aparentan ser admirables e impulsadas por una misión. Ahora que has llegado tan lejos con tu sanación, en el próximo capítulo veremos cómo reconocer estas dinámicas y evitar que se desarrollen en tu futuro.

11

Prevén

Cómo evitar situaciones tóxicas y
cómo prepararse para relaciones saludables

Meke estaba nerviosa por su primera incursión al mundo de las citas después de una relación de diez años llena de toxicidad. Meke había tardado unos meses en reagruparse, ir a terapia y volver a conocerse a sí misma, y finalmente se dio cuenta de que no había hecho nada malo y que nada justificaba un trato abusivo. Pero ahora estaba aquí de nuevo, en la escena de las citas y aterrorizada de conocer a alguien como su ex, Tomas.

Meke comenzó a enviar mensajes a algunos de los hombres que conoció en las aplicaciones de citas. Se sentía tan extraño (¡en parte porque muchas de estas aplicaciones ni siquiera existían la última vez que estuvo soltera!). Algunas de las personas a las que envió mensajes presionaban demasiado para reunirse en persona; con los demás, sentía que la engañaban. Pero luego conoció a Miles. Los dos parecieron hacer clic al instante: a ambos les gustaba viajar, cocinar y los perros. Después de haberse estado enviando mensajes durante un par de días y de tener una llamada telefónica, Meke se sintió lista para conocerlo en persona. En su primera cita, a la cual salieron a cenar, las cosas iban bien... hasta que Miles se molestó con el mesero por traer la comida equivocada. De la vergüenza, Meke quería esconderse debajo de la mesa. Pero luego pensó: «Tal vez Miles esté nervioso por la cita. Y tal vez solo estoy exagerando después de lo que pasó con Tomas». El resto de la cita transcurrió bien, y tanto Meke como Miles esperaban volver a verse.

Miles llegó tarde a su próxima cita y no llamó ni envió un mensaje de texto para decir por qué. Meke se debatía entre la molestia y la preocupación. Cuando al fin apareció treinta minutos después, dijo: «Había mucho tráfico y no quería enviar mensajes desde el carro». Meke no estaba segura: en una segunda cita, ¿cuánto debería decir sobre cómo la hizo sentir su retraso y la falta de notificación? Dejando a un lado la demora, Miles tenía mucho a su favor: era un gran oyente y tenían mucho en común. Mientras caminaban hacia sus carros, Miles comenzó a contarle a Meke sobre su infancia traumática. Parecía mucha información demasiado pronto. «Miles, aprecio que te sientas cómodo contándome sobre tu pasado, pero me gustaría tomar las cosas con más calma», dijo.

Miles se detuvo, con una mirada atónita. «Eh, está bien, no hay problema», respondió, su expresión cambió de dolor a una sonrisa feliz en un segundo. El rápido cambio de emociones tomó a Meke por sorpresa, y se preguntó si había pasado por alto alguna otra señal de alerta. ¿Miles era tóxico? ¿O simplemente era torpe?

———◆———

Al igual que Meke, has recorrido un largo camino desde que dejaste tu situación tóxica. Ahora es posible que te preguntes cómo navegar en las relaciones futuras, sabiendo que las personas tóxicas tienden a aprovecharse de las personas que se preocupan por los demás.

¡Tu empatía y cariño son rasgos hermosos! No hay nada de malo en abrir tu corazón a los demás. Simplemente hazlo con una capa adicional de protección. Te reconstruirás, y tu vida puede ser mejor que nunca.

RECUERDA LAS SEÑALES DE UNA RELACIÓN O SITUACIÓN TÓXICA

Educarte sobre las personas y las relaciones tóxicas puede ayudarte a sanar y prepararte para conocer gente nueva. Presta atención a las señales de alerta de posible abuso la próxima vez que conozcas a alguien. Recuerda, como comentamos en el capítulo 1, que un patrón patológico se repite en casi todas las relaciones tóxicas: te idealizan, luego te desvalorizan y finalmente te descartan.

En las relaciones poco saludables las personas tóxicas a menudo te bombardean al principio. Otros signos de idealización incluyen:

- La persona dice que nunca ha conocido a nadie como tú antes.

- Ella menciona que la han tratado mal en el pasado y que tú eres la primera persona que la trata bien.

- Te describe con superlativos.

- Ella presiona para mudarse juntos en una cita o al comienzo de una relación.

- Tus intereses son tan parecidos que es casi aterrador (la persona tóxica se «refleja» en ti).

- Te contratan en el momento para un trabajo que normalmente requeriría un proceso de investigación más exhaustivo.

- Empieza a vestirse como tú o adopta tus gestos.

- Quiere ocupar la mayor parte de tu tiempo libre.

- Ella revela toda su historia disfuncional cuando se conocen por primera vez «porque es muy fácil hablar contigo».

Cuando Miles comenzó a contarle a Meke sobre su infancia problemática, ella recordó a su terapeuta hablando sobre la *descarga de traumas*, que es cuando una persona tóxica divulga demasiado de su historial de traumas muy pronto. Aunque es una señal clara de que no tienen límites sólidos, a veces las personas lo confunden con intimidad emocional y se sienten bien de que una persona esté dispuesta a confiar en ellos. Pero hay un medio para un fin. Es una forma en que las personas tóxicas a menudo intentan vincularse y hacer que otros se «apeguen» a ellas. Meke reconoció esta señal y le pidió a Miles que tomara las cosas con calma. Muchos comportamientos idealizadores se sienten como halagos, pero en realidad son un esfuerzo por ocupar más y más de tu tiempo y aislarte de otras personas en tu vida.

Una vez que una persona tóxica sabe que te enganchó y que estás dentro de la relación, lentamente comienza el ciclo de abuso emocional con desvalorización. Donde antes no podías hacer nada malo, ahora no puedes hacer nada bien. Los signos de desvalorización por parte de una persona tóxica incluyen:

- Se burla de cosas que no puedes cambiar, como tu cuerpo o tu voz.

- Te compara de manera desfavorable con otros (ex, amigos, familiares u otros empleados).

- Señala pequeños errores.

- Sacar a relucir los «errores» que cometiste hace meses o años.

- Sabotea tu trabajo.

- Te ridiculiza enfrente de los demás.

- Te culpa por no participar en una actividad que planeó sin avisarte.

- Te pone trabas para hablar o te aplica la ley del hielo.

- Hace comentarios sobre su supuesta superioridad hacia ti.

- Llega tarde o no llega a citas u otros eventos.

- Te culpa por su comportamiento.

- Usa tus problemas de salud crónicos en tu contra o te ridiculiza por ellos.

- Te dice que estás loco o loca o que otras personas piensan que lo estás.

- Te pone en contra de tus amigos, otros compañeros de trabajo o miembros de la familia al decirte que dijeron cosas desagradables sobre ti (también conocido como triangulación).

Luego te dejan, y se van tan rápido como entraron en tu vida: este es el proceso de descarte. Es posible que te mantenga en un segundo plano en caso de que su nuevo suministro narcisista ya no satisfaga sus necesidades. Las señales de descarte por parte de una persona tóxica incluyen:

- Te ignora por mucho tiempo.

- Te abandona en un lugar lejos de casa.

- Tiene otra relación aparte de la que tiene contigo.

- Te despide de tu trabajo de modo abrupto.

- Te dice que no vuelvas debido a alguna ofensa percibida.

- Deja tus pertenencias fuera de la residencia compartida y cambia las cerraduras.

- Pasa a un nuevo suministro, como una nueva pareja o un nuevo amigo.

- Te atrae de regreso solo para volverte a descartar.

Cuando conozcas a alguien por primera vez y experimentes comportamientos idealizadores, considera si esta es una señal de advertencia lo suficientemente fuerte como para no continuar el contacto con esa persona. Si piensas que el comportamiento es curioso pero que no es lo suficientemente grave como para justificar la interrupción del contacto, archívalo como «recopilación de datos». Si la persona continúa mostrando cualquiera de los comportamientos enlistados, termina la relación de inmediato, no tengas contacto o ten poco contacto, o comienza a buscar otro empleo.

«No podía tener suficiente de mí al principio y luego, dos meses después, me decía lo estúpida y loca que era. Por supuesto, me culpé a mí misma. Ahora sé que este es un patrón que ha tenido en otras relaciones».

DESIREE, 60

SI VUELVES

Cuando dejas una relación o situación tóxica, recuerda que la persona puede tratar de atraerte de vuelta para tener contacto con ella. En cuanto regresas, volverá la misma dinámica.

Recuerda que el comportamiento de la persona no cambia sin que haga mucho trabajo introspectivo, como el que se hace en la terapia. Si decides reconectar, mantén una distancia saludable de la persona hasta que veas evidencia de un cambio real: patrones de comportamiento saludables repetidos hacia los demás, reaccionar con madurez cuando una persona o evento no cumple con sus expectativas, o dejar de lado todas las expectativas. Otros signos de cambio incluyen dejar de mencionar el pasado y aceptar un «no» la primera vez que lo dices. Una persona que realizó cambios en su comportamiento asume la responsabilidad de sus acciones y se disculpa cuando es apropiado.

Si bien puede sentirse como halago o que la persona te ama, el atraerte no se trata de amor, se trata de poder y control. Incluso si tu ex te promete que las cosas serán diferentes esta vez y que él o ella ha cambiado, no tomes esas palabras al pie de la letra. La violencia en una relación, incluido el abuso emocional, casi siempre aumenta. Presta más atención a lo que hace tu ex que a lo que dice. Además, presta atención a tus sentimientos. Puedes sentir una sensación de ansiedad y pavor o experimentar recuerdos de abuso durante la relación. Debes saber que si reanudas el contacto con una antigua relación tóxica, tienes una mayor probabilidad de sufrir lesiones graves o incluso morir.

Si decides regresar a un lugar de trabajo tóxico, asegúrate de que existan parámetros que te ayuden a protegerte. No seas la única persona que se queda en la oficina o no te quedes con pocas personas. Documenta tus inquietudes y cambia tu espacio de trabajo a otro piso o lejos del compañero de trabajo tóxico. Si trabajabas con un supervisor tóxico, por supuesto, solicita un cambio. Lo ideal es buscar señales de que la empresa está comprometida con acabar con la toxicidad. Por ejemplo, la empresa contrató a un psicólogo industrial u organizacional para determinar qué protocolos y aspectos de la cultura de la empresa deben cambiar, y los cumplió. Revisa si la junta directiva u otros responsables han sido reemplazados por personas que velan por los derechos de los demás. Los lugares de trabajo saludables tienen un protocolo escrito para denunciar el acoso, y este tipo de casos se tratan rápidamente. Si ves que tus derechos continúan siendo violados en tu lugar de trabajo, infórmalo a recursos humanos (si está disponible en tu área laboral) y empieza a buscar otro trabajo.

«Me prometió el mundo, así que volví. Después de una semana, las cosas estaban peor que antes».

ALEX, 28

REVISA: ¿EN VERDAD CAMBIÓ LA PERSONA TÓXICA?

Si una persona tóxica en tu vida intenta restablecer el contacto contigo, hazte las siguientes preguntas:

1. ¿La persona duda en asistir a consejería o trabajar en su comportamiento de otras maneras, como en un grupo de apoyo?
2. ¿La persona se responsabiliza por su comportamiento hacia ti y los demás?

3. ¿La persona se disculpó por las formas en que te lastimó?
4. Cuando abordas tus preocupaciones con esta persona, ¿te escucha realmente o se pone a la defensiva?
5. ¿La persona te está prometiendo justo lo que te faltaba o deseabas en la relación, tanto que parece demasiado bueno para ser verdad?
6. ¿La persona te promete que las cosas serán diferentes esta vez, pero no proporciona evidencia de cambio?
7. ¿La persona se está pasando de la raya tratando de atraerte o recuperarte con mensajes constantes, llamadas telefónicas o pasando por tu casa sin previo aviso?
8. Cuando te negaste a reanudar la relación, ¿la persona respondió con ira e intentó culparte y avergonzarte?
9. ¿La persona trató de llegar a ti enviándote mensajes a través de tus amigos y familiares?
10. ¿Bloqueaste el correo electrónico, los números de teléfono y las redes sociales de la persona tóxica, pero todavía encuentra la manera de comunicarse contigo?

Cuantas más preguntas hayas respondido afirmativamente, mayor es la posibilidad de que esta persona siga mostrando los mismos comportamientos tóxicos que tenía cuando estaban juntos. Procede con mucha precaución y considera cortar de nuevo el contacto.

SÉ AMABLE CONTIGO

Si tienes la tentación de volver, o si has tomado medidas para reconciliarte, recuerda practicar la autocompasión. Esta persona te ha dicho todas las cosas que quieres escuchar. ¿Quién no querría volver con alguien que prometió el mundo? Tener autocompasión también significa que sabes que tu prioridad es cuidarte, lo que significa no volver a una situación tóxica y potencialmente letal.

Si estás en el mundo de las citas, lo más probable es que te encuentres con una persona tóxica. Quizás sientas que tomas mucha cautela o que eres injusto o injusta al analizar el comportamiento de una persona en busca de rasgos tóxicos. Asimismo, puede que te vuelvas a enamorar de una persona poco saludable. Practicar la autocompasión es muy importante durante el proceso de tener citas. De lo contrario pasarás tiempo reprendiéndote por enamorarte de otra persona inapropiada en lugar de tomar esto como una experiencia de aprendizaje. Tal vez te diste cuenta desde el principio de que esta persona no era emocionalmente sana o buena para ti, y cortaste lazos con ella. Eso es progreso, y debes sentir orgullo por haber dado ese paso.

CONSTRUYE LOS CIMIENTOS PARA RELACIONES MÁS SALUDABLES

Existen secciones enteras en las librerías dedicadas a consejos sobre cómo construir relaciones sólidas, ya sea con parejas románticas, familiares, amigos o colegas. Ese no es mi objetivo con este libro; quiero centrarme principalmente en ti y en cómo puedes sanar. Sin embargo, tener conexiones saludables con las personas que te rodean es una gran parte de una vida plena. Y aquellos que han sobrevivido a relaciones y situaciones tóxicas pueden ser en especial susceptibles a algunos errores comunes al entrar en nuevas relaciones. En el resto de este capítulo veremos cómo proteger tus emociones, aclarar lo que quieres y aprender formas saludables de interactuar para que puedas prepararte para el éxito en el futuro.

RECUERDA TU ESTILO DE APEGO

Como ya leíste en el capítulo 5, existen diferentes estilos de apego a los demás: seguro, ansioso, evitativo y desorganizado. Tu estilo de apego puede influir en si continúas una relación o te quedas en una situación que no es saludable para ti.

Con el apego ansioso tienes miedo al abandono y continúas en contacto con alguien que no es saludable porque sientes que es mejor que estar sin nadie. Con el apego evitativo sientes atracción por personas poco saludables porque tal vez no permitan que te acerques a ellas, lo que se adapta a tu necesidad de desapego emocional. Con un apego desorganizado experimentas una mezcla de impulsos ansiosos y evitativos, lo que hace que mantener una relación sea muy difícil y que los comportamientos idealizadores de una persona tóxica sean aún más atractivos.

Si tienes un estilo de apego seguro es más probable que reconozcas más rápido el comportamiento poco saludable en una persona, por lo que puedes dar un paso atrás y evaluar si se trata de una ocurrencia única o una señal de un problema mayor.

Eso no quiere decir que las personas con apego seguro siempre puedan identificar un comportamiento idealizador: los narcisistas encubiertos pueden ser muy buenos para ocultar comportamientos patológicos al principio de una relación y han engañado a muchas personas haciéndoles creer que eran emocionalmente saludables.

A medida que navegas por tus nuevas relaciones, si aún no lo has hecho, revisa el registro en el capítulo 5 que te ayuda a identificar tu estilo de apego. Recuerda que no hay nada de malo en comenzar con un estilo de apego inseguro. Lo importante es crear conciencia de tus patrones y recordar que puedes romperlos para avanzar hacia un apego seguro.

VE A LAS PERSONAS POR LO QUE SON, NO POR SU POTENCIAL

Al conocer a otros, sobre todo cuando salimos con alguien, muchos de nosotros tendemos a mirar el potencial de una persona en lugar de lo que son en ese momento. Si bien es optimista y esperanzador buscar lo que alguien podría ser, no eres un taller de arreglos. No es tu trabajo, ni es saludable tratar de moldear a alguien en lo que quieres

«Me metía en relaciones tóxicas porque pensaba: "Él solo necesita a alguien que lo ame". Ahora pongo atención en si ya hizo el trabajo de convertirse en una persona emocionalmente saludable».

VIVI, 40

que sea. Ve quiénes son en este momento. Cuando miramos el potencial de alguien en lugar de quién es esa persona en ese momento, es probable que de manera inconsciente estemos tratando de «arreglar» a esa persona. Si lo haces, no es saludable y puede resultar en resentimiento y decepción por tu parte, y frustración por parte de tu amigo o pareja.

EJERCICIO DE REFLEXIÓN: REALIDAD *VERSUS* POTENCIAL

Piensa en una relación tóxica en la que estuviste, en la que permaneciste porque estabas mirando el potencial de alguien en lugar de quiénes eran en ese momento. Escribe dónde viste potencial en esa persona y luego describe cómo era realmente la persona. ¿Cuánta diferencia había entre lo que pensabas que podía ser la persona y lo que resultó ser? ¿Cuánta fue tu necesidad de «arreglar» al mirar el potencial en lugar de la realidad? Acepta tu capacidad de ver el potencial de los demás, pero también mantenla bajo control cuando nuble tu juicio en las relaciones.

HAZ UNA LISTA DE LO QUE BUSCAS

A veces sabemos lo que no queremos en un amigo o pareja, pero no hemos expresado de manera clara lo que queremos. Toma tu tiempo para hacer una lista de lo que buscas en una persona. Que sea lo más específica posible. Trata de no juzgarte ni criticarte mientras haces la lista. La lista puede incluir:

- ☑ Se lleva bien con mis hijos.
- ☑ Le gustan los animales.
- ☑ Se hace chequeos médicos de manera regular.

☑ Sabios hábitos de gasto.

☑ Habla de forma respetuosa conmigo y con los demás.

☑ Tiene sentido del humor.

☑ Es amable con los demás.

☑ Existe un balance en la amistad.

☑ Canal de comunicación abierto.

☑ Tiene relaciones saludables.

☑ Tiene límites saludables y respeta los límites de los demás.

☑ Valores compatibles.

Trata de enmarcar los elementos de tu lista con elementos positivos. En lugar de «No me interrumpe», escribe: «Espera hasta que termine de hablar». En lugar de «No grita», considera escribir: «Me habla de forma respetuosa».

Cuando conozcas a alguien de quien quieras saber más, lee tu lista. Además, vuelve a leer la lista cuando pases de las citas a tener una relación formal con esa persona. A veces, el enamoramiento o el amor hacen que no pensemos de manera lógica. Revisa tu lista y ve cuántos elementos se ajustan a tu posible nueva pareja o amistad. Si no cumple con algunos criterios, ve qué tan importantes son esos elementos para ti. Puede ser que la persona con la que estás te haga sentir mariposas, pero puede que no coincidan en valores ni en sentido del humor. Recuerda que es un mito que solo existe una persona en el mundo que es perfecta para ti. Conocerás personas que son más compatibles contigo que otras. Simplemente no es posible que una persona satisfaga todas tus necesidades.

> «Cuando pensé que había encontrado a la ˙indicada˙, eché un vistazo a mi lista. Resulta que mis emociones anulaban mi cordura».
>
> JAMES, 48

Debe existir un balance en una relación, incluso en las amistades. Una persona tóxica puede recibir todo en una relación, mientras que tú terminas dando todo. Por supuesto, hay momentos en los que puede haber un desequilibrio temporal, como cuando un amigo está enfermo o tiene una emergencia familiar. Si sientes que hay más un desequilibrio permanente en la relación, habla con tu amigo o amiga. A veces, cuando comienzas una conversación incómoda con «Esto es incómodo, pero...», se hace que sea mucho más fácil hablar sobre la situación. Si parece que el problema aún no se ha resuelto, considera reducir el tiempo que pasan juntos o disminuye la cantidad de favores que haces. En caso de tener el presentimiento de que la relación no es saludable, tal vez debas cortar el contacto.

Hacer una lista como la siguiente no solo se aplica a las relaciones, también se aplica a los trabajos. Esos criterios pueden incluir:

☑ Mi supervisor es amable y proporciona comentarios positivos.

☑ Mis preguntas son respondidas con respeto.

☑ Sé lo que se espera de mí.

☑ Me emociona ir a trabajar.

☑ Hay ventajas, como beneficios médicos, horario flexible o trabajar desde casa.

☑ Encuentro el trabajo interesante.

☑ La persona que me contrató me valora.

☑ Ayudo a otras personas.

☑ Las pautas y expectativas son consistentes.

☑ La cultura de la empresa es coherente con mis valores.

Puede que no sepas al principio si tu trabajo coincide con algunos de los elementos de tu lista. Sin embargo, el hecho de que hayas escrito lo que buscas en un trabajo ideal significa que serás más consciente de tus necesidades y deseos, y te darás cuenta sobre cualquier inquietud más temprano que tarde.

CONOCE EL MOMENTO ADECUADO PARA SER VULNERABLE

Las vulnerabilidades son cualquier experiencia o sentimiento que desencadena emociones profundas en nosotros: tristeza, alegría, dolor o ira. Son cosas delicadas que no compartiríamos con un extraño. Pueden hacernos sentir avergonzados o incómodos, como si fuéramos diferentes o no encajáramos.

Ser vulnerable con alguien es una elección. Una persona tóxica recopila información sobre tus vulnerabilidades y las usa en tu contra en el futuro; esto se conoce como usar *munición emocional*. Las personas tóxicas recordarán las cosas que les dijiste hace mucho tiempo y sacarán esa vulnerabilidad cuando quieran mantenerte fuera de lugar. Por ejemplo, si una vez le confiaste a una persona tóxica que uno de tus mayores temores es no caer bien en el trabajo, podría decirte durante una pelea: «¡Con razón no le agradas a nadie en el trabajo!».

¿Un nuevo amigo, amiga o cita te hace preguntas muy personales justo después de conocerte? Estas pueden ser preguntas como:

* ¿Cuáles son tus miedos más profundos?

* ¿Cuáles son tus mayores arrepentimientos?

* ¿A quién has defraudado más en tu vida?

* ¿Cuáles han sido tus pérdidas más significativas en la vida?

Tal vez sientas que construyes intimidad emocional con alguien al responder estas preguntas. A veces puedes dejarte llevar por la sensación de sentir conexión con alguien y comenzar a compartir información personal de inmediato. Pero cuando respondes esas preguntas, una persona tóxica se desviará o dará una respuesta que no parece genuina.

Asegúrate de que la persona con la que eres vulnerable lo merezca. ¡No significa que tengas que poner un muro con todos! Significa que debes seleccionar a quién le compartes tus sentimientos y temores, y cuándo hacerlo. A veces las personas sienten que si no son vulnerables con alguien, son frías o insensibles, pero eso es simplemente falso. Primero debes ser amable contigo y darte amor, y a veces eso significa esperar antes de decidir compartir información personal.

REVISA: ¿ESTA PERSONA ES DIGNA DE MI VULNERABILIDAD?

Considera tus respuestas a las siguientes preguntas y declaraciones si no estás seguro o segura de si alguien te tratará con respeto cuando te abras con él o ella.

1. ¿Esta persona ha demostrado ser digna de confianza?
2. ¿Me han tratado con respeto?
3. ¿Han tratado a los demás con respeto cuando otros eran vulnerables?
4. Respetan y honran todo lo sensible que les he dicho.
5. Conocen mis puntos sensibles y los tratan con cuidado.
6. Son amables con los niños, las mascotas y cualquier otro ser vivo que sea más vulnerable que la población en general.
7. ¿En verdad me presta atención?
8. ¿Preguntan cómo me va y escuchan la respuesta?
9. ¿Me siento seguro o segura con esta persona?
10. ¿Me gustaría que mis hijos o mis padres conocieran a esta persona?

Si respondiste que no a alguna de estas preguntas o afirmaciones, la persona podría ser tóxica. Procede con precaución. Si respondiste que sí a muchas de las preguntas o afirmaciones, la persona puede ser alguien en quien puedas confiar cuando compartas tus sentimientos y pensamientos. Sin embargo, continúa con un optimismo cauteloso hasta que esta persona se haya ganado tu vulnerabilidad a través de un comportamiento confiable continuo. Si no estás seguro o segura de si se puede confiar en una persona, es mejor esperar y no divulgar información personal.

ROMPE EL PATRÓN DE COMPORTAMIENTO CODEPENDIENTE

Cuando construyes una nueva relación después de una tóxica puede ser muy fácil volver a caer en patrones *codependientes*. El comportamiento codependiente ocurre cuando dependes demasiado de tu pareja o de otras personas en tu vida para tener estabilidad emocional, validación o un sentido de propósito. En la codependencia, tu estado de ánimo y comportamiento dependen en gran medida de los de la otra persona. No te sientes bien a menos que él se sienta bien. Si está molesto, tu vida se sale de control al tratar de hacerlo sentir mejor.

En esencia, si eres codependiente, te sientes responsable de los sentimientos o problemas de otras personas. Estás dispuesto o dispuesta a sacrificar tu propio bienestar para cuidar de ellos. Hay una diferencia entre ofrecer apoyo a alguien y lastimarte para que se sienta mejor. Por ejemplo, si tu amiga está deprimida, podrías animarla a ver a un profesional de la salud mental. Pero si tu amiga dice que solo irá si pagas las sesiones, te estarías perjudicando a ti y a ella si estás de acuerdo. Como otro ejemplo, supongamos que tu madre necesita que la lleven a su cita con el médico, pero te avisó solo unas horas antes. Si no tienes nada planeado y no interrumpe tu horario ni causa ninguna otra consecuencia, llevarla podría ser un favor razonable (aunque un poco molesto). Pero si llevarla te haría llegar tarde al trabajo, y lo haces de todos modos, eso es anteponer sus necesidades a las tuyas y se convierte en una respuesta codependiente.

Es más probable que desarrolles un comportamiento codependiente si tu pareja, familiar o amigo tiene una adicción activa de cualquier tipo o tiene problemas de salud física o mental no tratados. Cuando una persona no toma medidas para curar sus propios problemas, puede llevar a un ciclo en el que un ser querido (en este caso tú) intenta «arreglar» el problema. No es tu responsabilidad arreglar a nadie, y tratar de resolver el problema de alguien por él puede generar resentimiento en ambos lados. Una persona necesita querer cambiar su comportamiento. No podemos hacerlo por ella.

«En verdad me identifico con el dicho: `Ya no me prenderé fuego para mantenerte caliente`».

DIEGO, 36

Si eliges tener una relación con alguien que se niega a asumir la responsabilidad de sus problemas, considera practicar el desapego amoroso. El desapego amoroso es un concepto mediante el cual puedes apoyar a alguien que lucha con problemas y, al mismo tiempo, priorizar tu salud mental y tu autocuidado. Todavía puedes preocuparte por él y alentarlo a buscar ayuda, pero recuerda que no eres responsable de sus decisiones. Mantienes un límite claro entre su comportamiento patológico y tu derecho a una existencia feliz y pacífica.

REVISA: ¿TU RELACIÓN ES CODEPENDIENTE?

Cuenta el número de afirmaciones con las que estás de acuerdo.

1. Baso mis sentimientos en cómo se siente otra persona.
2. Me encuentro ignorando mis necesidades para concentrarme en las necesidades de otra persona.
3. Me relaciono con el dicho «prenderse fuego para mantener caliente a otra persona».
4. Me quedo despierto o despierta hasta tarde para asegurarme de que la persona no haya estado bebiendo o consumiendo otras sustancias.
5. He ayudado a una persona con sus adicciones incluso después de que me robó o me hizo daño.
6. Siento que mi única posibilidad de tener una relación o una vida feliz es quedándome con esta persona.
7. Me quedaría en esta relación sin importar lo que pase.
8. Excuso a esta persona cuando se comporta de una manera tóxica.
9. Empecé a usar sustancias u otros comportamientos adictivos para sobrellevar el estrés de esta relación.
10. Evito a toda costa el conflicto con esta persona.

Si estuviste de acuerdo con una o más de estas afirmaciones, es posible que estés en una relación codependiente. Habla con un profesional de la salud mental para aprender sobre la codependencia y establecer límites saludables; si necesitas ayuda para encontrar uno, vuelve a leer el capítulo 6.

EJERCICIO DE REFLEXIÓN: ENFRENTA LA CODEPENDENCIA

Quizás tuviste un patrón de codependencia en relaciones anteriores, ya sea en el hogar, en el trabajo o en las amistades. Toma tu tiempo para anotar los signos de codependencia que tuviste en el pasado. Escribe en detalle lo que sentías o pensabas cuando intentabas compensar el comportamiento tóxico de alguien. Por ejemplo, si la persona tóxica tenía problemas para controlar la ira, es posible que hayas tenido el hábito de disculparte en nombre de esa persona o que hayas tratado de suavizar sus relaciones con los demás.

Luego escribe lo que esperas de las personas en tu vida ahora. Para continuar con el ejemplo anterior, es de esperar que una persona no muestre problemas de control de la ira. Si lo hace, esperas que haga un esfuerzo consciente para mejorar.

Si te enfrentas de nuevo a un comportamiento inapropiado por parte de esta nueva persona en tu vida, escribe lo que harás y lo que no harás. Si un ser querido tiene un estallido de ira, no lo vas a aplacar ni te vas a disculpar en su nombre. Además, vas a practicar el desapego y dejarás que él resuelva sus propios problemas de relación que ocurrieron como resultado de su ira.

Cuando confrontamos los comportamientos codependientes que hemos tenido en el pasado somos más conscientes de cuándo esos comportamientos podrían estar volviendo a colarse en nuestra vida. Si afrontamos esos comportamientos desde el comienzo de una nueva relación, podemos cambiar de rumbo más rápido y a fondo.

ASEGÚRATE DE QUE AMBOS PONGAN EL MISMO ESFUERZO EN LA RELACIÓN

Si sientes que te esfuerzas mucho más para mantener una relación, o que priorizas la relación en detrimento de otras áreas de tu vida, da un paso atrás y ve si tu dinámica es saludable o no. Trabajar más que tu pareja, familiar o amigo puede ser un signo de codependencia.

REVISA: ¿LE PONES MUCHO ESFUERZO A TU RELACIÓN?

Contesta sí o no a las siguientes preguntas.

1. ¿Inicias el contacto la mayoría de las veces (mensajes de texto, llamadas telefónicas, etc.)?
2. ¿Sientes que eres tú quien tiene que reorganizar el horario para adaptarte a los cambios de última hora de tu pareja, amigo o familia?
3. ¿Tu pareja, amiga, familiar o compañera de trabajo te dice que debes ser más complaciente?
4. ¿Tu pareja cambia de planes contigo en el último minuto?
5. ¿Hablas con tu pareja sobre sus sentimientos, pero él o ella no te pregunta cómo te sientes?
6. ¿Tus llamadas telefónicas y mensajes rara vez son respondidos o te responde después de mucho tiempo?
7. ¿Tus amigos y familiares han comentado que parece que estás poniendo más esfuerzo en la relación que tu pareja?
8. ¿Esta persona llega tarde a casa sin explicación o se presenta en tu casa u oficina de forma inesperada?
9. ¿Esta persona te ha pedido dinero y tiene un historial de no devolverte el dinero?
10. ¿Tu pareja, amigo o familiar esperan que pagues cada vez que salen?

Cuantas más preguntas hayas respondido de manera afirmativa, más probable es que te encuentres en una relación en la que estés poniendo más esfuerzo que la otra persona. Si la otra persona no está dispuesta a hablar de esto y tampoco se esfuerza por invertir más energía, quizás quieras considerar terminar la relación.

APRENDE A LIDIAR CON EL DESACUERDO DE UNA MANERA SALUDABLE

Si trabajas para poderte adaptar a tener una relación saludable, la diferencia entre *discutir* y *pelear* puede ser confusa. Es saludable y normal tener desacuerdos con tu amiga o ser querido. Sin embargo, hay una gran diferencia entre discutir y pelear.

Cuando dos personas discuten, presentan sus preocupaciones y platican con calma los sentimientos y los problemas relacionados con esas preocupaciones. Es posible hablar de los problemas de forma respetuosa y sin provocar ira.

Si estabas en una relación tóxica, lo más probable es que no te sintieras seguro o segura al plantear tus inquietudes. Y por una buena razón: te dijeron que tus necesidades no eran importantes, o peor aún, hablarlo se convirtió en abuso verbal o físico. Ahora que ya aprendiste mucho y estás sanando, es esencial saber que evitar una discusión puede parecer la mejor opción para la autoconservación, pero no lo es. Las investigaciones muestran que cuando tienes relaciones sanas hablar sobre un problema y resolverlo conduce a una disminución significativa de sentimientos negativos en comparación a cuando evitas hablar de ello.[1]

Por supuesto, se siente más fácil (al menos temporalmente) evitar las discusiones. Pero si estás con alguien emocionalmente saludable, correr el riesgo de discutir un tema puede dar sus frutos a largo plazo. Si tener desacuerdos saludables es difícil para ti, intenta programar tiempo para discusiones dentro de la relación. Puede sonar tonto o forzado, pero créeme, funciona. Ayuda de dos maneras principales. Una, previene peleas sobre esos temas. Y dos, los temas acalorados se guardan para el tiempo de discusión programado, en lugar de surgir al azar cuando podrías reaccionar con enojo.

Ten un día y una hora establecidos en los que los dos aborden un problema. Discute un problema a la vez, y cada persona se alterna para elegir el tema. El argumento programado no debe durar más de 45 minutos; más tiempo que eso, y la discusión puede salirse de control.

Las reglas de los argumentos programados son las siguientes:

- ☑ Sin insultos ni ataques personales.
- ☑ Sin sacar a relucir el pasado.
- ☑ Sin interrumpir a la otra persona.
- ☑ Solo un tema a la vez.
- ☑ Si alguno de los dos se enfada, pueden alejarse durante diez minutos.

Cada quien dedica hasta 15 minutos a dar su opinión sobre el tema. Luego, tomen 15 minutos para concluir: pueden estar de acuerdo en no estar de acuerdo, posponer el problema para otro momento o decidir tomar medidas.

RODÉATE DE GENTE SANA

Lo más probable es que a partir de ahora detectes la toxicidad de inmediato. Ya sabes qué buscar, y esas campanas de alarma internas sonarán rápidamente. Ya sabes cómo se ve una persona que no está sana. Ahora, recapitulemos cómo se ve una persona sana. Una persona sana:

☑ Tiene límites.

☑ Toma tiempo para divertirse.

☑ Cuida de sí misma.

☑ Busca maneras de enriquecer su vida.

☑ Acepta los contratiempos como parte de la vida y descubre qué hacer diferente la próxima vez.

☑ Se toma las cosas en serio cuando es apropiado.

☑ Entiende que ella y otras personas cometen errores.

☑ Se da cuenta de que lo que otras personas hacen y piensan no es su responsabilidad.

☑ Brinda apoyo a los demás, pero no trata de «arreglarlos» ni a ellos ni a la situación.

☑ Reconoce a las personas en el lugar donde están, no donde a ella le gustaría que estuvieran.

☑ Sabe lo que está y no está bajo su control.

Mereces tener relaciones sanas y de apoyo. Cuando interactúas con una persona emocionalmente sana sueles tener más seguridad y comodidad. Las actitudes y emociones de las personas son contagiosas, así que elige con cuidado a las personas en tu vida.[2] Comunícate con otras personas en tu vida que estén sanas, o intenta conocer otras nuevas (revisa el capítulo 8 para obtener ideas).

———— •◆• ————

En este capítulo aprendiste cómo evitar una relación tóxica en el futuro: recuerda los signos clave de toxicidad y la importancia de protegerte de dinámicas nocivas. Exploramos cómo establecer las bases para relaciones saludables, incluido ser consciente de tu estilo de apego, ver a las personas nuevas con una mirada más clara, hacer una lista de tus criterios y determinar el momento adecuado para ser vulnerable. Abordamos el comportamiento codependiente y cómo romper ese patrón en el futuro. Y aprendimos que el desacuerdo es una parte natural e importante de cada relación, y cómo resolverlo de una manera saludable. Puede tomar algún tiempo acostumbrarse a construir relaciones saludables, pero rodearse de personas que traten a los demás con amabilidad y respeto creará mejores momentos y paz en tu vida. Creo que puedes hacerlo, y valdrá la pena.

Sanarás

Puede ser muy difícil decidir salir de una situación tóxica y sanar es un viaje que lleva tiempo. Sin embargo, como aprendiste de las historias a lo largo de este libro, no estás solo o sola en ese viaje. Y como muestran estos ejemplos, una vida más feliz, tranquila y saludable está al alcance de cualquiera.

———◆———

¿Recuerdas a Aya del capítulo 2? Ella no respondió el mensaje de texto de su amigo Enzo. Sintió que violaban sus límites, primero por la forma en que su ex, Lou, la había tratado a lo largo de su relación, y luego por cómo aparentemente había enviado a Enzo como un mono volador para recuperarla. Ni Enzo ni Lou necesitaban saber nada sobre cómo estaba o si iba a volver. Después de cortar todo contacto, al fin pudo dormir sin despertarse en medio de la noche con ansiedad. Eso no quiere decir que se sintiera aliviada la mayor parte del tiempo; todavía estaba enojada, decepcionada y triste. Pero con el tiempo Aya comenzó a reconectarse con los amigos y familiares de los que se había distanciado en su matrimonio. También empezó a ir a terapia para hablar no solo del enojo que sentía hacia Lou, sino también del enojo que sentía consigo misma por quedarse tanto tiempo. Aya progresaba en perdonarse a sí misma y notó que personas más sanas aparecían en su vida. Se sentía un poco mejor cada día.

—•—

Hasim, a quien conociste en la introducción, decidió que su mejor curso de acción era avisar, con dos semanas de anticipación, que salía trabajo, aunque no tenía otro en espera. Se dio cuenta de que permanecer en un ambiente de trabajo tóxico causaba daño, no solo a él, sino también a sus relaciones con su familia y amigos porque todo el tiempo se sentía muy enojado y nervioso. Después del último día de trabajo de Hasim, por fin tuvo su primera noche de sueño reparador en semanas. Su familia y amigos comentaron que parecía como él mismo de nuevo. Hasim actualmente está consultando a un abogado para ver si su empleador violó alguna ley. Además, trabaja con un consejero de carrera para procesar lo que sucedió y descubrir cómo debe hablar sobre su trabajo anterior en las entrevistas. Hasim ya ha tenido varias entrevistas para un nuevo trabajo y está ansioso por tener un nuevo comienzo. Pero, sobre todo, se siente más presente en sus otras relaciones porque el estrés laboral no ocupa su mente.

—•—

Tammy e Isaac, del capítulo 3, al final llegaron a un acuerdo sobre la cantidad de dinero que él le pagaría por la mitad del negocio. Una vez que se firmó el acuerdo de divorcio, Tammy se sintió aliviada y profundamente entristecida. No esperaba sentir tal sensación de pérdida, sabía que nunca volvería a saber de Isaac. No había ninguna razón para que hablaran entre ellos, excepto para hacer los impuestos personales y comerciales de ese año y, después, si había grandes eventos en la vida de sus hijos. Tammy se sorprendió al descubrir que echaba de menos saber de Isaac, incluso después de todo lo que sentía por lo que él la había hecho pasar. En la terapia aceptó el hecho de que no era realmente a Isaac a quien extrañaba; simplemente extrañaba tener a alguien allí. Pero Isaac ni siquiera había estado realmente presente en su matrimonio durante años. El mayor avance de Tammy fue darse cuenta de que ya había estado sola durante mucho tiempo y que tenía las habilidades y la fuerza para superarlo. Aprovechar la resiliencia que siempre había tenido ayudó a Tammy a reconstruir su vida. Ahora está saliendo de nuevo y conoció a alguien que se lleva bien con sus hijos. Ha sido amable y considerado, y ella puede ver un futuro con él. Pero incluso si no funciona, Tammy sabe que estará bien.

————•◆•————

Hay una enorme cantidad de poder en la capacidad de alejarte de personas o lugares que no son saludables para ti. Alejarte puede ser doloroso, pero no lo es tanto como permanecer más tiempo en una situación tóxica en la que comprometes tus valores y tu autoestima. Aya, Hasim y Tammy dieron un gran paso para liberarse de relaciones o situaciones abusivas, y si has seguido las recomendaciones y los ejercicios de reflexión de este libro, también tú lo has hecho.

Mira lo lejos que has llegado desde que diste esos primeros pasos para alejarte:

* Tomaste este libro porque has tratado con una persona tóxica en una relación, en una amistad, en tu familia o en tu lugar de trabajo. En el capítulo 1 identificaste qué hizo que esa relación fuera tóxica, por qué pudiste haberte metido en ella y por qué te quedaste.

* «No tener contacto» con una persona tóxica suele ser la mejor manera de eliminar su influencia nociva de tu vida, y en el capítulo 2 pusiste la distancia necesaria entre tú y la persona tóxica. Si el no tener contacto no era una opción, como en la crianza compartida o las relaciones profesionales continuas, entonces el contacto mínimo era la siguiente mejor opción.

* Aunque es posible que desees un cierre de la persona tóxica para seguir adelante con tu vida, a lo mejor no lo recibas de él. En el capítulo 3 encontraste tu cierre, tal vez al escribir un diario, al practicar un buen cuidado personal o al escribir una carta no enviada, o tal vez te diste cuenta de que no necesitas ese cierre para tener una buena vida.

* Quizás sentiste enojo contigo por no haber dejado la relación antes o por no tener tanto contacto con familiares y amigos de confianza. En el capítulo 4 viste cómo nadie es inmune a las personas tóxicas, y comenzaste a dejar de lado esa ira y a perdonarte.

* En el capítulo 5 restableciste los límites, dejando que las personas los conozcan para que puedas tener interacciones saludables y desarrollar la confianza en ti. Ahora dices no a las actividades o personas que agotan tu energía, insistes en que te hablen con respeto y estás bien si cambias de opinión cuando algo no te parece bien.

* Puedes encontrar útil la terapia a lo largo de tu viaje. Después de que hayas leído el capítulo 6, espero que te reunieras con un profesional de la salud mental (PSM) (aunque está bien si necesitas hablar con algunos PSM antes de encontrar a uno que se «ajuste» a ti).

* Practicar el autocuidado es muy importante en cualquier momento, pero en especial después de salir de una situación tóxica en la que quizás no lo hayas priorizado. Con las prácticas sugeridas en el capítulo 7, dedicaste tiempo todos los días a nutrirte.

* Tal vez te aislaron de familiares y amigos al estar cerca de la persona tóxica. (Quizás hasta tu familia haya sido tóxica). En el capítulo 8 contactaste a personas sanas y solidarias que te importan, o encontraste un nuevo grupo de apoyo. Te han ayudado a volver a sentirte como tú.

* En el capítulo 9 aprendiste que la única forma de superar el duelo es experimentarlo. Es probable que haya sido doloroso, y que a veces incluso te sientas fuera de control. Ten la seguridad de que los sentimientos de dolor disminuyen con el tiempo. Vas a estar bien.

* Cuando nos acercamos a otros que lo necesitan, distraemos nuestra mente de nuestras experiencias actuales y nos ayuda a construir nuevas relaciones y recuerdos. En el capítulo 10 aprendiste cómo el voluntariado te ayuda a conectarte con tu comunidad. Cuando estés listo o lista, considera hacer un voluntariado como defensor o defensora de otras personas que experimentaron situaciones tóxicas.

* Finalmente, en el capítulo 11 comenzaste a navegar por tu nueva normalidad a medida que construyes relaciones con los demás al evitar la dinámica codependiente a la que puedes ser propenso o propensa, al tener expectativas realistas y saber cuándo es el momento adecuado para ser vulnerable. Tienes toda una vida de relaciones saludables por delante, incluso si experimentaste relaciones tóxicas en el pasado.

A lo largo de este libro algunas sugerencias o técnicas pueden haber parecido más accesibles que otras, y eso está completamente bien. Siempre puedes volver a las que te parecieron más desafiantes y trabajar en ellas más tarde. O puedes decidir que una recomendación no es para ti. Cada vez que trabajas para sanarte, ya sea al reconectar con otros, al hacer un voluntariado o al asistir a sesiones de asesoramiento, el tiempo está bien invertido.

Antes de cerrar este libro, quiero dejarte unas últimas recomendaciones.

Primero, si llevaste un diario en el camino, revisa lo que escribiste, dibujaste, pintaste o creaste. Llevar un diario te ayuda a procesar tus experiencias, y revisar tus entradas anteriores puede mostrarte cuánto progreso has logrado. Puedes descubrir que ahora tienes relaciones más sanas, no solo con personas más sanas, sino también contigo. Si aún no empiezas a escribir un diario, ¡ahora es el momento de hacerlo!

En segundo lugar, aunque lo he dicho muchas veces a lo largo de este libro, lo diré una vez más: comunícate con un profesional de la salud mental que pueda ayudarte a superar el trauma que experimentaste. Tu dolor es real y mereces resolución. Quizás descubras que la terapia no solo te ayuda a lidiar con los sentimientos de ira hacia la persona o personas que te lastimaron, sino que también te ayuda con el enojo que podrías sentir hacia ti.

En tercer lugar, recuerda siempre que no hay una «meta» para curarse de personas y situaciones tóxicas, y el progreso no sucede en línea recta. Es más como un pico irregular: puedes comenzar a tener más días buenos que días malos, y luego los días malos parecen menos malos. Puede que tengas un día en el que sientas que retrocediste en tu progreso. He trabajado con muchos clientes que pudieron curarse del trauma que habían experimentado y continuaron teniendo vidas felices, productivas y significativas, rodeados de personas emocionalmente sanas. Desearía poder acelerar el proceso de sanación para ti, pero solo requiere tiempo y algo de trabajo introspectivo. Recuerda que todavía estás progresando, incluso si no siempre se siente así. Siempre puedes volver a leer este libro y revisar las actividades y las indicaciones para continuar tu viaje.

Si te llevas solo una cosa de este libro, espero que sea esta: que sepas que puedes sanar de una relación o situación abusiva. Hay esperanza. El camino por delante puede ser rocoso, pero las cosas pueden mejorar y mejoran. Vas a estar bien. Sanarás. Prosperarás.

Agradecimientos

Gracias a mis clientes, que tuvieron la amabilidad de prestar sus historias para este libro. Gracias a mi editora, Claire Schulz; a mi directora editorial, Renée Sedliar, y a mi agente, Carol Mann. Gracias a todos los que hicieron posible este libro. Gracias a la familia y amigos: Bill Moulton, Claude Moulton, Christine Whitney, R. Michael Sitz, Scamp Moulton, Valerie Theng Matherne, psicólogo Ari Tuckman, doctor Roberto Olivardía, y doctor Mark Bertin. Su apoyo y aliento significan el mundo para mí.

Bibliografía

ABOGADOS

American Bar Association
www.americanbar.com

ABOGADOS DE DERECHO FAMILIAR

Family Law Organization
www.familylaw.org
(Para servicios *pro bono*, consulta Servicios Legales Pro Bono, pág. 276).

ACOSO LABORAL

Adrienne Lawrence. *Staying in the Game: The Playbook for Beating Workplace Sexual Harassment*. Nueva York: TarcherPerigee, 2021.

Robert I. Sutton. *The No Asshole Rule: Building a Civilized Workplace and Surviving One That Isn't*. Nueva York: Business Plus, 2010.

US Equal Employment Opportunity Commission (EEOC)
www.eeoc.gov/harassment

AGRESIÓN SEXUAL

Rape, Abuse & Incest National Network, National Sexual Assault Hotline
www.rainn.org

AUTOCOMPASIÓN

Christopher K. Germer. *The Mindful Path to Self-Compassion: Freeing Yourself from Destructive Thoughts and Emotions*. Nueva York: Guilford Press, 2009.
Joy Johnson. *The Self-Compassion Workbook: Practical Exercises to Approach Your Thoughts, Emotions, and Actions with Kindness*. Emeryville, CA: Rockridge Press, 2020.
William Martin. *The Tao of Forgiveness: The Healing Power of Forgiving Others and Yourself*. Nueva York: TarcherPerigee, 2010.

AUTOCUIDADO

Robyn L. Gobin. *The Self-Care Prescription: Powerful Solutions to Manage Stress, Reduce Anxiety, and Increase Well-Being.* Emeryville, CA: Althea Press, 2019.

Zoe Shaw. *A Year of Self-Care: Daily Practices and Inspiration for Caring for Yourself.* Emeryville, CA: Rockridge Press, 2021.

CODEPENDENCIA

Melody Beattie. *Codependent No More Workbook.* Center City, MN: Hazelden, 2011. Existe traducción al español: *Ya no seas codependiente.* Nueva Imagen, Ciudad de México, 2018.

Krystal Mazzola. *The Codependency Workbook: Simple Practices for Developing and Maintaining Your Independence.* Emeryville, CA: Rockridge Press, 2020.

COPATERNIDAD

Margalis Fjelstad y Jean McBride. *Raising Resilient Children with a Borderline or Narcissistic Parent.* Washington, DC: Rowman & Littlefield Publishers, 2020.

Jeremy S. Gaies y James B. Morris. *Mindful Coparenting: A Child-Friendly Path Through Divorce.* CreateSpace Independent Publishing Platform, 2014.

Carl Knickerbocker. *The Parallel Parenting Solution: Eliminate Conflict with Your Ex, Create the Life You Want.* Independent Publishing Corporation, 2021.

2 Houses
www.2houses.com

CoParenter
www.coparenter.com

CoParently
www.coparently.com

Our Family Wizard
www.ourfamilywizard.com

Talking Parents
www.talkingparents.com

We Parent
www.weparent.app

DUELO

C. S. Lewis. *A Grief Observed*. Nueva York: HarperCollins Publishers, 2001.

Elisabeth Kübler-Ross. *On Grief and Grieving: Finding the Meaning of Grief Through the Five Stages of Loss*. Nueva York: Scribner, 2014. Existe traducción al español: *Sobre el duelo y el dolor: Cómo encontrar sentido al duelo a través de sus cinco etapas*. Ediciones Luciérnaga, Cataluña, 2016.

Harold S. Kushner. *When Bad Things Happen to Good People*. Nueva York: Anchor Books, 2004. Existe traducción al español: *Cuando a la gente buena le pasan cosas malas*. Vintage Español, 2013.

John W. James y Russell Friedman. *The Grief Recovery Handbook: The Action Program for Moving Beyond Death, Divorce, and Other Losses*. Nueva York: Harper Perennial, 2009. Existe traducción al español: *Manual superando pérdidas emocionales: Programa práctico para superar el dolor por muerte, divorcio y por otras pérdidas*. Método Grief Recovery, México, 2019.

Melba Colgrove, Harold H. Bloomfield y Peter McWilliams. *How to Survive the Loss of a Love*. Los Ángeles: Prelude Press, 2006. Existe traducción al español: *Cómo sobrevivir a la pérdida de un amor*. Los libros del comienzo, Madrid, 1993.

Pema Chödrön. *When Things Fall Apart: Heart Advice for Difficult Times*. Boulder, CO: Shambhala Publications, 2016.

Thich Nhat Hanh. *No Mud, No Lotus: The Art of Transforming Suffering*. Berkeley, CA: Parallax Press, 2014.

ESTILOS DE APEGO

Annie Chen. *The Attachment Theory Workbook: Powerful Tools to Promote Understanding, Increase Stability, and Build Lasting Relationships*. Emeryville, CA: Althea Press, 2019.

Diane Heller. *The Power of Attachment: How to Create Deep and Lasting Intimate Relationships*. Louisville, CO: Sounds True, 2019. Existe traducción al español: *El poder del apego: Cómo crear relaciones profundas y duraderas*. Editorial Sirio, Málaga, 2022.

Amir Levine y Rachel Heller. *Attached: The New Science of Adult Attachment and How It Can Help You Find–and Keep– Love*. Nueva York: TarcherPerigee, 2012. Existe traducción al español: *Maneras de amar: La nueva ciencia del apego adulto y cómo puede ayudarte a encontrar el amor y conservarlo*. Urano, Madrid, 2011.

GASLIGHTING

Amy Marlow-McCoy. *The Gaslighting Recovery Workbook: Healing from Emotional Abuse*. Emeryville, CA: Rockridge Press, 2020.

Stephanie Sarkis. *Gaslighting: Recognize Manipulative and Emotionally Abusive People–and Break Free*. Nueva York: Da Capo Press, 2018.

GRUPOS DE APOYO

Adult Children of Alcoholics & Dysfunctional Families
www.adultchildren.org

Al-Anon
www.al-anon.org

Codependents Anonymous
www.coda.org

IRA

Albert Ellis. *How to Control Your Anger Before It Controls You*. Nueva York: Citadel, 2016. Existe traducción al español: *Controle su ira antes de que ella le controle a usted*. Ediciones Paidós Ibérica, Barcelona, 2007.

Harriet Lerner. *The Dance of Anger: A Woman's Guide to Changing the Patterns of Intimate Relationships*. Nueva York: William Morrow, 2014. Existe traducción al español: *La danza de la ira. Guía para mujeres*. Gaia Ediciones, Madrid, 2016.

LÍMITES

Robert Alberti y Michael Emmons. *Your Perfect Right: Assertiveness and Equality in Your Life and Relationships*, 10a ed. Oakland, CA: Impact, 2017. Existe traducción al español: *Con todo tu derecho: Asertividad e igualdad en su vida y en sus relaciones*. Ediciones Obelisco, Barcelona, 2005.

Shandelle Hether-Gray. *Assertiveness Workbook: Practical Exercises to Improve Communication, Set Boundaries, and Be Your Best Advocate*. Emeryville, CA: Rockridge Press, 2020.

Lisa M. Schab. *Cool, Calm, and Confident: A Workbook to Help Kids Learn Assertiveness Skills*. Oakland, CA: Instant Help, 2009.

MEDITACIÓN Y *MINDFULNESS*

Matthew Sockolov. *Practicing Mindfulness: 75 Essential Meditations to Reduce Stress, Improve Mental Health, and Find Peace in the Everyday*. Emeryville, CA: Althea Press, 2018. Existe traducción al español: *75 prácticas esenciales de mindfulness: Sencillas meditaciones para reducir el estrés*. Editorial Sirio, Málaga, 2022.

Buddhify
www.buddhify.com

Calm
www.calm.com

Headspace
www.headspace.com

Inner Health Studio
www.innerhealthstudio.com

Mindful
www.mindful.org

MyLife
www.my.life

Stop, Breathe, and Think
www.stopbreathethink.com

Ten Percent Happier
www.tenpercent.com

NARCISISMO

Bill Eddy y L. Georgi DiStefano. *It's All Your Fault at Work: Managing Narcissists and Other High-Conflict People.* Scottsdale, AZ: Unhooked Books, 2015.

Bill Eddy y Randi Kreger. *Splitting: Protecting Yourself While Divorcing Someone with Borderline or Narcissistic Personality Disorder.* Oakland, CA: New Harbinger Publications, 2021.

Joseph Burgo. *The Narcissist You Know: Defending Yourself Against Extreme Narcissists in an All-About-Me Age.* Nueva York: Touchstone, 2015. Existe traducción al español: *Narcisistas: Defiéndete y sobrevive en la era del egocentrismo.* Ediciones Paidós Ibérica, Barcelona, 2017.

Kimberlee Roth y Freda B. Friedman. *Surviving a Borderline Parent: How to Heal Your Childhood Wounds and Build Trust, Boundaries, and Self-Esteem.* Oakland, CA: New Harbinger Publications, 2004.

Paul T. Mason y Randi Kreger. *Stop Walking on Eggshells: Taking Your Life Back When Someone You Care About Has Borderline Personality Disorder.* Oakland, CA: New Harbinger Publications, 2020. Existe traducción al español: *Deja de andar sobre cáscaras de huevo: Cómo recuperar el control de tu vida cuando alguien que te importa tiene trastorno límite de la personalidad.* Pléyades, España, 2016.

Ramani Durvasula. *Should I Stay or Should I Go? Surviving a Relationship with a Narcissist.* Nueva York: Post Hill Press, 2017.

Shahida Arabi. *The Highly Sensitive Person's Guide to Dealing with Toxic People: How to Reclaim Your Power from Narcissists and Other Manipulators.* Oakland, CA: New Harbinger Publications, 2020.

PREVENCIÓN DEL SUICIDIO

Línea de la vida
800-911-2000

National Suicide Prevention Lifeline
www.suicidepreventionlifeline.org

PROFESIONALES DE LA SALUD MENTAL Y TERAPIA

American Association for Marriage and Family Therapy
www.aamft.org

American Association of Sexuality Educators, Counselors, and Therapists
www.aasect.org

American Psychological Association
www.apa.org

Association for Play Therapy
www.a4pt.org

GoodTherapy
www.goodtherapy.org

National Board for Certified Counselors
www.nbcc.org

Psychology Today Directory
psychologytoday.com/us/therapists
psychologytoday.com/us/types-of-therapy

SERVICIOS LEGALES *PRO BONO*

Administration for Community Living—independent living for older
     adults and people with disabilities
www.acl.gov

LawHelp.org
www.lawhelp.org

Legal Services Corporation
www.lsc.gov

VIOLENCIA DOMÉSTICA

DomesticShelters.org
www.domesticshelters.org

National Coalition Against Domestic Violence
www.ncadv.org

National Domestic Violence Hotline
www.thehotline.org

Victim Connect Resource Center
www.victimconnect.org

VOLUNTARIADO Y ORGANIZACIONES
DE VOLUNTARIOS

Matthieu Ricard. *Altruism: The Power of Compassion to Change Yourself and the World.* Nueva York: Little, Brown and Company, 2015.

Charity Watch
www.charitywatch.org

Global Volunteers
www.globalvolunteers.org

US Natural and Cultural Resources Volunteer Portal
www.volunteer.gov

Volunteer Match
www.volunteermatch.org

Glosario

Abuso económico. Una forma de violencia doméstica en la que el abusador impide el acceso a los recursos económicos y la víctima se ve obligada a depender del abusador para sus necesidades financieras. Las formas de abuso económico incluyen obligar a la víctima a entregar sus cuentas y activos financieros y obligar a la víctima a renunciar a su trabajo.

Abuso reactivo. Cuando luchas contra un abusador como una forma de supervivencia y autoconservación. No significa que seas abusivo o abusiva; sin embargo, una persona tóxica puede tratar de convencerte de que eres «en verdad» la persona abusadora.

Afrontamiento desadaptativo. Involucrarse en comportamientos de alto riesgo para sentir algo que no sea enojo o tristeza. Es una ocurrencia común después de terminar una relación tóxica o dejar una situación tóxica. Incluye un aumento en el uso de alcohol o drogas, involucrarse en conductas sexuales de alto riesgo y comer de más o de menos.

Atracción. Cuando una persona tóxica trata de atraerte para que vuelvas a tener contacto con ella, tal vez con la intención de volver a una relación. El contacto puede variar desde enviarte un mensaje de texto de una sola palabra hasta presentarse en tu casa. Pueden prometerte que las cosas irán mejor entre ustedes. Este comportamiento en inglés lleva el nombre de la marca de aspiradoras «Hoover». Veáse *futuro fingido*.

Bombardeo de amor. Parte de los comportamientos idealizadores de una persona tóxica al comienzo de una relación. La persona te colma de afecto y/o regalos para apresurarte a comprometerte. Una vez que estás en la relación, el bombardeo de amor se detiene y comienza la desvalorización.

Chantaje emocional. Un tipo de manipulación en la que una persona tóxica utiliza la culpa, la vergüenza o las amenazas para controlarte. También es posible que te digan que tienes la obligación de satisfacer las necesidades de la persona tóxica. Un ejemplo de chantaje emocional es cuando le dices a tu pareja que vas a terminar la relación y él te dice que se va a hacer daño si te vas.

Codependencia. Una dependencia enfermiza (mental, emocional o física) de una pareja romántica, un amigo o un miembro de la familia. Te sientes responsable de los sentimientos o problemas de otras personas. Puede que dependas demasiado de tu pareja o de otras personas en tu vida para obtener estabilidad emocional, validación o un sentido de propósito. Es probable que encubras o inventes excusas acerca del comportamiento adictivo o abusivo de una persona.

Constancia del objeto. La capacidad de creer que una relación se mantiene estable incluso durante conflictos o dificultades. Una persona tóxica tiene dificultad para mantener un concepto de constancia del objeto. Cualquier conflicto es visto como una amenaza para su ego y puede resultar en el *descarte* o la *evasiva*.

Control coercitivo. Un término usado para describir el abuso que tiene la intención de dañar, castigar o asustar a una persona.

Incluye amenazas, intimidación, humillación y agresión. En el Reino Unido, el control coercitivo es un delito penal.

Dar forma a un comportamiento. Un proceso para establecer un comportamiento. Una persona trabaja hacia el comportamiento deseado reforzando cualquier comportamiento que se aproxime al comportamiento deseado. Una persona que tiene el objetivo de acostarse una hora antes se refuerza de manera positiva por acostarse 15 minutos antes cada noche, luego 30 minutos antes y así sucesivamente.

Defusión cognitiva. La práctica de desapegarse de los propios pensamientos y emociones para reducir la angustia. Es una técnica utilizada en la *terapia de aceptación y compromiso.* Practicar la defusión cognitiva puede ayudar a las personas a ver sus pensamientos y sentimientos solo como eso, no como una verdad u órdenes absolutas. Una técnica de defusión cognitiva es reconocer un pensamiento y reformularlo como «Me doy cuenta de que tengo el pensamiento de que...».

Descarga de traumas. Cuando una persona tóxica te cuenta demasiado sobre su historial de trauma poco después de conocerte. Puede ser indicativo de una falta de límites o puede usarse como una forma de atraerte a una relación. También se utiliza como una forma de crear intimidad emocional de manera artificial.

Descarte. Parte del proceso de idealización, desvalorización y descarte de una persona tóxica. El descarte ocurre cuando la persona tóxica termina la relación o te «ignora» porque ha encontrado un nuevo *suministro narcisista* o porque no cumples con sus expectativas poco realistas. Casi siempre te culpan por el descarte. A menudo precedida por la *rabia narcisista.*

Desvalorizar. Parte del proceso de idealización, desvalorización y descarte de una persona tóxica. La desvalorización ocurre cuando una persona tóxica te trata como si no tuvieras valor o importancia. Las críticas aumentan y te culpan por cosas que no son tu culpa.

Disonancia cognitiva. Cuando recibes información que contradice tus creencias y no encaja con lo que sabes sobre las personas y el mundo que te rodea. Experimentar disonancia cognitiva puede provocar sentimientos de confusión, ansiedad y depresión.

Efecto del costo irrecuperable. Nuestra tendencia a seguir persiguiendo algo (una relación u otro esfuerzo) después de haber invertido tiempo, empeño o dinero en ello, incluso cuando el esfuerzo no funciona. Es menos probable que abandonemos una relación tóxica cuando sentimos que hemos invertido tiempo y esfuerzo para que funcione. Queremos sentir que todo lo que dimos para que la relación funcionara valió la pena y que no «perdimos el tiempo». Sin embargo, pasar más tiempo con una persona tóxica aumenta la sensación de tiempo y esfuerzo desperdiciados.

Empatía cognitiva. Cuando una persona tóxica parece mostrar empatía hacia ti, pero no hay emociones detrás de sus palabras. Una persona tóxica dirá lo que cree que es lo «correcto» para hacerte sentir que le importas.

Estilo de apego. La forma particular en la que te vinculas con otras personas en las relaciones. El estilo de apego se forma en la niñez dependiendo de cómo tus cuidadores interactuaron contigo. Hay cuatro estilos principales de apego: ansioso, evitativo, desorganizado y seguro. Los estilos de apego ansioso, evitativo y desorganizado se conocen como apego inseguro.

Evasión. Una forma de abuso emocional en la que una persona tóxica castiga a alguien con el uso del tratamiento silencioso. Por lo general, ocurre como una respuesta a la imposición de límites saludables, o cuando una persona tóxica percibe que alguien es desleal.

Fatiga por compasión. El impacto físico, emocional y psicológico de ayudar a otras personas, en particular en tiempos difíciles; agota tu capacidad de empatizar. También conocido como estrés traumático secundario. Si trabajas con personas que sufrieron traumas, tal vez experimentes un mayor nivel de estrés y un marcado cambio en la forma en que percibes a los demás. Puedes experimentar cansancio, incluidos sentimientos de agotamiento.

Futuro fingido. Una persona tóxica te promete el futuro que habías querido como una forma de que vuelvas a tener una relación con ella. Una vez que restableció una relación, la persona tóxica no cumple con lo que había prometido e incluso puede negar que lo dijo.

Gaslighting. Una forma de abuso psicológico y emocional. Se trata de una serie de técnicas de manipulación en las que un abusador hace que la víctima cuestione su realidad. Con el tiempo, la víctima siente que está perdiendo la cabeza y que no puede confiar en su propia percepción del mundo.

Hipervigilancia. Estar en alerta máxima como consecuencia de estar en una relación o situación tóxica. Es posible que tengas un fuerte reflejo de sobresalto y por defecto prestes atención al peligro. Puede ser un síntoma del trastorno de estrés postraumático (TEPT).

Idealizar. Parte del proceso de idealización, desvalorización y descarte de una persona tóxica. Una persona tóxica te trata como si no pudieras hacer nada malo al comienzo de una relación. Te tratan como si fueras una criatura mágica especial. Pero no dura. Veáse *bombardeo de amor*.

Intimidad emocional. Una conexión profunda y afectuosa con una persona en la que ambos son libres de ser auténticos y compartir sus pensamientos y sentimientos sin juzgar. Una persona tóxica puede involucrarse en el *abandono del trauma*, *la empatía cognitiva* y el *bombardeo de amor* para crear intimidad emocional de modo artificial. La verdadera intimidad emocional se desarrolla de manera gradual y no se puede forzar.

Límites. Pautas o límites saludables que te pones a ti y a tus relaciones. Las personas tóxicas pueden violar de forma constante tus límites. Los tipos de límites incluyen emocionales, físicos, sexuales, de tiempo y mentales.

Locus de control externo. Tu estado de ánimo cambia según lo que sucede a tu alrededor. Si estás de mal humor, es difícil que salgas de ahí. Por el contrario, cuando tienes un locus de control interno, te sientes firme y con los pies en la tierra. Véase también *locus de control interno*.

Locus de control interno. Tu estado de ánimo es bastante estable independientemente de lo que suceda a tu alrededor. Sientes que puedes manejar la mayoría de las cosas porque miras hacia adentro para encontrar fuerza y resiliencia. Véase también *locus de control externo*.

Meditación plena (*mindfulness*). Un tipo de meditación donde te enfocas en lo que sientes en el momento. Las técnicas incluyen concentrarse en la respiración y estar activo, activa, mientras te enfocas en el presente.

Monos voladores. Una persona que te lleva mensajes de una persona tóxica. Un mono volador puede o no ser consciente de la toxicidad de esa persona. Nombrado en honor a los mensajeros de la Bruja Malvada del Oeste en *El Mago de Oz*.

Munición emocional. Cuando una persona tóxica reúne información sobre tus vulnerabilidades para usarlas en tu contra en el futuro, se dice que está recolectando munición emocional.

Narcisismo. Autoinvolucramiento y un sentido de derecho, en la medida en que no se consideran las necesidades de los demás. Una persona que es narcisista puede o no calificar para un diagnóstico de *trastorno narcisista de personalidad* (TNP).

Pérdida en vida o ambigua. Alguien por quien una persona está de duelo está presente de forma constante en la vida de esa persona, como terminar una relación con un padre compartido. Hay una falta de finalidad en la pérdida, y una persona puede sentir todo el tiempo la sensación de pérdida.

Permitir. Apoyar los comportamientos nocivos y tóxicos de una persona. El permitir incluye minimizar los problemas de una persona, mentir o poner excusas por su comportamiento y/o esforzarse más de lo que ella lo hace para cambiar su comportamiento tóxico.

Personalidad egodistónica. *Egodistónico* se refiere a tener pensamientos y sentimientos que están en conflicto con la propia imagen. Si bien en la superficie eso puede parecer algo malo, tener esa personalidad o mentalidad significa que puedes reconocer cuándo un comportamiento no funciona bien para ti y puedes buscar ayuda para corregirlo. Las personas saludables tienden a tener personalidades *egodistónicas*. Veáse personalidad *egosintónica*.

Personalidad egosintónica. *Egosintónico* se refiere a tener pensamientos y sentimientos que están en armonía con la propia imagen, valores y formas de pensar. Una persona con esta personalidad o mentalidad cree que está bien psicológicamente, que sus percepciones y comportamientos son razonables y que su comportamiento debería ser aceptable para los demás. Se encuentra en los trastornos de la personalidad, como el *trastorno narcisista de la personalidad* (TNP). Veáse personalidad *egodistónica*.

Rabia narcisista. Cuando alguien establece límites con una persona tóxica o la desafía, lo que resulta en una *herida narcisista*, puede responder con un ataque de ira. El inicio de la rabia narcisista puede ser instantáneo, sin señales de advertencia. La persona tóxica puede actuar al día siguiente como si la rabia narcisista nunca hubiera ocurrido.

Refuerzo intermitente. El refuerzo positivo se da para algunas, pero no todas, las ocurrencias de un comportamiento. Hay un orden aleatorio para este refuerzo, lo que hace que una persona repita el comportamiento con más frecuencia que si recibiera un refuerzo positivo continuo. Esto puede resultar en un comportamiento adictivo. Un abusador puede ser cariñoso en momentos impredecibles, intensificando el vínculo traumático.

Síndrome de Estocolmo. Una respuesta emocional en la que una víctima de abuso o un rehén desarrolla un apego emocional o una identificación con su abusador o captor. Nombrado después de un caso en Estocolmo donde los rehenes no solo simpatizaron con sus captores, sino que también se negaron a testificar en su contra y recaudaron dinero para su defensa legal. El síndrome de Estocolmo es un tipo de *vínculo traumático*.

Sociópata. Una persona que sabe distinguir el bien del mal, pero simplemente no le importa. Por lo general, explota a las personas y tiene poco o ningún sentimiento de empatía.

Suministro narcisista. Un narcisista necesita atención constante de los demás, y la fuente de esa atención es su suministro. Cuando la novedad de una relación se desvanece o si siente que alguien le ha sido desleal, puede pasar a una nueva oferta. Es común que una narcisista tenga más de un suministro narcisista mientras afirma que es monógama, y puede mantener a sus ex en rotación para facilitar el suministro.

Técnicas de conexión a tierra. Una estrategia o práctica de afrontamiento que ayuda a una persona a reenfocarse de forma inmediata en el momento presente cuando experimenta recuerdos, disociación, ansiedad o pánico. Es una práctica que se puede realizar en cualquier momento o lugar.

Terapia centrada en soluciones. Un tipo de terapia de conversación que incluye la definición de tus puntos fuertes y métodos de aprendizaje con el fin de dirigir tu energía para sanarte. Uno de los conceptos de la terapia centrada en soluciones es que cuando cambias solo una cosa en tu vida para mejor, se obtienen muchos beneficios.

Terapia cognitivo-conductual (TCC). Un tipo de terapia de conversación que se enfoca, en parte, en reconocer y cambiar las distorsiones del pensamiento (diálogo interno defectuoso). Cuando cambia el diálogo interior, cambia tu comportamiento contigo y con los demás.

Terapia de aceptación y compromiso (TAC). Un tipo de terapia cognitivo-conductual en la que aprendes a disminuir tu conexión emocional con tus pensamientos a través de una práctica conocida como defusión cognitiva o desliteralización. Este método te ayuda a reconocer tus pensamientos por lo que son, solo pensamientos, para disminuir su poder sobre ti y ayudarte a lidiar con pensamientos y sentimientos incómodos. Para trabajar con tus emociones necesitas experimentarlas en lugar de ignorarlas o encontrar una distracción de ellas. La *meditación de mindfulness* es una faceta de la TAC.

Terapia de grupo. Una forma de terapia en la que un profesional de la salud mental dirige a un grupo de personas que tienen problemas en común. Parte de la sanación en la terapia de grupo se debe a la universalidad: el conocimiento de que otros experimentaron sentimientos y eventos similares.

Terapia de parejas. Una forma de terapia de conversación en la que la pareja se reúne con un profesional de la salud mental para hablar sobre problemas actuales y pasados en su relación. El terapeuta también puede tener una sesión individual con los involucrados al comienzo del tratamiento.

Terapia dialéctica conductual (TDC). Un tipo de terapia cognitivo-conductual en la que los objetivos son mejorar la tolerancia al estrés, controlar las emociones y encontrar un equilibrio entre la aceptación y el cambio. A través de TDC llegas a reconocer que sentir emociones en competencia es una parte normal y común de la experiencia humana.

Terapia familiar. Una forma de terapia de conversación en la que los miembros de una familia se reúnen con un profesional de la salud mental para discutir temas relacionados con la dinámica de la familia. Se les puede pedir a los miembros de la familia que compartan sus experiencias y brinden comentarios.

Terapia individual. Una forma de terapia de conversación en la que una persona se reúne personalmente con un profesional de la salud mental para hablar sobre problemas actuales y pasados. La terapia individual puede ser atendida, ya sea de manera presencial o vía telesalud. Las experiencias de la familia de origen pueden abordarse para ayudar a procesar y comprender el comportamiento actual.

Trauma vicario. Cuando escuchar sobre las experiencias traumáticas de otros te hace experimentar síntomas de ansiedad, depresión y agotamiento. También puede aliviar aspectos de tu propio trauma.

Triangulación. Enfrentar a dos personas entre sí para que tengan un conflicto y una relación tensa. Por ejemplo, una persona tóxica podría mentirle a una víctima al decir que su hermana dijo algo malo sobre ella y que tiene «derecho a saber». Es una de las formas en que una persona tóxica trabaja para aislar a la víctima de sus amigos y familiares. También es una forma en que una persona tóxica trata de desviar la atención de su comportamiento abusivo.

Vinculación traumática. Cuando una sobreviviente de abuso desarrolla un apego o simpatía hacia su abusador. El vínculo traumático puede ocurrir en cualquier interacción en la que se abusa de una persona, incluida la violencia doméstica, el abuso infantil, la trata de personas, las sectas y las situaciones de rehenes. El *síndrome de Estocolmo* es un tipo de vínculo traumático.

Notas

CAPÍTULO 1

1. Joan Reid *et al.*, «Trauma Bonding and Interpersonal Violence», en *Psychology of Trauma*, ed. Thijs van Leeuwen and Marieke Brouwer (Hauppage, NY: Nova Science Publishers, 2013).
2. Matthew H. Logan, «Stockholm Syndrome: Held Hostage by the One You Love, «*Violence and Gender* 5, núm. 2 (2018): 67-69, http://doi.org:10.1089/vio.2017.0076.
3. Sara Rego, Joana Arntes y Paula Magalhães, «Is There a Sunk Cost Effect in Committed Relationships?», *Current Psychology* 37, núm. 3 (2018): 508-519, http://doi.org:10.1007/s12144-016-9529-9.

CAPÍTULO 2

1. Zoe Rejaän, Inge E. van der Valk y Susan Branje, «Postdivorce Coparenting Patterns and Relations with Adolescent Adjustment», *Journal of Family Issues* (2021), http://doi.org:10.1177/0192513 X211030027.

2. Linda Nielsen, «Re-examining the Research on Parental Conflict, Coparenting, and Custody Arrangements», *Psychology, Public Policy, and Law* 23, núm. 2 (2017): 211, http://doi.org:10.1037/law0000109.

3. Sara Gale *et al.*, «The Impact of Workplace Harassment on Health in a Working Cohort», *Frontiers in Psychology* 10 (2019): 1181, http://doi.org:10.3389/fpsyg.2019.01181; Shazia Nauman, Sania Zahra Malik y Faryal Jalil, «How Workplace Bullying Jeopardizes Employees' Life Satisfaction: The Roles of Job Anxiety and Insomnia», *Frontiers in Psychology* 10 (2019): 2292, http://doi.org:10.3389/fpsyg.2019.02292.

CAPÍTULO 3

1. Marnin J. Heisel y Gordon L. Flett, «Do Meaning in Life and Purpose in Life Protect Against Suicide Ideation Among Community-Residing Older Adults?», en *Meaning in Positive and Existential Psychology*, ed. Alexander Batthyany and Pninit Russo-Netzer (Nueva York: Springer, 2014), 303-324.

2. Matthew Evans, «A Future Without Forgiveness: Beyond Reconciliation in Transitional Justice», *International Politics* 55, núm. 5 (2018): 678-692.

3. Karina Schumann y Gregory M. Walton, «Rehumanizing the Self After Victimization: The Roles of Forgiveness Versus Revenge», *Journal of Personality and Social Psychology* (2021), http://doi.org:10.1037/pspi0000367.

4. LaVelle Hendricks *et al.*, «The Effects of Anger on the Brain and Body», *National Forum Journal of Counseling and Addiction* 2, núm. 1 (2013): 1-12, http://www.nationalforum.com/Electronic%20Journal%20Volumes/Hendricks,%20LaVelle%20The%20Effects%20of%20Anger%20on%20the%20Brain%20and%20Body%20NFJCA%20V2%20N1%202013.pdf.

CAPÍTULO 4

1. Diana-Mirela Cândea y Aurora Szentagotai-Ta tar, «Shame-Proneness, Guilt-Proneness and Anxiety Symptoms: A Meta-analysis», *Journal of Anxiety Disorders* 58 (2018): 78-106, http: //doi. org:10.1016/j.janxdis.2018.07.005; Malgorzata Gambin y Carla Sharp, «The Relations Between Empathy, Guilt, Shame and Depression in Inpatient Adolescents», *Journal of Affective Disorders* 241 (2018): 381-387, http://doi.org:10.1016/j.jad.20 18.08.068.

CAPÍTULO 5

1. Shanhong Luo, «Effects of Texting on Satisfaction in Romantic Relationships: The Role of Attachment», *Computers in Human Behavior* 33 (2014): 145-152, http://doi.org:10.1016/j.chb.2014. 01.014.
2. Luo, «Effects of Texting on Satisfaction in Romantic Relationships».
3. Shanhong Luo y Shelley Tuney, «Can Texting Be Used to Improve Romantic Relationships?–The Effects of Sending Positive Text Messages on Relationship Satisfaction», *Computers in Human Behavior* 49 (2015): 670-678, http://doi.org:10.1016/j.chb. 2014.11.035.
4. Laurel A. Milam *et al.*, «The Relationship Between Self-Efficacy and Well-Being Among Surgical Residents», *Journal of Surgical Education* 76, núm. 2 (2019): 321-328, http://doi.org:10.1016/j. jsurg.2018.07.028; Ulrich Orth, Ruth Yasemin Erol y Eva C. Luciano, «Development of Self-Esteem from Age 4 to 94 Years: A Meta-analysis of Longitudinal Studies», *Psychological Bulletin* 144, núm. 10 (2018): 1045-1080, http://doi.org:10.1037/bul000 0161.
5. Zahra Mirbolook Jalali, Azadeh Farghadani y Maryam Ejlali-Vardoogh, «Effect of Cognitive-Behavioral Training on Pain Self-Efficacy, Self-Discovery, and Perception in Patients with Chronic

Low-Back Pain: A Quasi-Experimental Study», *Anesthesiology and Pain Medicine* 9, núm. 2 (2019): e78905, http://doi.org:10.5812/aapm.78905.

6. Edward Kruk, «Parental Alienation as a Form of Emotional Child Abuse: Current State of Knowledge and Future Directions for Research», *Family Science Review* 22 núm. 4 (2018): 141-164; Wilfrid von Boch-Galhau, «Parental Alienation (Syndrome)—A Serious Form of Child Psychological Abuse», *Mental Health and Family Medicine* 14 (2018): 725-739.

CAPÍTULO 7

1. Hyon Joo Hong *et al.*, «Correlations Between Stress, Depression, Body Mass Index, and Food Addiction Among Korean Nursing Students», *Journal of Addictions Nursing* 31, núm. 4 (2020): 236-242, http://doi.org:10.1097/JAN.0000000000000362.

2. Kathleen Mikkelsen *et al.*, «Exercise and Mental Health», *Maturitas* 106 (2017): 48-56, http://doi.org:10.1016/j.maturitas.2017.09.003.

3. Shadab A. Rahman *et al.*, «Characterizing the Temporal Dynamics of Melatonin and Cortisol Changes in Response to Nocturnal Light Exposure», *Scientific Reports* 9, núm. 1 (2019): 19720, http://doi.org:10.1038/s41598-019-54806-7.

4. Rohan Nagare *et al.*, «Nocturnal Melatonin Suppression by Adolescents and Adults for Different Levels, Spectra, and Durations of Light Exposure», *Journal of Biological Rhythms* 34, núm. 2 (2019): 178-194, http://doi.org:10.1177/0748730419828056.

5. Ariel Shensa *et al.*, «Social Media Use and Depression and Anxiety Symptoms: A Cluster Analysis», *American Journal of Health Behavior* 42, núm. 2 (2018): 116-128, http://doi.org:10.5993/AJHB.42.2.11.

6. Rasan Burhanand Jalal Moradzadeh, «Neurotransmitter Dopamine (DA) and Its Role in the Development of Social Media

Addiction», *Journal of Neurology & Neurophysiology* 11, núm. 7 (2020): 507.

CAPÍTULO 8

1. Jon M. Taylor, *The Case (for and) Against Multi-Level Marketing*, Consumer Awareness Institute, 2011, https://www.ftc.gov/sites/default/files/documents/public_comments/trade-regulation-rule-disclosure-requirements-and-prohibitions-concerning-business-opportunities-ftc.r511993-00008%C2%A0/00008-57281.pdf.
2. Michael J. Rosenfeld, Reuben J. Thomas y Sonia Hausen, «Disintermediating Your Friends: How Online Dating in the United States Displaces Other Ways of Meeting», *Proceedings of the National Academy of Sciences* 116, núm. 36 (2019): 17753-17758, http://doi.org:10.1073/pnas.1908630116.
3. Nur Hafeeza Ahmad Pazil, «Face, Voice and Intimacy in Long-Distance Close Friendships», *International Journal of Asian Social Science* 8, núm. 11 (2018): 938-947, http://doi.org:10.18488/journal.1.2018.811.938.947.

CAPÍTULO 9

1. S. E. Kakarala *et al.*, «The Neurobiological Reward System in Prolonged Grief Disorder (PGD): A Systematic Review», *Psychiatry Research: Neuroimaging* 303 (2020): 111135, http://doi.org:10.1016/j.pscychresns.2020.111135.
2. Tina M. Mason, Cindy S. Tofthagen y Harleah G. Buck, «Complicated Grief: Risk Factors, Protective Factors, and Interventions», *Journal of Social Work in End-of-Life & Palliative Care* 16, núm. 2 (2020): 151-174, http://doi.org:10.1080/15524256.2020.1745726; Anna Parisi *et al.*, «The Relationship Between Substance Misuse and Complicated Grief: A Systematic Review»,

Journal of Substance Abuse Treatment 103 (2019): 43-57, http://doi.org:10.1016/j.jsat.2019.05.012.

3. Jie Li, Jorge N. Tendeiro y Margaret Stroebe, «Guilt in Bereavement: Its Relationship with Complicated Grief and Depression», *International Journal of Psychology* 54, núm. 4 (2019): 454-461, http://doi.org:10.1002/ijop.12483; Satomi Nakajima, «Complicated Grief: Recent Developments in Diagnostic Criteria and Treatment», *Philosophical Transactions of the Royal Society B: Biological Sciences* 373, núm. 1754 (2018): 20170273, http://doi.org:10.1098/rstb.2017.0273.

4. Nooshin Pordelan *et al.*, «How Online Career Counseling Changes Career Development: A Life Design Paradigm», *Education and Information Technologies* 23, núm. 6 (2018): 2655-2672, http://doi.org:10.1007/s10639-018-9735-1.

5. Zuleide M. Ignácio *et al.*, «Physical Exercise and Neuroinflammation in Major Depressive Disorder», *Molecular Neurobiology* 56, núm. 12 (2019): 8323-8235, http://doi.org:10.1007/s12035-019-01670-1.

6. Anne Richards, Jennifer C. Kanady y Thomas C. Neylan, «Sleep Disturbance in PTSD and Other Anxiety-Related Disorders: An Updated Review of Clinical Features, Physiological Characteristics, and Psychological and Neurobiological Mechanisms», *Neuropsychopharmacology* 45, núm. 1 (2020): 55-73, http://doi.org:10.1038/s41386-019-0486-5.

CAPÍTULO 10

1. Robab Jahedi y Reza Derakhshani, «The Relationship Between Empathy and Altruism with Resilience Among Soldiers», *Military Psychology* 10, núm. 40 (2020): 57-65.

2. R. Horowitz, «Compassion Cultivation», en *The Art and Science of Physician Wellbeing*, ed. Laura Weiss Roberts and Mickey Trockel (Nueva York: Springer International Publishing, 2019): 33-53.

3. Priyanka Samuel y Smita Pandey, «Life Satisfaction and Altruism Among Religious Leaders», *International Journal of Indian Psychology* 6, núm. 1 (2018): 89-95, http://doi.org:10.25215/0601.031.

4. Yi Feng *et al.*, «When Altruists Cannot Help: The Influence of Altruism on the Mental Health of University Students During the COVID-19 Pandemic», *Globalization and Health* 16, núm. 1 (2020): 1-8, http://doi.org:10.1186/s12992-020-00587-y.

5. Jerf W. K. Yeung, Zhuoni Zhang y Tae Yeun Kim, «Volunteering and Health Benefits in General Adults: Cumulative Effects and Forms», *BMC Public Health* 18, núm. 1 (2017): 1-8, http://doi.org:10.1186/s12889-017-4561-8.

6. M. G. Monaci, L. Scacchi y M. G. Monteu, «Self-Conception and Volunteering: The Mediational Role of Motivations», *BPA— Applied Psychology Bulletin (Bollettino Di Psicologia Applicata)* 285 (2019): 38-50.

7. Dana C. Branson, «Vicarious Trauma, Themes in Research, and Terminology: A Review of Literature», *Traumatology* 25, núm. 1 (2019): 2, http://doi.org:10.1037/trm0000161.

CAPÍTULO 11

1. Dakota D. Witzel y Robert S. Stawski, «Resolution Status and Age as Moderators for Interpersonal Everyday Stress and Stressor-Related Affect», *Journals of Gerontology: Series B* (2021): gbab006, http://doi.org:10.1093/geronb/gbab006.

2. Laura Petitta y Lixin Jiang, «How Emotional Contagion Relates to Burnout: A Moderated Mediation Model of Job Insecurity and Group Member Prototypicality», *International Journal of Stress Management* 27, núm. 1 (2020): 12-22, http://doi.org:10.1037/str0000134.